유럽의 국경사
배제와 공존의 역사

독일유럽연구총서 제7권

European Borderlands
The History of Exclusion and Coexistence

유럽의 국경사

배제와 공존의 역사

차용구 지음

한울
아카데미

이 저서는 2022년 대한민국 교육부와 한국연구재단의 인문사회분야 중견연구자지원사업의 지원을 받아 수행된 연구입니다(NRF-2022S1A5A2A01041699).

책을 내면서

20세기 중반 이후 세계의 국가 수가 3배로 증가하고 국경 장벽이 세계 곳곳에 경쟁적으로 건설되면서 국경 연구(Border Studies)는 르네상스를 맞았다. 필자는 이러한 경계의 의미와 역할을 해석하고 그 역사성을 '다시' 자리매김하려는 시도를 해왔다. 국내와 해외 학계에서도 '경계 연구', '국경 연구'가 활발히 진행되면서 필자의 이론적 토대는 그 골격을 하나하나 갖출 수 있었다. 유럽 국경의 과거·현재·미래를 조망한 이 책의 집필에는 지난 20여 년간 단행본과 학술지 그리고 언론에 게재한 필자의 국경 관련 글들이 자양분이 되었다.

유럽의 국경은 세계에서 유례를 찾기 어려울 정도로 파란만장하고 참혹한 역사를 겪었다고 해도 과언이 아닐 것이다. 필자는 최근에 동유럽과 발트해의 국경 문제에 관심을 기울였으나 국경에 대한 필자의 생각을 한 권의 책으로 묶으면서 유럽 국경사 전반을 다루려는 노력을 병행했다. 그래서 이 책은 서유럽에 편중된 공간적 범위를 동유럽과 북유럽 지역으로 넓히고자 하는 시도이기도 하다. 필자는 기존의 서유럽과 '기타' 유럽이라는 중심-주변의 공간적 차별을 넘어서 관계성이라는 렌즈를 통해 역사의 상호 교섭적인 모습을 되찾고자 한다. 이매뉴얼 월러스틴(Immanuel Wallerstein)의 이분법, 중심과 여타 지역의 종속적 관계를 넘어 중심·주변이 얽히고설킨 국경지대에 덧입혀졌던 허위와 오해의 그을음을 제거하고자 한다.

새로운 학술서를 출판하는 과정에서 유럽 국경사의 공간적 지평을 비유럽 지역으로까지 확대하기로 했다. 이 부분은 필자가 ≪강원도민일보≫ 웹진 'DMZin'에 쓴 "제국의 유산, 피흘리는 세계의 국경선"을 토대로 한다. 유럽의 열강들이 카리브해·중앙아시아·인도·중동 지역에서 획정한 국경선을 연구 영역에 포함하면서 원고 분량도 많아졌다. 그래서 지면 관계상 본문에서 참고문헌 표기는 생략하고 그 대신 집필 과정에서 참고했던 문헌을 책 뒷부분에 수록했다.

이 자리를 빌려 책의 출간을 지원해 준 중앙대학교 독일유럽연구센터에 감사의 말을 전한다. 책의 출간을 흔쾌히 맡아준 한울엠플러스(주)에도 감사를 드린다. 필자는 최근 스프링거-팔그레이브 맥밀란(Springer- Palgrave Macmillan) 출판사와 본서의 영문 번역본 출판 계약을 체결했다. 관련 업무를 지원해 준 한울엠플러스(주)의 윤순현 부장님과 스프링거-팔그레이브 맥밀란 출판사의 크리스티 뤼 편집자에게 고마움을 표한다. 그리고, 자료 수집과 원고 정리를 맡아준 중앙대학교 GMRC(Global Medieval Research Cluster) 연구실의 고반석 박사와 안성민 조교에게 고맙다는 말을 전한다.

2025년
차용구

차례

책을 내면서   5
프롤로그   9

1부   서유럽   19

01 | 로마 제국과 게르만족의 국경 전쟁,
       토이토부르크 숲   23
02 | 유럽의 심장, 아헨   33
03 | 유럽의 길목, 브뤼셀   41
04 | 사라진 국경 왕국, 로타링기아   47
05 | 스트라스부르? 스트라스부르크?   54
06 | 프랑스와 독일 민족주의 발상지, 라인강   62
07 | 공유 국경, 콘스탄츠 호수   69

2부   중부와 동부 유럽   75

08 | 서독과 동독의 국경위원회   80
09 | 중심과 주변의 이중주, 베를린   86
10 | 영원한 변경, 오스트리아   93
11 | 독일과 폴란드의 피 흘리는 국경선,
       오드라-니사강   99
12 | 이주민들이 만든 국경 마을,
       체코 주데텐란트의 브로우모프   113
13 | 유럽의 국경 검문소, 헝가리   125
14 | 영원한 국경, 우크라이나   134

3부   북유럽과 발트해   147

15 | 초경계적 디아스포라, 발트해   151
16 | 이주와 복수의 도시, 칼리닌그라드   160
17 | 기억 전쟁, 노브고로드   170
18 | 공존의 도시, 에스토니아 탈린   178
19 | 국경 투표의 비극, 슐레스비히-홀슈타인   187

4부   지중해의 항구도시   195

20 | 망명객·예술가·커피의 항구도시, 트리에스테   199
21 | 끝나지 않는 기억 전쟁, 리예카/피우메   207
22 | 중세의 항구도시, 팔레르모   214
23 | 십자군 왕국의 항구도시 아크레   224

5부   유럽이 만든 세계의 국경들   231

24 | 설탕섬의 눈물, 아이티와 도미니카   236
25 | 그레이트 게임의 희생양,
     아프가니스탄의 듀랜드 라인   244
26 | 영국의 출구 전략,
     인도와 파키스탄의 래드클리프 국경선   255
27 | 중동의 화약고, 사이크스-피코 경계선   267
28 | 유럽의 전리품, 이스라엘과 팔레스타인   276

에필로그   286

참고문헌   296
찾아보기   313

프롤로그

국경을 넘나드는 초국가적 감염병 코로나19와 후쿠시마 원전 사고에 따른 오염수 방류는 자국의 이득만 고려한 정책이 더 큰 혼란을 유발하며 이웃 나라와 함께 대처하는 것이 확산을 예방할 지름길이라는 사실을 새삼 일 깨웠다. 그 결과, 국경을 군사적 요새나 정치적 장벽이 아니라 공생을 위한 교량으로 인식하는 경향이 뚜렷해졌다.

국경 연구는 세계·국가·지역 권력이 등장하고 이들이 힘을 겨루는 장소인 국가의 경계를 통찰하는 학문이다. 사람들은 전통적으로 국경을 보호·단절·통제·차단 기능이 담긴 배타적 선이자 주권의 날카로운 모서리로 이해하면서 반드시 수호해야 할 신성한 경계선으로 인식했다. 19세기에 배타적 민족주의를 앞세운 국가 간 역사 전쟁이 치열해지면서 국경 연구는 점차 학문으로 체계화되었다. 이 분야의 선구자는 독일의 프리드리히 라첼(Friedrich Ratzel)이었다. 그는 『정치지리학(Politische Geographie)』 (1897), 『생존 공간(Lebensraum)』(1901) 등의 저서를 통해 "영토가 국력의 원천이며, 국가도 다른 유기체와 마찬가지로 생존을 위한 적절한 공간이 있어야 진화하고 발전할 수 있다"라는 진화론적 국경론을 피력한 바 있다. 진화론과 환경결정론에 근거해 "국경은 변할 줄 모르는 정적(靜的)인 개념이 아니라 끊임없이 팽창할 수 있다"라는 결론이 도출되었다.

이러한 고전적 국경 연구는 국경을 국가와 국가를 분리하는 지리적 경계이자 국가가 주권·영토·국민의 존립을 보존하는 방패막이로 이해했다. 국가의 임무는 결국 국민의 생존 공간 확보와 공격적인 국경선 확장이었고, 주변 약소국을 병합하고 식민화하는 것은 자연의 질서로 받아들여졌다. 그러나 고전적 국경론은 국경의 배타적이고 공격적인 기능만 강조한 나머지 이를 불통의 장벽으로 파악했고, 그래서 국경을 통해 결합하고 접촉했던 역사적 사실과 국경을 넘는 탈국가적·노마드적 요소를 등한시하고 말았다. 동시에 근대의 국경론은 전근대의 경계가 이행한 결합과 접촉의 역할을 설명하는 데 한계가 있다. 전근대의 경계는 다종다양한 문화와 가치가 경쟁하고 공명하는 장(場), 즉 '접경지대(contact zone)'였기 때문이다. 이곳은 다양한 체제와 권력의 틈바구니에서 조우·저항·교섭·변용이 뒤섞인 역동적 장소이기도 했다.

국경을 국가와 민족 형성의 '핵심 동력'으로 파악한 또 다른 인물은 미국역사학회(American Historical Association) 회장을 지낸 프레더릭 잭슨 터너(Frederick Jackson Turner)이다. 그는 1920년에 출간된 고전적 저서 『미국사와 변경(The Frontier in American History)』에서 미국 서부개척 시대를 서술하며 변경론(frontier thesis)을 전개했다. 서부 국경 이전(移轉)은 미국의 '변경 민주주의', '개척자 민주주의'를 탄생토록 했다는 설명이다. 즉, "19세기 미국 서부 프런티어(변경)의 전진은 역으로 중앙 연방정부의 행정 체계를 바꾸었다"라는 말이다. 유럽의 다양한 국가에서 온 이주민들로 붐볐던 서부 국경은 민족적 혼종성과 종파적 다양성이 특징이었고, 이렇게 해서 진정한 미국이 출현할 수 있었다는 것이다. '국경의 전진'으로 '합성된 민족성(composite nationality)'이 형성되면서 영국계 정착민들로 구성된 미국 동부와는 다른 더 미국적인 '미국인'이 서부 변경에서 탄생할 수 있었다.

터너의 접경론적 변경론으로 중심과 주변의 이항 대립적인 사고에 균열이 생겼다. 그의 접경적 시각은 중심에서 구축된 지배 질서가 주변에 미치는 양상을 보여주고, 역으로 중심이 주변의 공간적 재구성을 수용하는 과정을 보여준다. 이는 곧 주변의 정치적·사회적 영향을 받은 중심 그 자신의 정체성을 재구성하는 작업으로 이어진다. 이처럼 주변과 중심의 관계는 길항적이기도 하지만 상호 의존적이기도 하다.

라첼의 생존 공간론과 터너의 변경론은 모두 변경을 야만과 황무지로 전제하고 식민 정복과 문명개화가 필요한 장소로 이해했다. 이는 누구에게도 속하지 않는 영토, 즉 무주지(terra nullius)의 선점 논리에 기반을 둔 역사 주권 옹호임을 알 수 있다. 이러한 맥락에서 터너는 미국 서부를 백인 정착민의 도래를 기다리는 개방된 자유로운 땅이라고 보았다. 서부 식민화가 진행되기 오래전부터 이곳에 살고 있던 아메리카 원주민과 히스패닉의 존재는 철저히 무시되었다. 19세기와 20세기 독일의 고전적인 국경론자들도 동유럽 슬라브 문화의 후진성을 부각하면서 독일의 동방 정책을 문명화 사업으로 평가했다. 식민 지배를 정당화하기 위해 고안한 무주지론은 이념적 폭력의 또 다른 이름이었다. 토지를 발견하고 선점해 개간하는 쪽이 영유권을 갖는다는 이 주장은 국경을 문명과 야만의 단층선(fault line)으로 이해하고 문명 충돌론적 관점에서 해석했다.

고전적 국경 연구는 침략과 저항, 문명과 야만, 가해자와 피해자라는 해묵은 국경 담론을 반복적으로 재생산했는데, 이런 고정된 해석의 저변에는 '우리'와 '타자'의 경계라는 장벽을 구축해 온 근대 인종주의·식민주의의 이데올로기가 깔려 있다. 인종·민족·국가의 렌즈로 바라보는 국경이란 곧 반목의 경계선이요, 갈등의 골짜기였다. 국경은 문명과 야만의 도가니이기에 문명의 승리를 위해서 국경은 팽창해야만 하고, 야만의 시대로 돌아가지 않기 위해서 한번 확립된 국경선은 반드시 수호되어야만 했다. 국경은 문명의 도래를 기다리는 '처녀지'로, 이곳에 정착한 식민 이주민들은 문명의 전파자라는 논리다. 바이마르와 나치 시대의 독일 학자들도 동유럽의 슬라브 문화를 야만으로 폄훼하고 서유럽 문명과 대비시키는 이분법적 서술 구도를 설계했다. 이렇게 국경선은 문명 대 야만의 전투적 공간이자 신성한 방어선으로 이해되었다.

프랑스 아날 학파를 형성한 마르크 블로크(Marc Bloch)와 뤼시앵 페브르(Lucien Febvre)는 1930년대에 라첼의 환경 결정론적 접근 방법을 극복하는 환경가능론(Environmental Possibilism)을 제안했다. 이는 인간 행위에 대해 자연환경은 제한적인 임무를 수행할 수밖에 없으며, 환경은 인간의 자유의지에 의해서 개조되거나 이용될 수 있다는 주의주의적 견해다. 이들의 영향을 받은 프랑스의 사회학자 앙리 르페브르(Henri Lefebvre)는 『공간의 생산(La production de l'espace)』에서 경계는 고정성, 움직임, 흐름과 파동이 뒤엉켜 상호작용하며 생산되고 재생산된다고 했다. 국경과 같은 경계는 사회적 생산물이자 가변적 구조물이기 때문에, 경계에 대한 대안적 상상을 현실화하는 새로운 재현 방식이 요구된다는 것이다.

터너의 변경론이 다시 학계의 관심을 끈 것은 탈냉전이라는 변화의 시대에 접어든 1990년대였다. 하지만 이번에는 그의 변경론은 비판과 수정의 과정을 겪게 되었다. 변경 공간의 정복, 지배와 피지배, 분리와 타자화보다는 행위 주체들 간의 관계성·의존성이 더 강조된 것이다. 국경은 문명과 야만이 충돌하는 지점이 아닌 다양한 사고와 경험이 조우하는 혼종적 접촉지대였음이, 서로 다른 문화와 인종의 조우, 잡거, 혼인 등으로 경제·제도·문화의 다양한 영역에서 삼투현상도 발생해 왔음이 밝혀지게 되었다.

이주민에 의한 일방적인 문화전파의 서사 구조가 해체되고 문화 융합 중심으로 재서술되면서, 국경은 이질적인 다양한 문화가 조우하고 타협하는 '혼종의 공간'이자 '얽힌 역사(histoire croisée, entangled history)'가 전개되는 곳으로 이해되기 시작했다. 이 과정에서 국경을 경계선이 아닌 '중간지대(middle ground)', '국경지대(borderlands)'와 같은 사이 공간 혹은 문화적 접촉지대로 재정의하면서 '국경지대 역사(borderlands history)'로 대표될 대안적 연구 방법론이 등장했다.

1989년 베를린 장벽의 붕괴는 제2차 세계대전 이후 분단되었던 독일의 '재'통일을 가져왔고, 그 결과 사회주의 동유럽과 자본주의 서유럽의 경계선이었던 철의 장막도 걷히기 시작했다. 이후 유럽연합(European Union, EU)의 동진(東進) 정책으로 유럽은 하나의 정치·경제·안보 공동체로 거듭나는 듯했고, 그래서 사회주의와의 경쟁에서 자유민주주의가 최종 승리했다는 '역사의 종말'이 선언되기도 했다.

하지만 낙관적인 전망을 시새움이라도 하듯이 새뮤얼 헌팅턴(Samuel Huntington)은 1990년대에 이른바 문명의 충돌을 예견했다. 그는 동서 냉전 대립이 문명 간의 갈등으로 다극화되면서 전쟁의 역사가 지속될 것이라는 문명 충돌론을 설파하며 새 세기가 다가오는 들뜬 분위기에 냉소를 끼얹었다. 그는 서구 그리스도교 문명과 이슬람 문명 간의 단층선에 주목하면서, 역사적으로 이곳은 피로 물든 경계선이었으며 21세기에도 서구 주도의 세계 질서를 뒤흔드는 갈등의 무대가 될 것을 지적한 바 있다. 헌팅턴은 세계의 역사와 미래를 경계선의 위기와 갈등으로 파악하고자 했다. 서구 대 비서구, 그리스도교 대 비그리스도교, 문명 대 야만. 이러한 경계 구분은 서구 근대사상을 강력하게 구축해 왔고, 헌팅턴 같은 학자들은 이러한 문명사관의 충실한 계승자에 불과했다.

경계 짓기가 인류의 보편적인 행위이기는 하지만, 유독 16세기 이후 근대 유럽 국가들은 자신의 이익을 위해 세계 지도에 경쟁적으로 경계선을 그었다. '원시사회'에 살고 있던 비서구인들을 '보호구역'에 가두어야만, 서구 물질문명의 안전보장 시스템을 건설할 수 있다는 생각은 근대의 목적론적인 지적 담론이 되었다. 자본도 동전의 양면과 같이 국가와 공모해서 경계를 구획하고 구분했다. 서구 자본주의는 해외 시장 개척을 추진하면서 비서구의 영토를 식민지화했고, 이렇게 서구 근대성과 식민주의는 한 몸에 여러 동물이 뭉쳐 있는 그리스 신화의 키메라와 같은 존재가 되었다. 키메라가 내뿜는 불처럼, 서구의 문명 담론은 비서구 사회를 야만으로 규정하고 이른바 인류의 보편적 발전과 세계 문명화라는 명목하에 무자비하게 정복했다. 이 과정에서 서구의 식민주의적 경계 짓기는 전 지구적인 지배 장치로서 공간의 자의적인 분할과 재조직을 힘으로 밀어붙여 세계사적인 파국을 몰고 왔다.

고전적인 국경론은 국경을 연속적이며 고정불변하는 초역사적인 것으로 신성시했다. 그러나 현재는 경계를 시대적 요청에 따라 (재)구성되는 것으로 이해하며, 동시에 다중적 주체들이 교차적으로 (때로는 불평등하게)

서로 얽혀 있는 경계지대로 바라볼 필요가 있다. 이러한 관점은 전근대 경계가 지닌 접경성으로의 회귀이자, 글로리아 안살두아(Gloria Anzaldúa)의 표현과 같이 근대 국경의 '절개된 상처'를 드러내기 위함이다.

국경 문제를 역사적으로 조망하는 국경사 연구에 대한 학술적 논의는 여전히 미흡해 보인다. 학제 간 연구의 대상인 국경을 역사학의 새로운 영역으로 인식할 필요가 있다. 본 연구는 시간상으로는 전근대와 근대를 모두 담아내며, 국경지대에 덧입혔던 허위와 오해의 그을음을 제거하고 그 나신을 조명할 것이다.

이 책에서 밝히겠지만, 경계선이 갈등의 진원지이자 분쟁선이라는 해석은 명백한 오류다. 역사적으로 경계지대의 사람들은 초경계적 연대를 구축하면서 지역 간 협력 공간을 확충했고, 혼종화된 지역 정체성을 발판으로 위기 상황에 대처했다. 경계는 중심부에서 멀리 떨어진 낙후된 주변부가 아니라 새로운 중심이 되는 해방의 공간, 창조의 공간, 생명의 공간이었음을 역사는 보여준다.

경계는 통합이자 공존의 공간이었음이 자명하다. 페르낭 브로델(Fernand Braudel)에 의하면 이슬람과 그리스도교 문명의 단층선이라 불리는 지중해에서도 두 문명은 때에 따라 부침(浮沈)이 있기는 했지만 끊임없이 교류했다. 그리스도교인이 이슬람으로 개종하는 것도, 그 반대의 사례도 얼마든지 있다. 상호 이해와 공존, 환대와 화해의 콘비벤시아(convivencia)는 일시적인 예외 상태가 아니라 반복적이고 일상적인 것이었다.

지중해의 광범위한 조우와 공존이 점차 일상이 되자 안달루시아, 시칠리아, 예루살렘 등 경계 속에서 치열하게 '사이 공(空)-간(間)'을 사유했던 경계인들은 현실과의 타협에 익숙해졌다. 비록 그들이 마주한 현재가 복잡다단해서 모순적인 장소로 인식되기는 하지만, 그곳은 이념적 증오가 판치는 공간인 동시에 인간의 이성과 합리성을 실험하는 공간이었다. 배제와 관용, 전쟁과 상호 의존, 편견과 실용주의가 혼재한 장소이자, 양자택일의 논리 대신 양자병합의 논리가 제시되는 뒤엉킨 역사의 공간이기도 했다.

이처럼 경계에 대한 편견이 사라지자 그 의미도 재해석되기 시작했다. 월터 미뇰로(Walter Mignolo)는 경계 사유(border thinking) 개념을 통해 경계의 이편과 저편을 평등한 관점에서 바라볼 것을 제안한다. 그는 더 나아가 경계에 대한 사유는 공동체 간의 틈새 공간에서 사람들이 스스로 삶의 가치를 창조하며 조화롭게 사는 것을 목표로 한다고 강조했다. 이러한 사유 행위는 경계의 '절개된 상처'를 치유할 수 있을 것으로 보인다. 이는 경계의 아픈 역사적 상처를 드러내고 경계선 설정 권력의 잘못된 지리적 상상력에 대한 뼈저린 성찰을 통해서만 가능하다.

경계는 중심과 중심 가운데에 있는 제3의 사이 공간(In-between space)으로, 특정 집단의 일방적인 정복과 팽창이 아닌 다중적 주체들과 가치가 경쟁하고 공명하는 접경지대이기도 하다. 메리 루이스 프랫(Mary Louise Pratt)의 표현을 빌리면, 이질적인 다양한 문화가 공존하고 (때로는 불평등하게) 서로 얽히고 대립하는 '혼종의 공간'이자 '얽힌 역사'가 전개되는 곳으로 이해할 수 있다. 이제 경계는 탈중심의 해방 공간으로서 새로운 의미 부여가 필요하다.

경계 지대는 중심 그리고 여타 지역과 다른 독특한 역사와 문화를 발전시켜 왔다. 이곳은 단절보다 교류가 지속적이었던 접경 공간으로, 타자의 시각에서 자신을 바라보는 경계 논리가 우세했다. 하지만 근대 민족국가

가 강제적으로 설정한 국경선은 이음과 소통의 교량을 대립과 반목의 골짜기로 변모시키고 말았다

   국경 개념을 창출해 낸 유럽은 유럽연합의 출범으로 초국경적 통합을 이루었으나, 정작 한반도를 포함한 비서구 사회는 서구 열강이 임시적이고 자의적으로 그은 분계선으로 인해 지금껏 아픔과 슬픔을 안고 산다. 식민주의 시대가 끝난 이후에도 여전히 제국주의가 만든 국경이라는 유산은 청산되지 못하고 있다. 경계에 서서 이편과 저편을 평등한 관점으로 바라보는 경계적 사유는, 국경의 이쪽과 저쪽의 이분법적 사고에 균열을 일으키며 국경의 접경성·초국가성·다자성·다의성·역동성·(재)구성성·주체성과 창조성을 드러낸다.

1부

서유럽

20세기 중반 이후 유럽연합이 추진했던 국경 개방은 국경 없는 세계의 도래를 예언하는 듯했으나 현실은 다른 방향으로 전개되는 듯싶다. 2001년 9·11 이후 미국의 국경 보안 강화 정책과 유럽의 난민 문제는 국경 정치에 급격한 변화를 가져왔기 때문이다. 국경 장벽은 오히려 세계 곳곳에서 경쟁적으로 건설되고 있다. 코로나19의 확산은 국경 봉쇄와 보호주의를 더욱 강화했다. 서구 근대 국가가 만들어낸 국경은 횡단과 통제라는 힘의 대립, 즉 삶과 죽음을 가르는 경계 투쟁의 재판장으로 변했다. 그러나 이러한 변화난측한 정세 변동은 역설적으로 국경 연구의 르네상스를 열었고, 국경에 대한 개념과 연구 방법을 더욱 다양하게 만들었다.

    이러한 변화에도 불구하고 국경의 의미는 여전히 두 중심 사이의 변두리 또는 근대 국민국가의 날카로운 모서리로 제한되는 경향이 강했고, 연구 내용 또한 과거 국경 담론의 외연을 확대하는 데 그치는 경우가 많았다. 기존 국경 연구는 침략과 저항, 문명과 야만, 가해자와 피해자라는 해묵은 담론을 반복적으로 재생산했다.

하지만 경계선이 갈등의 진원지이자 분쟁선이라는 시각은 명백한 역사적 오류다. 경계는 통합이자 공존의 공간이었기 때문이다. 그곳은 이념적 증오가 판을 치는 공간이기도 했지만, 인간의 이성과 합리성을 실험하는 장소이기도 하다. 배제와 관용, 전쟁과 상호 의존, 편견과 실용주의가 혼재한 장소이자, 양자택일의 논리 대신 양자병합의 논리가 제시되는 뒤엉킨 역사(entangled history)의 공간이기도 했다.

서유럽은 선형적 경계선(linear border) 개념을 만들고는 식민주의적 팽창과 함께 경계 짓기를 전 지구적 차원으로 확대했다. 1부에서는 서유럽의 국경선 획정 과정에서 구심력과 원심력이 동시에 작동했음을 밝히고자 한다. 중앙 권력은 영토적 통합을 추구해 왔으나, 지방 세력은 반대편의 또 다른 중심과 관계를 맺으면서 사이 공간의 이점을 최대한 활용했다. 국경은 중앙정부의 일방적 팽창의 결과물이 아니라 주변과의 관계성 속에서 창조된다. 그래서 국경사는 중심과 주변의 얽히고설킨, 모순적이면서도 가변적인 공간의 역사다.

01

로마 제국과 게르만족의 국경 전쟁, 토이토부르크 숲

독일 북서부의 노르트라인베스트팔렌주는 오늘날 네덜란드, 벨기에와 국경을 접하고 있다. 이곳에 있는 토이토부르크(Teutoburg) 숲의 한 언덕에는 헤르만 동상이 존재한다. 인물상의 높이만도 26.57m에 달하는 독일에서 가장 큰 동상으로, 오른손에 치켜든 칼의 길이는 7m이며 무게가 540kg에 달한다. 헤르만(Hermann)은 라인강을 넘어 게르만 지역으로 팽창하던 고대 로마 제국을 저지하고 로마군에게 뼈아픈 패배를 안긴 인물이었다.

서기 9년의 바루스 전투

로마 제국의 초대 황제 아우구스투스(Augustus)는 제국의 국경선인 라인강을 넘어 동유럽의 엘베강까지 확장하려는 웅대한 꿈을 가졌다. 황제는 자신의 계획을 실행하고자 군지휘관으로서 경험이 풍부하고 노련한 푸블

리우스 퀸크틸리우스 바루스(Publius Quinctilius Varus)를 게르마니아 속주의 총독으로 임명하고, 라인강 동부의 게르만 지역에 대한 과세와 로마화를 추진했다. 하지만 이 과정에서 저항이 발생하고 이는 전쟁으로 이어졌다. 그래서 서기 9년의 전투는 패장의 이름을 따서 '바루스 전투'로 일컫기도 하지만 전투가 벌어진 장소에 따라서 '도이토부르크 숲 전투' 혹은 전투에서 승리한 게르만 장수의 이름을 따라 '헤르만 전투'로 부른다. 바루스를 전선에 파견했던 아우구스투스 황제가 참사 소식을 듣고 "바루스여! 나의 군단들을 나에게 돌려달라!"라고 외치면서 벽에 머리를 부딪치며 탄식했을 만큼 전쟁의 패배로 제국은 패닉 상태에 빠졌다. 세계 정복의 이념을 내세웠던 아우구스투스는 치세 말년에 참담한 패배를 겪고 더 이상 제국의 경계(terminos imperii)를 넘지 말라는 유훈을 남겼다. 전투 2000주년을 기념해 지난 2009년에는 다양한 학술 행사와 관련서 출간이 활발해지며 헤르만 혹은 아르미니우스(Arminius)에 대한 역사적 기억이 재소환되었다.

접경 지역의 다중 정체성

19세기부터 독일사에서 바루스 전투는 민족해방전쟁으로, 게르만족을 규합하고 저항 전쟁을 주도했던 헤르만은 민족 해방자로 명명되었다. 하지만 그는 로마식 이름인 아르미니우스로 불린 로마 시민이었다. 아르미니우스/헤르만, 그는 누구인가? 그는 오늘날의 라인강 동쪽 지역에 거주하던 게르만족 일파인 케루스키(Cherusci) 부족의 귀족 지기메르(Sigimer)의 아들로 추정된다. 서기 100년 무렵 로마의 연대기 작가 타키투스(Tacitus)는 3개의 로마 군단을 괴멸시키고 외세 침략으로부터 게르만족을 수호한 아르미니우스에게 '게르마니아의 해방자(germaniae liberator)'라는 칭호를 부여했다. 아르미니우스/헤르만에 대한 로마 제국 군대의 패배는 국경에서 수천 km 떨어져 있던 수도 로마에서도 큰 이슈가 되었던 것이다.

전해지는 바에 의하면 아르미니우스는 적대적인 세력의 자식들을 볼모로 데려가 로마인으로 키우는 특유의 관행인 '인질 제도'에 의해서 어린 시절을 제국의 수도 로마에서 지내면서 진정한 로마인으로 정체성을 탈바꿈했다. 여기서 그는 로마의 귀족 자제들과 함께 교육을 받고 라틴어를 배우며 로마 문화를 체화했다. 그 이후 로마 시민권을 획득하고 부유한 최상층 시민들로 구성되는 기사 신분(ordo equester)에 선발되어 군대의 장교로서 자신의 고향 근처에 배치되었다. 로마는 기원전 55년에 율리우스 카이사르(Iulius Caesar)가 군대를 이끌고 라인강을 넘어 게르만족 영역으로 진군했으나 18일 만에 회군한 바 있었다.

이후 라인강-다뉴브강 경계선을 따라 투입되었던 로마 군대는 국경 방어를 효율적으로 운영하기 위해 인근 게르만족들을 보조군으로 고용했다. 이는 현지의 지역 방위를 고려한 현실적인 이유에서였다. 국경 너머의 정세와 지형 정보가 부재했고, 지역에 익숙한 전문 군사 인력도 없었기에 현지인과 접촉해 이들 중에서 협력자를 찾을 필요가 있었다. 아르미니우스도 케루스키인과 로마인으로 편제된 보조군의 지휘관으로 근무하면서 경력을 쌓았다. 따라서 그는 로마 군단의 전술과 전략을 낱낱이 알고 있었을 것이다. 열세에 있었던 게르만족들이 서기 9년의 바루스 전투에서 로마 정예 군단을 격파할 수 있었던 승리의 원동력은 울창한 원시림에 묻혀 있던 토이토부르크 숲의 지형을 이용한 매복 작전이기도 했다. 전투 결과는 로마와 게르만의 경계를 넘나들면서 양측의 군사·지형적 장점을 파악하고 이용할 줄 알았던 아르미니우스의 승리였다.

하지만 그는 보조 군대의 장교로 만족하지 못하고 스스로 게르만족들을 결집하고 이들의 시도사가 되려는 야망을 품게 되었다. 바루스 전투를 승리로 이끌고 케루스키 부족장 세게스테스(Segestes)의 딸 투스넬다(Thusnelda)와 결혼한 그는 로마 제국의 충성스러운 장교에서 게르만족의 통치자로 다시 한번 새로운 정체성을 획득했던 것이다. 그는 로마와 게르만의 접경지대에 살았던, 그래서 로마인이자 동시에 게르만족이며, 라틴어와 게르만족의 언어를 자유롭게 구사했던, 따라서 정체성의 경계가 유동적이고 모호했던 다중적 정체성을 가진 인물이었다.●

독일인으로 거듭난 로마인 아르미니우스

그러던 그가 '조국' 게르마니아의 자유와 해방을 위해 목숨을 바쳤던 게르만 전사로 묘사되기 시작했다. 후텐(Ulrich von Hutten)과 같은 16세기 독일의 인문주의자들은 그를 '독일' 군인으로 이미지를 세탁했다. 종교개혁가 마르틴 루터도 아르미니우스라는 로마식 이름 대신 군대(Herr)를 통솔하는 남자(Man)라는 의미로 헤르만(Herrmann)으로 작명까지 해주었다.

● 아르미니우스는 남동생과 함께 로마에서 볼모로 지냈다. 참고로 그의 동생은 평생 로마 제국에 충성을 맹세했다.

로마 교황청으로부터 벗어나고자 했던 독일의 종교개혁가들은 아르미니우스에게서 독일 해방의 구심점을 찾고자 했던 것이다. 멜란히톤(Philipp Melanchthon)은 독일의 젊은 세대가 아르미니우스를 통해서 은총 받기를 희망했다. 이렇게 해서 로마-게르만 국경지대에 거주하던 고대의 접경인(接境人)은 근대의 '독일인'으로 재창조되어 거듭났다.

아르미니우스의 기구하면서도 파란만장했던 운명을 소재로 한 음악과 문학작품들도 유행했다. 1737년 초연된 헨델의 오페라 〈아르미니오(Arminio)〉가 그 대표적인 예이다. 18세기의 작가 클롭슈토크(Friedrich Gottlieb Klopstock)는 자신의 3부작 『헤르만』에서 로마인의 도덕적 타락과 게르만족의 자유의지를 대비했다. 후대의 사람들은 이처럼 게르만과 로마 사이에 선명한 인종적·도덕적 경계선을 그었다. 19세기 독일의 시인 하이네(Heinrich Heine)는 『독일, 겨울동화(Deutschland, Ein Wintermärchen)』에 헤르만을 칭송하는 시를 남겼다.

    그곳은 타키투스가 묘사한,
    토이토부르크 숲이다.
    그곳은 바루스가 처박힌,
    잊을 수 없는 진창이다.
    여기서 케루스키족의 수장,
    그 고귀한 영웅 헤르만이 그를 무찔렀다.
    독일의 민족성이,
    이 진창에서 승리했던 것이다.
    금발의 무리를 이끈 헤르만이,

전투에서 이기지 못했다면,
더 이상 독일의 자유는 없었으리라,
우리는 로마인이 되었으리라!

1875년의 '헤르만' 기념상 건립

1870~1871년 프로이센의 독일 통일과 제2제국 탄생은 새로운 건국 신화를 필요로 했다. 독일 역사 최초의 민족국가(nation-state)는 지금까지 여러 국가에 흩어져 살던 사람들을 통합해서 '독일 민족'이라는 새로운 정체성을 확립해야 할 과제를 떠안고 탄생했던 것이다. 새롭게 구성된 독일 민족의 내적 통일을 위해 헤르만만큼 좋은 소재는 없었다. 헤르만 기념비 건립이 국가적 차원에서 기획되어 황제 빌헬름 1세도 거액을 기부했고 국내외의 독일인들도 성금을 냈다. 이로써 서기 9년에 전투가 벌어졌던 토이토부르크 숲의 언덕에 아르미니우스가 아닌 헤르만이라는 이름의 동상이 세워진 것이다. 1875년 8월 16일 거행된 기념상 봉헌식에는 황제를 비롯한 3만여 명의 군중이 모여들었다. 기념비의 웅장한 규모가 사람들을 압도했다. 전체 높이만도 53.46m였다. '자유의 전사' 헤르만은 북유럽 신화속의 날개 달린 투구를 쓰고 창과 방패로 무장했다.

새로 탄생한 국가의 국민은 헤르만에 열광하기 시작했다. 매년 수만 명의 관람객이 순례하듯이 독일 민족의 '성지'를 찾았다. 1909년의 토이토부르크 숲 전투 1900주년 기념행사에는 수만 명의 사람이 국민 축제를 거행했다. 그 이후 이곳은 독일 극우민족주의 세력들의 집회 장소가 되었다.

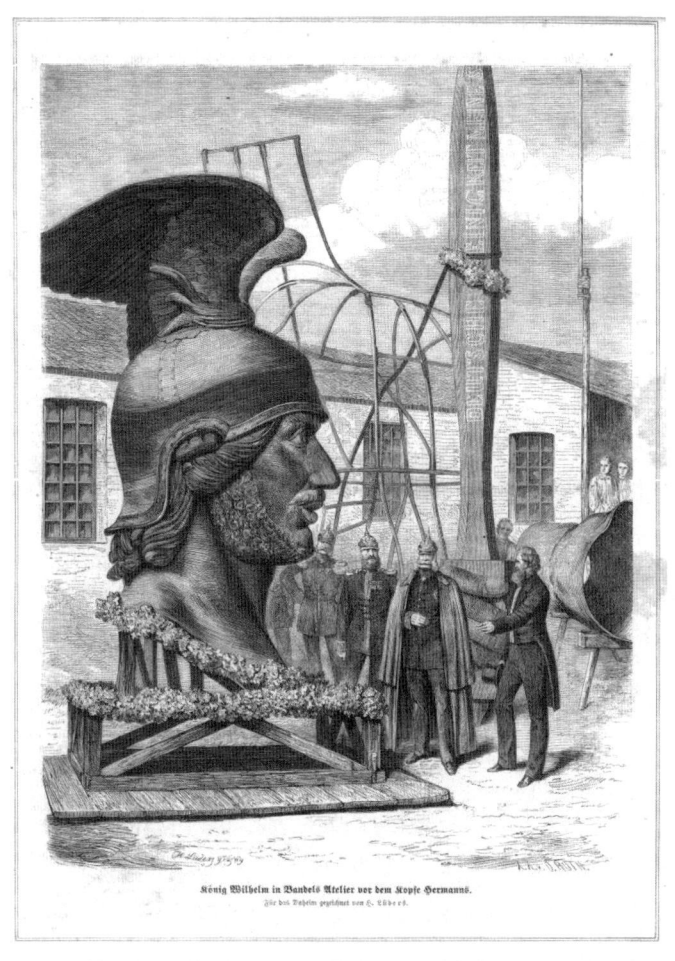

〈헤르만의 두상 앞, 반델의 작업장에 있는 빌헬름 왕(König Wilhelm in Bandels Atelier vor dem Kopfe Hermanns)〉, 헤르만 뤼더스쾨니히(Hermann Lüders-König), 1869년 작. 인물상의 높이만도 26.57m에 달하는 독일에서 가장 큰 동상인 헤르만 동상. 그가 오른손으로 치켜들고 있는 칼의 길이는 7m이고 무게만 540kg에 달한다. 그림은 프로이센의 빌헬름 왕이 1869년에 헤르만 동상을 제작 중인 작업장을 방문하던 모습이다. 빌헬름 왕은 그로부터 2년 뒤인 1871년에 독일을 통일하고 제2제국의 초대 황제로 등극했다. 나치 시대부터 오늘날까지 극우 세력들이 헤르만 동상 앞에서 각종 행사를 개최하면서 이곳은 특정한 정치적 목적으로 기리는 기억의 장소가 되었다.

제1차 세계대전의 종식과 1918년의 베르사유 조약 체결로 자존심이 짓밟힌 상황에서 독일 국민은 헤르만과 같은 구세주의 재림을 기원했다.

그러나 역사적으로 국경지대는 이주와 이산, 결혼과 교류를 통해 이질적인 문화들이 상호 교류하면서 뒤섞인 까닭에 이곳에는 순수한 피와 문화가 존재하지 않았다. 타키투스도 자신의 저서 『연대기(Annales)』에서 "로마 군단이 독일 북부 지역의 북해 연안에 거주하던 게르만 부족 카우키(Chauci)와 협공 작전을 펼치면서 아르미니우스의 케루스키 부족과 전투를 벌였다"라고 했다. 심지어 케루스키 부족 내에서도 일부 집단은 로마에 의도적으로 접근했을 정도로 친로마적 성향을 보였다. 전근대의 경계는 다종다양한 체제와 권력이 경쟁하고 공명하는 장, 즉 '접경지대'였다. 이곳은 다양한 문화와 가치의 틈바구니에서 조우·저항·교섭·변용이 뒤섞인 역동적인 장소이기도 했다.

하지만 민족문화의 순수성·단일성·차별성을 강조하는 근대 민족국가의 기억 정책은 고대의 접경지대에서 전개되었던 세력 간의 관계를 대중의 애국심 고양을 위해 과장하고 왜곡했으며 단순화하고 증폭시켰다. 이렇게 해서 로마 문명을 체화했던 로마인 아르미니우스가 '금발의' 독일인 헤르만으로 거듭났다. 역사가 신화화되는 순간이었다.

덧붙여 대다수 연구자가 근대 이후의 상황에 주목하다 보니 국경의 전근대는 자연히 공백과 다름없는 상태로 남고 말았다. 그나마 접경지대가 경험한 역사적 실체는 국가 간 기억 전쟁의 포화 속에 갇혀버렸다. 하지만 최근의 국경 연구는 다양한 이질적인 문명 간의 조우와 충돌, 동화와 융합, 새로운 종족 정체성의 형성 등에 주목하면서 과거 단절과 대립의 장소였던 국경 지역을 변화와 역동의 '접경지대'라는 새로운 관점에서 이해하기 시작했다.

로마 제국과 게르만족은 배타적인 대립 관계라기보다 상호 의존적인 관계였다. 로마 제국은 오래전부터 국경 인근의 게르만족들과 외교·군사적으로 긴밀한 협력 관계를 유지했고 교역도 활발하게 했다. 리메스(limes)로 불리는 로마의 방어 시설들은 국경 너머의 현지인들 간에 경제적·문화적 교류가 진행되던 장소이기도 했다. 그래서 로마 제국의 라인강-다뉴브강 경계선은 문명과 야만이 마주치는 문명 단층선이 아니라 선택적이지만 통과가 가능한 투과막(透過膜)과 같았다. 로마는 국경 외부의 게르만 부족들과 보호-피보호 관계를 구축하고 이른바 보호국들과 우호적인 외교와 군사 전략을 구사했다.

이러한 월경(越境)으로 로마 제국의 국경은 이민족과의 교류와 상호 학습 장소가 되어갔다. 게르만족은 로마 제국의 문명을 학습하고 동화되었으며, 로마인들은 게르만족의 전투 기술 등을 습득할 수 있었다. 국경은 정보가 모여드는 호수와 같아, 국경을 넘나드는 이주자들이 자신들의 고향과 지속해서 연락을 취하며 익숙해진 경로를 따라 인적·물적 교류를 이어가다 보면, 이런 교류에 따른 정보들은 물결과 같이 흘러 흘러 국경이라는 호수로 모였다.

이주는 지리적·문화적 경계 횡단(border crossing)이었다. 이주 주체는 경계를 구성하는 긴장과 갈등을 넘나들면서 이질적이고 대립적인 두 영역의 접합을 시도했다. 그 결과 문화 횡단적이고 경계 횡단적인 이종교배가 진행되면서 점차 경계는 모호해진다. 경계 횡단은 종족적 차이를 만들기보다는 다양한 종족을 포용하는 동질성을 생산해 냈다. 문화 횡단과 접합은 경계의 벽을 허물었고 새로운 질서를 형성했다. 경계 횡단 과정에서 새로운 종족 정체성이 지속적으로 재구성되었다. 이는 국가와 민족 정체성이 초역사적이거나 고정불변한 실체로 다가오는 오늘날의 상황과는 사뭇 다른 모습이다. 그러나 고정불변해 보이는 고유한 집단 정체성은 해체와 재구성을 지속적으로 반복하면서 만들어진 잠정적 결과물이다. 역사가 이를 잘 말해준다.

헤르만은 로마가 있던 남쪽이 아니라 서쪽 프랑스를 향해 칼을 겨누고 있다. 독일과 프랑스 전쟁으로 양국에 적개심이 끓어오르던 시절, 이 기념상은 앙숙이자 천적인 프랑스에 대항한 국경과 조국 수호라는 굳은 의지를 보여준다. 두 나라는 20세기 후반에 국경 화해의 긴 여정을 마무리했다. 1963년 프랑스와 서독은 화해와 협력을 골자로 한 엘리제 조약을 체결함으로써 양국 관계가 정상화되었다. 냉전으로 동서 간의 긴장이 고조되던 터라 헤르만 동상의 방향을 180도 회전시켜 동독과 동유럽 사회주의 국가들을 응시하도록 하자는 의견도 등장했다. 물론 이 제안이 현실화되지는 않았다. 프랑스와의 역사 화해가 실현되고 베를린 장벽이 붕괴되며 동유럽 국경에 서 있던 철의 장막이 걷힌 오늘날, 헤르만 동상은 맹목적 애국주의와 국수적 민족주의 시대의 유산으로 기억되고 있다.

02 유럽의 심장, 아헨

유럽의 역사적 수도, 아헨

독일 북서부에 있는 도시 아헨은 벨기에, 네덜란드와 맞닿아 있는 국경 도시(Grenzstadt: 독일어로 Grenze는 국경, Stadt는 도시)다. 시 경계의 23.8km는 벨기에, 21.8km는 네덜란드와 맞대고 있고, 시 중심가에서 6km만 가면 독일·벨기에·네덜란드 세 나라의 국경이 만나는 삼합점(Dreiländereck)이 있다. 아헨은 세 나라의 수도(베를린·브뤼셀·암스테르담)에서 각각 수백 킬로미터 떨어진 끝자락, 그러니까 주변부에 위치해 있지만 한때는 유럽 구석구석까지 전령을 파견했던 유럽의 심장부와 같은 곳이었다. 조만간 아헨(독일)-마스트리히트(네덜란드)-리에쥬(벨기에)를 순환하는 삼국열차가 개통된다고 하니 세 나라의 국경은 다시 접촉과 결합의 역할을 하면서 서로 맞물려 돌아갈 것으로 보인다.

아헨은 사통팔달의 교통 요지로 로마 시대부터 2000년의 역사를 간직한 유서 깊은 곳이다. 로마인들을 이곳으로 끌어들였던 중요한 요소 중 하

세 나라의 국경이 만나는 삼합점에 독일, 벨기에, 네덜란드의 국기가 꽂혀 있다.

자료: CC BY-SA 3.0 | Andreas Hörstemeier (2000년경).

나는 바로 온천이다. 로마 제국의 최북단 국경지대였던 이곳은 서기 1세기부터 로마 군인들을 위한 일종의 휴양지 역할을 했다. 수천 명의 군인이 온천을 이용하며 휴식을 취할 수 있었을 정도로, 지하에서 솟아 나오는 온천수는 양과 질이 탁월했다. 그래서 로마인들은 아헨을 '아쿠에 그란니(Aquae Granni)'로 불렀는데, 이는 다양한 광물질을 함유한 광천을 관장하는 신 '그라누스(Grannus)'가 선사한 물(aqua)이라는 뜻이다.

카롤루스 대제가 사랑한 온천 도시

로마군이 아헨을 온천 도시로 개발했다면 이곳을 만천하에 알린 인물은 카롤루스 대제[Carolus Magnus, 샤를마뉴(Charlemagne)]였다. 그는 '유럽의 정복자'로서 오늘날의 프랑스와 독일, 벨기에와 네덜란드, 스위스와 오스트리아, 스페인 북부와 이탈리아 중북부 지역을 통합했고, 그 결과 북해에서 지중해까지 그리고 대서양에서 헝가리에 이르는 프랑크 제국을 건설할 수 있었다. 그는 이러한 공적에 걸맞게 서기 800년 로마 교황에 의해 황제로 대관했다. 로마 제국이 이루었던 유럽의 정치적 통합이 다시금 현실화되면서 제국이 부활하는 순간이었다.

그가 아헨의 궁정에서 개최한 제국회의에는 유럽 각지에서 귀족들이 (의무적으로) 참여했다. 이곳은 독일의 쾰른과 네덜란드의 마스트리흐트를 가로지르는 옛 로마 도로 중간에 자리한 교통의 요지였다. 하지만 회의가 잦아지고 때로는 길어지면서 회의 참석자들이 아헨에 직접 숙소를 마련하면서 이곳은 점차 제국의 정치적 수도 역할을 하게 되었다. 아바스 왕조의 칼리프 하룬 알라쉬드(Harun al-Rashid)가 카롤루스 대제에게 아불 아바스(Abul Abbas)라는 재미있는 이름의 코끼리를 보낸 곳도, 그리고 비잔티움 제국의 칙사들을 접견한 곳도 아헨이었다. 이처럼 아헨은 유럽의 정치와 외교의 중심 무대였다. 카롤루스 대제는 학문과 문예의 보호자로, 그가 통치하던 시대는 '카롤루스 왕 르네상스'로 불렸다. 유럽 각지의 명망 있는 학자들이 아헨 궁정으로 초빙되었다. 영국 요크 출신의 알퀸(Alcuin)을 비롯해 프랑스, 독일, 이탈리아, 스페인 등지의 학자들이 모여들면서 아헨은 유럽 문화의 중심지로 성장했다.

그러나 평생 카롤루스를 지척에서 보좌했던 아인하르트(Einhard)라는 인물은 자신이 집필한 『샤를마뉴의 생애(Vita et Gesta Caroli Magni)』에서 그의 주군이 아헨을 사랑했던 이유는 다름 아닌 온천 때문이었다고 전한다. 사냥과 수영을 즐겼던 카롤루스 대제는 그의 신하들과 함께 온천욕을 하면서 국정을 논의했다고 한다. 카롤루스를 누구보다 잘 알았던 그였기에 이 이야기를 단순한 가십거리로 넘기기에는 신빙성이 높다. 실제로 그는 주로 겨울철에 아헨에 머물렀는데, 이는 유럽에서 가장 뜨거운 50℃ 이상의 온천수 때문이었을 것이다. 이러한 이유로 그 당시 사람들은 아헨을 '물의 궁정(Aquispalatium)', '물의 장원(Aquisvilla)'으로 부르곤 했다. 카롤루스가 왕으로 즉위한 768년부터 30여 년 동안 진행된 수많은 군사 원정이 주로 여름철에 진행되었기에, 겨울에는 아헨으로 돌아와 온천에서 지친 심신의 피로를 해소했던 것이다. 그는 말년이 되면서 806년부터는 주로 아헨에 머물렀고, 814년 1월의 추운 겨울날 그곳에서 숨을 거두었다. 왕국에 고정된 수도가 없이 왕이 이곳저곳을 순회하면서 통치하던 시대에 아헨은 수도의 역할을 했던 것이다.

오늘날에도 아헨의 시민들은 카롤루스 대제를 도시에서 온천수를 발견하고 개발해서 후손들에게 부를 가져다준 은인으로 기억한다. 실제로 12세기 후반에 작성된 한 문서에는 카롤루스가 사냥하던 중 우연히 아헨 온천수(thermas caldorum fontium)를 발견했다고 언급한다. 그래서 아헨 사람들은 카롤루스 대제를 수호신(Genius loci)으로 섬겨왔고, 이를 기리기 위해 카롤루스 대제의 말이 온천수를 발견하는 장면을 아헨의 옛 온천장에 부조로 남겼다.

중세 유럽의 정신적 고향

카롤루스의 유해는 그가 매우 애착했던 아헨의 성당에 매장되었다. 하지만 881년 바이킹인들의 침략과 약탈로 이곳은 사실상 수도의 기능을 상실했다. 카롤루스가 어렵게 세운 제국도 후손들에 의해 분할되고(1부 4장 참조), 아헨은 동프랑크 왕국에 귀속되면서 왕국의 서부 국경 도시로 변모했다. 그 위상이 중심에서 주변으로 바뀐 것이다. 더욱이 아헨 지역의 통치자가 된 로타링기아 공작은 때로는 독일 왕들에 반해 무력 반란을 일으키고 때로는 프랑스와 독일 왕들 간의 싸움을 부추겨 반사 이익을 기도했다. 공작이 독자적인 세력을 확보하게 되자, 독일과 프랑스의 왕들은 카롤루스 대제의 정치적 고향이자 제국의 중심지였던 아헨으로부터 점차 배제되었다. 953년에 자신의 왕 즉위식(936)이 거행되었던 아헨을 방문하려던 오토 1세(Otto I)의 계획도 지역 세력의 거센 반발로 무산되었을 정도였다. 로타링기아는 왕조차 쉽게 접근하기 어려운 지역이 되었고 그래서 이 지역은 독일어로 '쾨니히스페른(königsfern)', 즉 왕(König)이 기피했던(fern) 곳으로 인식되었다.

아헨은 더 이상 유럽 정치의 1번지가 아니었으나 카롤루스의 유산은 위대했다. 오히려 실효 지배가 불가능해질수록 아헨의 정치적 상징성은 더 커졌고, 기억의 유산은 여러 경로를 통해 전승되었다. 이는 936년부터 1531년까지 30명의 독일 왕들이 아헨에서 대관식을 거행했다는 사실에서 명확해진다. 제후들의 왕 선출식은 프랑크푸르트에서 개최되었으나 선출된 '예비 왕'은 이곳에서 250km 떨어진 아헨으로 가서 대관식을 거행해야만 했다. 그래서 중세 아헨은 '독일 왕국의 수도(caput et sedes regni Theutonici)'로 불렸다. 카롤루스가 궁정 예배당에서 미사가 진행되는 동안 앉았던 '평범한' 의자가 대관식에서는 착좌식 의자로 사용되었다. 독일 중세의 왕들은 카롤루스와 혈통이 아닌 정신적 유대를 통해 통치자로서의 정통성과 정당성을 찾고자 했다. 16세기 초반의 종교개혁 당시 개신교로 개종한 일부 고위 귀족(선제후)들이 성유물로 치장된 '가톨릭적인' 아헨

성당을 꺼리면서 독일 왕들의 대관식은 더 이상 이곳에서 개최될 수 없었다. 그래서 1562년부터 신성로마제국이 해체되는 1806년까지 대관식 장소는 교통의 요지인 프랑크푸르트로 옮겨졌다.

카롤루스 대제는 자신의 정치적 고향인 아헨을 성스러운 도시로 만들고자 했으며, 그래서 유럽과 비잔티움 제국, 예루살렘 등지에 산재해 있던 성유물을 차곡차곡 수집했다. 그는 아마도 아헨을 알프스 북쪽의 '새로운 로마' 혹은 '제2의 로마'로 만들고자 했던 것 같다. 그의 후계자들도 그의 유지를 받들어 아헨을 정치와 종교의 중심지로 육성했다. 하지만 아헨은 중세 후기로 갈수록 점차 카롤루스의 정치적 이념과 유산의 명맥을 잃기 시작했다. 아헨을 방문했던 가톨릭 순례자들도 그의 무덤을 찾기보다는 성당에 보관된 성유물에 몰려들었다. 에네아 실비오 피콜로미니(Enea Silvio Piccolomini, 훗날 교황 비오 2세가 된 인물)가 1435년에 아헨 성당을 방문하면서 이곳에 보관된 성유물, 특히 성모 마리아가 입었던 옷을 먼저 언급하고 나서야 카롤루스의 무덤에 대해 말했던 것도 이러한 변화를 보여준다.

주변에서 다시 중심으로

근대에 들어 아헨은 제국의 중심으로서의 옛 정치적 위상을 회복하지 못했다. 비록 나폴레옹이 '카롤루스의 왕좌'를 보고자 친히 이곳을 방문하기도 했지만, 아헨은 온천 휴양지로서 주목을 받는 데 만족해야 했다. 하지만 20세기 후반에 들어서 '유럽의 아버지'로 불리는 카롤루스 대제의 도시 아헨에 대한 기억이 새롭게 소환되었다. 1차(1914~1918)와 2차 세계대전(1939~1945)을 연이어 경험했던 유럽은 분열이 아닌 통합의 길을 택할 수밖에 없었다. 이때 카롤루스 대제는 유럽 통합의 상징적 인물로 소환되었다.

유럽 통합에 이바지한 인물에게 수여하는 카롤루스대제상(Karlspreis)이 아헨에서 제정된 것도 이러한 이유였다. 국경 도시로서 '국경의 장벽을 허물고 국경 본연의 역사적 사명인 소통과 전달을 충실히 실현'하는 것이 상의 제정 취지였다. 1950년부터 아헨시에서 선정한 수상자에는 제2차 세계대전 이후 유럽 통합을 추진했던 이탈리아의 알치데 데가스페리(Alcide De Gasperi), 프랑스의 장 모네(Jean Monnet)와 로베르 쉬망(Robert Schuman), 독일의 콘라트 아데나워(Konrad Adenauer) 등이 포함되었다. 2023년도 수상자는 우크라이나의 젤렌스키(Volodymyr Zelenskyy) 대통령이었다. 수상 이유는 그가 러시아의 침공에 대항해 "우크라이나의 주권과 국민의 생명을 지키고 유럽과 유럽의 가치를 수호했다"라는 것이다. 수상식 당일 아헨 성당에서는 수상자가 참석하는 기념미사가 거행된다. 유럽의 초국경적 평화에 기여한 인물들이 유럽 평화의 아버지, 카롤루스 대제와 함께하는 순간이다.

2019년 1월 22일, 앙겔라 메르켈(Angela Merkel) 독일 총리와 에마뉘엘 마크롱(Emmanuel Macron) 프랑스 대통령은 아헨에서 양국 사이에 새로운 우호 협정을 체결했다. 이날은 56년 전인 1963년 독일·프랑스의 화해·협력 협정인 '엘리제 조약'이 체결된 날이었다. 당시 앙숙 관계였던 두 나라는 오랜 적대 감정을 청산하고 화해와 발전을 모색하자고 약속했다. 메르켈과 마크롱 두 정상은 양국과 유럽의 평화를 기원한다는 의미에서

1월 22일과 아헨을 택했다. 카롤루스 대제가 사랑했던 아헨이 다시 유럽 통합의 상징으로 소환된 날이었다.

오늘날 유럽은 솅겐 조약에 근거해 국경을 개방하고 있다. 현재 유럽 29개 국가가 4억 5000만 명 이상의 역내 주민에게 국경 검사 없이 자유로운 이동을 보장한다. 국민국가가 전통적으로 갖는 영토에 대한 배타적 권한을 유럽 통합이라는 더 큰 목표를 달성하기 위해 희생한 것이다. 독일 서부의 국경 도시였던 아헨은 '국경 없는(borderless)' 유럽의 새로운 심장으로 발돋움하기 시작했다. 하지만 최근 유럽에서 난민 문제와 극우 정치 세력의 약진으로 다시 국경 검문을 강화하면서 솅겐 조약의 종말을 예언하는 듯하다. 서유럽의 정치와 문화를 통합하고 아헨을 개방과 평화의 도시로 만들려던 카롤루스 대제의 꿈은 무산되고 있는가?

03

유럽의 길목, 브뤼셀

벨기에는 유럽 대륙과 영국을 잇는 지역적인 특수성을 지니고 있다. 대륙과 해양이 접하는 이곳을 통해 고대 로마의 군대가 영국으로 진군했고 벨기에는 기원전 57년 율리우스 카이사르에 의해서 정복당했다. 그 이후 중세의 카롤루스 대제를 배출한 프랑크족도 이곳을 기반으로 오늘날의 프랑스·독일·이탈리아까지 세력을 팽창할 수 있었다. 프랑크 제국이 로마 문명이 뿌리내렸던 곳에서부터 번성하기 시작했다는 사실은 벨기에 역사의 혼종성을 시사한다. 북유럽에서 내려온 바이킹도 여기서부터 대륙 내부로 침투했다. 16세기에는 오스트리아 합스부르크 제국, 19세기에 와서는 프랑스와 네덜란드가 벨기에의 새로운 지배자가 되었다. 이처럼 벨기에는 유럽의 길목에서 싸움터(Cockpit of Europe)로 변해갔다.

저지대(Low Countries)의 평야에 위치해 사통팔달의 교통 요지로 성장하기에 적합했지만, 이는 동시에 외세의 침략을 지연시킬 수 있는 자연 방벽이 부족했음을 의미한다. 일부 학자들은 방어에 취약한 지형 구조에서 독립국가를 형성하는 것은 패러독스(paradox), 즉 역설이라고도 했다. 그럼에도 불구하고, 벨기에 사람들은 새로운 강대국들의 등장에 맞서서 자신의 정체성을 찾기 위한 부단한 노력을 해왔다. 벨기에는 강대국 틈에 끼인 '사이 공간'의 국가로서 때로는 희생을 감수하고 때로는 지정학적 운명을 자신에게 유리하게 이끌었다. 그 결과, 12세기부터 오늘날까지 도시화, 인구밀도, 농업생산성, 교역 규모·탁월한 문화예술가의 배출에서 유럽의 최상위권에 오를 수 있었다.

분열된 벨기에 왕국

1831년 독립 이전부터 벨기에는 브뤼셀 남부에 프랑스어를 모국어로 사용하는 사람들이 있었고, 국민의 70%가 거주하던 인구 밀집 지역인 북부는 네덜란드어 방언인 플랑드르어를 사용했다. 국민 대다수가 신교 국가인 네덜란드와는 달리 가톨릭을 믿어서 종교적 통일성은 있었으나, 남과 북은 언어적으로나 사회경제적으로도 분열되어 있었다. 더욱이 독립운동을 주도한 세력이 프랑스어를 사용하는 남부 사람들이었고, 프랑스 군대의 도움을 받아 네덜란드를 축출할 수 있었기 때문에 건국 초기부터 프랑스어가 관공서 등에서 공용어로 자리 잡기 시작했다. 반면에 교육 수준이 낮았던 북부 플랑드르의 농민들은 프랑스어를 이해하지 못하는 경우가 많았고, 사회적으로도 프랑스어를 사용하던 상류층이 플랑드르어를 사용하는 북부 사람들을 이등 국민으로 차별하며 무시하곤 했다.

    19세기 산업 혁명 시대에 남부 지역에는 수백 개의 탄전과 철광산이 있어서 경제적으로도 남부 지역의 우월감은 더욱 커졌다. 산업화가 진행될

프랑스어(위)와 플랑드르어(아래)가 동시에 표기된 도로 표지판.

수록 농촌 지역인 북부와 도시화한 남부의 소득 격차는 더욱 벌어졌다. 이제 막 탄생한 국가에서 지역 갈등이 고조되고 민족 분규의 조짐이 나타나기 시작한 것이다.

그러자 북부에서는 학교 내 프랑스어 사용을 강제하는 정부의 단일어 사용 정책에 맞서서 플랑드르 언어와 문화를 지키려는 플랑드르 자치운동(Flemish Movement, 플랑드르어로는 Vlaamse Beweging)이 전개되었다. 이들은 벨기에 정부에 플랑드르어의 공인을 요구했고 민심은 선거에서 반영되었다. 벨기에 최초의 보통선거(1894)에서 플랑드르 지역의 절대적인 지지를 받고 선출된 플랑드르계 의원들은 1898년 프랑스어 단일어 정책을 폐지하고 플랑드르어를 프랑스어와 동등한 공용어로 인정하는 평등법(Equality Law)을 제정한다.

벨기에 브뤼셀자유대학교의 분열

벨기에의 수도 브뤼셀 시내에는 브뤼셀자유대학교(Vrije Universiteit Brussel)가 있다. 교명에 '자유(Vrije)'라는 표현이 들어 있고, "학문을 통해 어둠을 밝히리라(Scientia vincere tenebras)"는 교훈처럼 학문의 자유를 중요시하는 대학이기도 하다. 9개 단과 대학을 지닌 종합대학으로 재학생의 23%가 152개 국가에서 온 외국 학생들일 정도로 교육과 연구에서 활발한 국제적인 대학이다. 하지만 이 대학은 개교기념일이 두 개라는 독특한 역사를 간직하고 있다. 이는 분열과 통합으로 점철된 벨기에의 역사와 밀접하게 관련된 것이기도 하다.

이 대학교의 창립일은 1834년 11월 20일이다. 네덜란드로부터 갓 독립한 신생 국가 벨기에는 3개의 대학[겐트(Ghent), 뢰번(Leuven), 리에주(Liège)]이 있었으나, 정작 새로운 수도로 지정된 브뤼셀에는 대학이 아직 없었다. 무엇보다도 독립을 쟁취한 시민들은 자신의 손으로 대학을 설립하고자 했고, 이들의 자발적인 기부를 통해 벨기에자유대학교(Université libre de Belgique)가 탄생한다. 당시로서는 종교와 정치로부터 해방됨을 의미하는 '교육의 자유'는 매우 새롭고 진보적인 발상이었다. 이러한 교육 이념을 통해 브뤼셀자유대학교는 다수의 노벨상 수상자를 배출하는 성과를 거두었다.

제2차 세계대전 이후 벨기에는 남북에 자치권을 부여하며, 북쪽 플랑드르와 남쪽 왈롱 지방의 행정을 분리하는 행정입법(1962)과 언어권에 대한 공식적인 법적 지위를 부여하는 언어입법(1963)으로 연방제의 길을 열었다. 하지만 이후에도 타협은 계속 난항을 거듭했고, 벨기에는 1993년 헌법

개정을 통해 공식적으로 연방 국가가 되었다. 현재는 중앙정부가 외교·국방·통화·사회복지 등 주요 정책에 관한 통제권만 유지하고, 그 대신에 남부와 북부 그리고 브뤼셀 세 지역이 각각 환경·경제 및 고용정책·무역·농업·과학 등의 분야에서 자치권을 행사한다.

대학도 예외일 수 없었다. 1425년에 설립된 오랜 전통을 자랑하던 뢰번대학교도 언어 갈등의 중심에 서게 된다. 이 대학은 플랑드르 지역에 있었다. 1967년 말부터 뢰번대학교의 학생들이 대학에서 프랑스어 강좌의 폐지를 요구하는 과정에서 폭력 행위가 발생하며 총리가 사임하는 심각한 사회 문제로까지 비화되었다. 결국, 1971년에 왈롱 지역에 새로이 캠퍼스를 조성하고 프랑스어로만 수업하는 새로운 대학인 가톨릭뢰번대학교(Université Catholique de Louvain)가 설립되면서 대학은 분열된다. 전 세계가 68혁명의 소용돌이에 휘말릴 때 벨기에는 언어 전쟁의 비극을 경험했다.

벨기에 독립 직후 세워진 '벨기에자유대학교'도 프랑스어가 공용어였기에 프랑스어를 사용했다. 그러나 1963년의 언어입법으로 이 대학에서도 플랑드르어와 프랑스어 강의가 동시에 개설되었다. 그 이후 플랑드르어만을 사용하는 독립적인 대학이 분리되어 1970년 5월 28일 프랑스어를 사용하는 브뤼셀자유대학교(Université Libre de Bruxelles, 이하 ULB)와 플랑드르어를 사용하는 브뤼셀자유대학교(이하 VUB)로 나뉘게 된다. 그래서 VUB는 공식적으로 1970년에 세워진 대학으로 알려져 있지만 그 기원은 1834년으로 거슬러 올라간다.

분열 그리고 통합의 역사

유럽의 역사와 문화적 특징은 통일성 속의 다양성, 다양성 속의 통일성이다. 유럽연합의 중요한 기구들이 모여 있는 유럽의 수도 벨기에는 이러한 유럽의 특성을 고스란히 간직한 채 분열과 통합의 상징으로 계속 남을 것이다. 벨기에는 역사적으로 분열과 갈등을 통합해 왔다. 국가 간의 경계가 느슨해지는 세계화 시대를 맞아 벨기에의 언어적 경계들이 국민을 분리하는 장벽이 아니라 타자의 시각으로 서로를 이해하는 공존과 화합의 공간이 되었으면 한다. 유럽의 정치·경제·문화 교차로에 있는 언어적 다양성은 벨기에의 글로벌 입지를 다지는 데 이바지할 것이다.

ULB와 VUB는 각각 독립된 캠퍼스를 유지하고 있으나, 두 대학은 2025년 상반기에 함께 교육과 연구를 진행할 수 있는 8층 규모의 건물을 신축했다. 두 대학 캠퍼스가 접하는 경계에 건물이 세워지면서 양측의 협력 관계가 점차 활기를 띠어 가고 있는 모양새다. 두 대학을 다시 합쳐서 역량을 결집하려는 움직임도 표면화되기 시작했다고 한다. 근면 성실하고 평화를 사랑하는 민족으로 알려진 벨기에인들은 자신의 선조들이 공들여 쌓은 '유럽의 중심(Kernel of Europe) 벨기에'라는 역사의 탑을 소중히 보존하고자 노력하고 있다.

04

사라진 국경 왕국, 로타링기아

'끼인 국가'의 비애

로타링기아라는 나라가 있었다. 프랑스에서 로렌이라 부르고 독일에서는 로트링겐이라 하는 지역을 중심으로 번성한 나라였다. 오늘날 독일과 프랑스의 접경 지역인 이곳에 843년부터 1766년까지 근 천 년 동안 로타링기아라는 이름의 왕국과 공작령이 차례로 존재했다. 강대국들의 틈을 비집고 힘겹게 세력을 키워나갔던 것이다. 그래서 이 지역은 유럽에서 영토 분쟁이 가장 극심했던 국경지대로 기억된다.

    서기 800년경 카롤루스 대제(후대의 독일인들은 그를 카를, 프랑스인들은 샤를로 부른다)가 서로마 제국 멸망(476) 이후 분열되었던 서유럽을 통일하면서 오랜만에 지역적 통합의 길을 열었다. 하지만 얼마 지나지 않아 제국은 다시 분열되어 카롤루스 대제의 손자들이 제국을 삼분하고(834년, 베르됭 조약), 이 중 장남인 로타르 1세(Lothar I)가 북해에서 이탈리아에 이르는 중간지대(중부 왕국)를 차지했다. 이곳은 카롤루스 제국의 역사가 시작된 핵심이자 오늘날 프랑스, 독일, 룩셈부르크, 벨기에, 네덜란드, 스위스, 이탈리아를 아우른다. 그러나 로타르 1세의 아들이자 카롤루스 대제의 증손자 로타르 2세가 사망하자 왕국은 동서로 나뉘어 해체되었다(870, 메르센 조약).

사실 로타르 2세에게는 왕위를 계승할 아들이 있었으나 그는 정실이 아닌 첩의 소생이었다. 왕국과 왕위의 보존을 위해 로타르 2세는 아내와 이혼하고 첩과 결혼할 생각이었으나, 서프랑크와 동프랑크를 통치하던 로타르의 삼촌들이 교회 성직자들과 교황까지 끌어들여 조카의 재혼에 반대하고 나섰다. 그들의 의도는 로타르가 적자 없이 사망하면서 드러났다. 이혼과 재혼을 위해 동분서주하던 그가 병으로 급사하자 두 삼촌들이 서둘러 조카의 왕국을 동서로 나눠서 차지했던 것이다.● 강대국들에 '끼인 국가' 혹은 '사이 국가'의 비애가 느껴진다.

로타링기아 공작령

로타링기아 지역은 석탄과 철 매장량이 풍부해서 프랑스 철광석의 90%가 매장되어 있다고 한다. 철(鐵)의 전쟁이라 할 정도로 훗날 독일과 프랑스는 이 지역을 뺏고 빼앗기는 전쟁도 불사했다. 로타링기아는 일찍부터 농산물이 풍족했고 독일 쾰른과 프랑스 베르됭 같은 교역 거점이 있어서

● 이들이 서프랑크의 샤를 대머리왕(Charles the Bald)과 동프랑크의 루드비히 독일왕(Ludwig the Younger)이다.

프륌(Prüm)과 같은 부유한 수도원이 자리 잡았다. 이러한 풍요로운 지역에서 비록 왕국은 사라졌으나 그 뒤를 이어 강대국들의 틈바구니에서 공작이 이끄는 새로운 정치 집단이 탄생한 것이다.

지역의 통치자가 된 로타링기아 공작은 때로는 독일 왕들에 대항해 무력 반란을 일으키고 그들의 공주와 결혼했으며, 때로는 프랑스와 독일 왕 사이에 싸움을 부추겨 반사 이익을 도모했다. 928년부터 939년까지 공작직을 유지했던 기젤베르투스(Giselbertus)는 재임 기간에 프랑스와 독일 사이에서 4번이나 정치적 동맹 관계를 번복하기도 했다. 서유럽의 세력 균형이 독일 쪽으로 기울어지자 기젤베르투스는 928년에 독일 왕의 딸(훗날 신성로마제국의 황제가 되는 오토 1세의 여동생)과 결혼하면서 독일 편에 서게 된다. 그 이후 로타링기아는 1766년까지 정치적으로 신성로마제국에 복속되었다.

하지만 로타링기아는 유럽 정치의 중심에서 한 발자국 떨어진 주변의 사이 공간에서 실용적인 노선을 걸으며 정치적 갈등을 현실적인 타협으로 풀어나갔다. 이처럼 공작이 독자적인 세력을 확보하게 되자, 독일과 프랑스의 왕들은 카롤루스 대제의 정치적 고향이자 제국의 중심지로부터 점차 배제되었다. 953년에 자신의 왕 즉위식(936)이 거행되었던 아헨을 방문하려던 오토 1세의 계획도 지역 세력의 거센 반발로 무산되었을 정도다.

중세 로타링기아 공작령은 접경 지역으로서 중심-지역, 지역-중심에 놓인 사이 공간이자 제3의 영역으로 자리매김해 나갔다. 여타 접경 지역에서와 마찬가지로 로타링기아의 통치자인 공작들은 중심부의 언어, 즉 독어와 불어 모두에 능통했다. 그리고 강대국의 틈바구니에 끼어 생존 경쟁에서 도태되지 않고자 노력하며 독자적인 정치 세력을 구축해 나갔다.

그러나 동시에 로타링기아는 중세 초기의 동·서 프랑크 왕국, 그리고 그 이후의 중세 독일과 프랑스를 연결하는 접경지대였다. 라인강, 모젤강, 뫼즈강, 자르강이 유럽 교역의 심장부 로타링기아를 휘감으며 사람과 물자를 실어 날랐다.

중세 이후부터 지금까지도 로타링기아의 서쪽은 프랑스어와 유사한 로망스어가, 동쪽 지역에는 독일어에서 파생된 게르만어가 지배적 언어이다. 따라서 로타링기아 지역은 정치와 문화적 혼종성을 특징으로 하며 양자택일보다는 양자병합을 지향했던 전형적인 접경지대다. 다중적 경계사유가 현전하는 이질적인 다양한 문화가 조우하고 타협했던 혼종의 공간이자 얽힌 역사가 전개되는 공간이기도 했다. 하지만 19세기 이후의 민족주의 시대는 이 모든 것들을 용납하지 않고 단일문화주의만을 강요했다.

독일과 프랑스를 잇는 교두보였던 로타링기아에는 17세기 중반부터 프랑스 군대가 점령과 철수를 반복한다. 프랑스의 루이 14세(Louis XIV)가 1681년에 스트라스부르/스트라스부르크를 점령하고 영토를 라인강까지 팽창하자 로타링기아는 프랑스에 귀속되었다. 라인강은 프랑스의 자연국경이라는 주장이 대두되던 시기였다(1부 6장 참조). 따라서 라인강을 수호하는 것이 프랑스인의 신성한 사명이라는 것이다.

근대 프랑스에서는 라인강, 대서양, 지중해, 피레네산맥, 알프스산맥이라는 자연경계로 둘러싸인 영토가 프랑스 민족의 거주지역이며, 이 지역을 모두 프랑스의 영역으로 편입해 자연경계를 국경선으로 삼아야 한다는 자연국경론이 대두되었다. 이는 프랑스의 국경선을 전체적으로 6각형(hexagone)에 가까운 모습으로 만들려고 했던 생각이다.

영토 분쟁

로타링기아는 18세기 이후 정치적으로는 프랑스에 복속했지만, 문화적으로 여전히 독일의 영향을 받았다. 공작들도 망명 정부를 세우면서까지 저항을 지속했다. 프랑스의 경쟁국이었던 합스부르크 왕조가 로타링기아 공작들을 후원하면서 프랑스의 국경 불안은 더욱 심화되었다. 로타링기아의 마지막 공작이었던 프랑수아 1세(François I)가 합스부르크 왕가의 상속녀였던 마리아 테레지아(Maria Theresia)와 연애 중이라는 소문이 퍼지면서 예감이 현실이 되었다. 이제 숙적인 합스부르크 제국과 프랑스가 국경을 맞대는 상황이 벌어진 것이다. 결국, 프랑수아 1세(Franz I)는 19살이었던 마리아와의 결혼(1736)을 통해 신성로마제국의 황제가 되는 길을 택한다. 프랑스의 격렬한 공세를 받고 이에 굴복해 로타링기아를 포기하고 프랑스에 넘긴다. 그는 포기 각서에 서명하라는 압박에도 거부의 표시로 펜을 여러 차례 바닥에 던졌다고 한다. 하지만 마지막 순간에 서명하면서 1000년간 지속된 로타링기아라는 나라는 지도에서 완전히 사라진다. 그 이후 이곳은 프랑스와 독일 간 전쟁을 거치면서 합병과 양도의 대상이 되었다.

프랑스의 작가 알퐁스 도데(Alphonse Daudet)가 쓴 단편 『마지막 수업(La Dernière Classe)』을 기억하는가? 이 단편소설은 아멜 선생님이 "오늘 수업이 프랑스어로 하는 마지막 수업입니다. 내일부터는 독일어를 공부하게 됩니다"라고 말한 후 교실 칠판에 'Vive La France!'(프랑스 만세)라고 적으면서 끝을 맺는다. 소설의 배경은 1870년에 벌어진 프로이센·프랑스 전쟁의 승리로 독일이 프랑스로부터 '다시' 빼앗은 알자스로렌 지방이다.

두 나라 접경지에 있는 이곳은 이후에도 여러 차례 영토 분쟁에 휘말렸다. 독일은 제1차 세계대전에서 패하며 이곳을 프랑스에 반환했다가 1940년에 무력으로 다시 합병했다. 여기서 태어난 청년들은 제1차 세계대전 때는 독일군으로 소집 명령을 받았고, 1940년에는 프랑스 군복을 입고 나치 군대에 대항해야 했다. 주민들의 의사와 관계없이 국적을 여러 번 바꿔야 했던 웃지 못할 희비극이 연출된 것이다. 하지만 정작 무서운 사실은 이 과정에서 양측 모두에 민족의식이 고취되고 빼앗긴 영토를 되찾겠다는 복수심이 타올랐다는 것이다.

성공적인 국경 공동관리 사례, '유럽석탄철강공동체'

유럽의 석탄과 철은 산업화의 원동력이자 전쟁의 원인이기도 했다. 전략 물자인 철과 석탄의 주요 산지들은 독일·프랑스·벨기에의 국경지대에 밀집되어 있다. 전 세계적으로 5000만 명 이상의 사망자를 기록한 제2차 세계대전이 끝나자 이제 국경 전쟁(border war)을 억제하려면 석탄과 광산 지대를 감시하고 통제해야 한다는 인식이 대두했다. 전후 절망적 상황에 놓인 유럽이 국가 이기주의에서 벗어나 평화와 공영의 길로 나아가는 해결책으로 석탄·철강 산업을 통합해서 관리하는 초국가주의적 모델이 제시되었다.

이는 유럽에서 생산되는 석탄과 철을 하나의 조직이 공동관리 하자는 안으로, 프랑스·서독·이탈리아와 베네룩스 3국(벨기에·네덜란드·룩셈부르크)이 즉시 가입하면서 1951년에 유럽석탄철강공동체(European Coal and

Steel Community, ECSC)가 탄생했다. 오랫동안 전쟁의 목적이자 수단이었던 석탄과 철강을 초국가적·범유럽적으로 통제해 자원에 대한 국가 간 갈등을 화해와 협력으로 승화한 것이다. 2002년까지 존속하면서 자원협력의 새로운 상생의 길을 마련한 유럽석탄철강공동체는 지금의 유럽연합으로 확장되었다. 이는 곧 경제통합이 정치와 안보의 통합을 끌어냈고 지역 내 군사적 긴장 완화와 평화 정착에 이바지했음을 의미한다.

새로운 유형의 초국가적 에너지 협력기구였던 유럽석탄철강공동체는 회원국에서 이양받은 기능을 융합하여 회원국 공동의 이익을 위해 정책을 입안하고 실행했다. 유럽석탄철강공동체의 최고 공동의사결정기구로서 아홉 명으로 구성된 고등관리청은 회원국 정부로부터 독립적인 지위를 지니며, 자율성을 바탕으로 공동체 전체의 이익을 도모했다. 초국적 형태의 이 기관은 회원국들에 대한 감시와 제재로 석탄과 철이라는 공동자원을 효율적으로 관리했다. 이는 서유럽의 국경지대에 산재한 자원을 공동으로 관리하려는 국경 정책의 일환이었다. 동시에 분쟁 대상이었던 국경지대를 공동의 자산으로 생각하고 상생의 길을 모색한 자구책이었다. 경제적 통합이 정치와 안보의 통합을 끌어낸 것이다. 이는 곧 지역 내 군사적 긴장을 완화했음을 의미한다.

05

스트라스부르? 스트라스부르크?

부담스러운 과거

19세기에 프랑스와 독일이 자국어 사용을 강요했던 알자스의 중심지가 스트라스부르(Strasbourg), 독일어로 스트라스부르크(Straßburg)라고 불리는 도시다. 양국의 국경지대인 이곳에서는 애국심 고취와 사회·민족 통합을 위한 언어, 역사, 지리 등 애국 교과 수업이 강제되었다. 1871년부터는 점령지 알자스 지역의 독일화를 추구하는 민족화 정책이 실시되었다.

'스트라스부르/스트라스부르크'라는 지명은 독일어에서 도로를 의미하는 'Stras'와 성채 혹은 도시를 뜻하는 'burg'의 합성어로, '길 위의 도시'라 불릴 만큼 예부터 행정과 교역의 중심지였음을 의미한다. 라인강 강변에 위치한 스트라스부르/스트라스부르크 지역은 일찍부터 농산물이 풍족했고 석탄과 철 매장량도 풍부해서 프랑스 철광석의 90%가 매장되어 있다고 한다. 철의 전쟁이라 할 정도로 독일과 프랑스는 이 지역을 뺏고 빼앗기는 전쟁도 불사했다. 독일과 프랑스를 잇는 교두보였던 스트라스부르/스트라스부르크는 17세기 중반부터 프랑스 군대가 점령과 철수를 반복했다. 마침내 프랑스의 루이 14세가 1681년에 이곳을 점령하고 영토를 라인강까지 팽창하면서 프랑스에 귀속되었다. 당시에는 라인강이 프랑스의 자연국경이라는 주장이 대두되었던 시기로, 라인강을 수호하는 것이 프랑스인의 신성한 사명이라고 생각했다. 라이스웨이크 조약(1697)으로 프랑스의 이러한 정치적 팽창이 승인된다.

스트라스부르/스트라스부르크는 정치적으로 프랑스에 복속되었지만 빼앗긴 영토를 향한 독일인들의 애정과 집착은 끊이지 않았다. 독일인들은 이곳이 중세 이래 신성로마제국의 영토였음을 부각하는 역사주권론을 내세웠다. 독일의 철학자이자 문인이었던 요한 볼프강 폰 괴테(Johann Wolfgang von Goethe)는 스트라스부르/스트라스부르크 대성당이 '독일인의 건축술(Von deutscher Baukunst)'로 지어졌음을 상기시키며 이곳이 '순수한' 독일인의 땅임을 명확히 했다. 다른 독일 지식인들도 이곳을 독일 최전방에 위치한 독일 정신의 마지막 보루로 지키고자 했다.

하지만 정작 스트라스부르/스트라스부르크에 대대로 살던 지역민들의 생각은 이와 달랐다. 이들은 스스로를 프랑스 왕국의 신민이지만 독일어를 사용하는 알자스(Alsace)/엘자스(Elsaß)인으로 생각했기 때문이다. 이들은 자신의 '이중적 정체성'에 혼돈을 느끼지 않았고, 자신을 '프랑스인' 혹은 '독일인'이 아니라 '알자스/엘자스인'으로 인식했다. 이들이 추구했던 바는 '알자스인의 알자스'였으며, 스스로의 문화를 독일과 프랑스 문화가 종합되고 혼합된 이중 문화로 규정했다. 그래서 이들에게는 도심 한복판에 있는 대성당에 클로비스, 다고베르트(약 603~639), 중세의 독일 왕들, 오스트리아 합스부르크 제국의 루돌프 황제(1218~1291), 프랑스의 왕 루이 14세(1638~1715)의 기마상이 함께 모여 있는 것이 어색하지 않았다. 이같이 지역 주민들은 독일적인 것과 프랑스적인 것 모두를 수용하는 데 거부감을 느끼지 않으면서 상호 배타적인 양자택일이 아닌 양자병합의 역사를 이어왔다. 이들은 민족적인 사고보다는 지역 정체성을 지켜온 접경인이었다. 그래서 오늘날에도 주민들은 공용어인 프랑스어 외에도 독일어 그리고 두 언어의 혼종어인 알자스/엘자스어를 사용한다.

그렇지만 두 나라 접경지에 있는 이곳은 근대에도 여러 차례 극심한 영토 분쟁에 휘말렸다. 이 과정에서 날카로운 민족적 적대감이 팽배해지고 독일과 프랑스는 국가적 차원에서 스트라스부르/스트라스부르크가 자신의 고유 영토임을 입증하는 데 열중했다. 나치의 침공으로 인한 어마어마한 재산과 인명 피해로 전쟁의 상흔이 채 가시지 않았지만, 프랑스의 샤를 드골(Charles de Gaulle)은 1963년 1월 22일에 서독과 양국 관계에서 신기원을 확립한 엘리제 조약을 체결했다. 민족주의자 드골은 그 직전까지도 독일이 지난 145년 동안 프랑스를 일곱 번 침략하고 파리를 네 번 점령했음을 노골적으로 비난하곤 했다. 그러나 그는 식민지 국가들의 독립과 같은 어려운 국제 여건 속에서 '위대한 프랑스'의 재건이라는 국익을 위해 적과의 동침을 선언했다.

미래 세대로 이어진 엘리제 조약 효과

엘리제 조약 이후 양국의 동반자 관계는 1970년대 발레리 지스카르데스탱(Valéry Giscard d'Estaing)과 헬무트 슈미트(Helmut Schmidt), 1980년대 프랑수아 미테랑(François Mitterrand), 헬무트 콜(Helmut Kohl)을 거치면서 더욱 공고해졌다. 2023년 1월 22일에는 에마뉘엘 마크롱 프랑스 대통령과 올라프 숄츠(Olaf Scholz) 독일 총리가 프랑스 파리의 엘리제궁에서 만났다. 프랑스와 독일의 화해와 협력 조약인 '엘리제 조약' 체결 60주년을 기념하기 위해서였다. 이는 양국 관계의 정상화 못지않게 우호 협력 관계를 지속하려는 의지가 더 중요했음을 의미한다. 우파와 좌파의 정권 교체라는 국내 정치에 따라 양국의 대외 관계가 변하지 않고 상호 협력이 정권 차원의 문제를 넘어섰음을 말한다. 회복된 쌍방의 상호 신뢰는 통일 독일의 핵무장을 우려해 왔음에도 프랑스가 1990년 독일 통일에 동의하는 배경이 되기도 했다. 기성세대의 이러한 오랜 노력은 미래를 책임질 청년세대로 이어졌다.

 엘리제 조약 체결 40주년을 맞은 2003년에 양국 청소년들은 '무지에 따른 선입견을 줄이기 위해 같은 내용의 역사 교과서 도입'을 제안했고, 이 요청을 두 나라 정상이 받아들이면서 같은 내용으로 구성된 독일·프랑스 공동 역사 교과서가 2006년에 출간됐다. 이는 사상 초유의 국가 간 공동 역사 교과서를 만드는 의미 있는 작업이었다.

 독일·프랑스 교과서 협력을 위해 독일 측에서는 게오르그 에커트 국제 교과서연구소(Georg-Eckert Institute, GEI)가 주도적인 역할을 했다. 이 연구소는 1970년대부터 독일과 폴란드의 역사 교과서 개선 활동 실무도 맡고 있었다. 폴란드는 제2차 세계대전 중 나치에게 폴란드계 유대인 200만 명을 포함해 전체 인구의 5분의 1인 600만 명이 살해당했다. 더욱이 역사 대화가 시작될 무렵 폴란드는 공산 정권의 서슬이 퍼렇게 서 있었다. 이러한 최악의 상황에도 양국 학자들은 상호 신뢰 아래 민족적 편견을 극복하며 역사 대화를 지속해 나갔다. 그 결과 같은 내용을 각각 독일어와 폴란드어로 기술한 총 네 권으로 된 공동 역사 교과서가 편찬됐다.

공동 교과서가 만들어지려면 해당 국가들의 정치적 화해와 상호 이해가 전제되어야 했다. 엘리제 조약은 물론 1970년 서독과 폴란드가 맺은 바르샤바 조약(Warschauer Vertrag/Traktat Warszawski)이 국가 간 관계 정상화의 토대를 마련했다. 종교계·학계·문화계도 교류를 활성화하면서 정부와 민간 차원에서 화해 분위기가 다양한 형태로 조성됐다. 엘리제 조약 이후 독일과 프랑스 청소년 900만 명 이상이 교류 사업으로 상대방 국가를 방문했고, 2000개 이상의 도시가 자매결연을 했다. 한때 원수지간이었던 프랑스·독일·폴란드는 이제 유럽이라는 같은 배에 몸을 싣고서 가슴에 맺힌 응어리를 가라앉히고 서로 아픈 상처를 어루만지고 있다. 공동 역사 교과서는 미래세대에게 지속 가능한 공존과 번영의 항로 표지 역할을 한다.

이를 위해 독일·프랑스, 독일·폴란드 공동 역사 교과서는 '자국 중심의 역사 서술에서 벗어나 다자적 관점과 교차적 접근을 통한 역사 서술'을 시도했다. 학습자에게 상대방 관점에서 역사를 읽는 역지사지의 방법론이 이 교과서들의 큰 특징이라고 할 수 있다. 흑백논리가 아닌 '두 가지 시각'에서 자신을 바라볼 기회를 얻은 것이다. 사건을 서술할 때 상대 국가의 교과서에 실린 내용을 소개함으로써 다른 나라 학생들은 그 문제를 어떻게 생각하는지 보여주고자 했다. 이렇게 해서 학습자가 편협한 민족주의적 관점이나 불관용적 태도에서 벗어날 수 있게 했다. 흑백논리는 문제의 해결점이 될 수 없다는 공감대가 형성되면서 역사 해석의 양자택일적 논리를 지양하고자 했다. 기존의 역사 서술은 유사성보다는 차이점을 드러내

1916년 베르됭 전투가 벌어졌던 곳에서 1984년에 합동 추모식을 열고 프랑수아 미테랑(오른쪽) 프랑스 대통령과 헬무트 콜 독일 총리가 손을 맞잡았다.

자료: CC BY-SA 3.0 DE | Konrad-Adenauer-Stiftung / ACDP(Objekt-Signatur: 10-030: 226).

면서 상대편을 모든 고통의 근원이자 악마적 존재로 묘사했다. 이웃 나라 역사의 부정적 측면만 따진다면 상대방에 대한 불확실성과 두려움을 불러일으킬 뿐이다. 이러한 우려를 해소하는 것이 역사 교육의 중요한 임무다. 처음부터 이웃을 적으로 규정하면 상대방 처지를 이해하려는 역사 대화는 불가능해진다. 그리고 쌍방향적 기억의 복원은 국가적 자부심만 강조하지 않고 자신의 폭력적 역사를 반성하고 회개하는 계기를 만든다.

독일·프랑스, 독일·폴란드 역사 교과서 협의는 합의가 어려운 주요 쟁점에 대해서는 상이한 해석을 병렬적으로 서술하는 데 만족해야 했다. 비록 두 가지 다른 시선이 존재함을 확인할 수밖에 없었지만, 이 역시 지속적인 대화를 바탕으로 한 쌍무적 교과서 협력의 결과였다. 동일한 대상도 관찰 각도에 따라 다르게 보이듯이 하나의 사건도 서로 다르게 해석됨을 인정한 것이다.

독일·프랑스, 독일·폴란드의 역사 대화는 현재의 관심이나 관점에서 과거를 이해하고 재단하려는 현재주의적 태도를 지양했다. 현재의 렌즈로 과거를 보면 역사 왜곡으로 이어질 수 있기 때문이다. 새로 제정된 법률로 소급 적용해서 과거를 단죄하는 '소급 적용의 오류'는 역사 전쟁의 종식을 더욱 어렵게 만든다.

"적에게 늘 화해의 문을 열어놓아라!"

역사 교육은 학생들에게 획일적인 국가적·민족적 정체성을 길러주는 수단이 아니라 자성적 관점을 길러준다. 그러려면 역사 교육은 일국사(一國史) 중심에서 벗어나야 한다. 역사 교과서는 국가 정책을 홍보하는 관용(官用) 역사책이 아니다. 국경을 초월한 상호 교섭에 주목해 국가 간의 정치·경제·사상·문화 등 다양한 영역의 상호 관계사와 교섭사를 가르쳐야 한다. 국가 간의 역사가 만나고 충돌하며 공생하는, 즉 서로 얽혀 있었음을 보여주어야 한다.

양국 간 또는 삼국 간 역사 대화는 자국의 어두운 과거를 인정하는 용기와 희망을 불어넣을 수 있다. 유럽의 교과서 협력이 크게 주목받는 또 다른 이유는 상대방의 관점을 빌려 자국 역사를 비판적 시각에서 바라볼 기회를 주었기 때문이다. 역사 대화는 죄를 고백하고 용서를 구하는 화해의 문이자 동시에 고난의 문이기도 하다. 하지만 "당신의 적에게 늘 화해의 문을 열어놓아라"라는 명언처럼, 갈등을 해소하고 협력을 촉진하려면 적의를 품고 지금껏 한배에 올라탄 적이 없는 사람들도 필요에 따라 서로 도울 수 있다는 오월동주의 지혜를 배워야 한다. 아무리 원수 사이라도 어려운 처지에 놓이면 서로 단결하게 된다는 오월동주가, 적을 옆에 두고 잠들었다가 언제 상대한테 기습당할지 몰라 불안해하는 '적과의 동침'보다는 낫지 않을까? "대립하는 것은 상호 보완적이다(Contraria sunt complementa)"라는 라틴어 문구에 더욱 공감이 간다.

독일과 프랑스가 자국 언어를 사용하라고 강요했던 스트라스부르/스트라스부르크에는 현재 독일과 프랑스 합작 공영방송 아르테(ARTE)가 운영되고 있다. 1992년부터 주로 예술·영화·역사·시사 등 문화 콘텐츠를 제작해 동일한 프로그램을 독일어와 프랑스어로 동시에 송출한다. 그야말로 격세지감을 느끼지 않을 수 없다. 지난 두 세기 동안 유럽에서 발생했던 전쟁들의 가장 큰 원인은 독일과 프랑스의 대립과 갈등이었다. 서로 원수처럼 여겼던 두 국가가 협력해 공영방송 설립이라는 유례없는 시도를 할 정도로 신뢰하는 동반자가 된 것이다. 스트라스부르/스트라스부르크는 전쟁과 폭력의 장소에서 화합의 국경 도시로 자리 잡았다.

06

프랑스와 독일 민족주의 발상지, 라인강

누구의 강인가? 독일과 프랑스 민족주의의 발상지

라인강은 스위스 알프스에서 발원해 독일, 프랑스, 벨기에, 네덜란드 등을 가로질러 북해로 흘러들어 간다. 본류 길이가 1320km에 달하는 서유럽에서 가장 긴 강으로 1000만 년 이상 굽이굽이 흐르는 유럽의 젖줄과 같다. 제2차 세계대전 이후 독일의 경이로운 경제 발전을 '라인강의 기적'으로 부를 정도로 강의 주변 지역은 철광과 석탄 등 지하자원이 풍부한 곳이다. 그래서 주변 열강들은 이 지역을 차지하기 위해 관심과 노력을 기울였다. 물론 군사적 팽창도 있었고 이는 무력 충돌로도 이어졌다.

오늘날 프랑스의 지도를 보면 알자스로렌 지역이 있는 동부 국경은 마치 창의 끝자락과 같이 동쪽을 향한다. 프랑스 루이 14세가 1681년에 라인강 강변의 스트라스부르를 점령하면서 라인강 상류는 프랑스와 독일이 서로 얼굴을 맞대는 국경선이 되었다. 하지만 라인강 중류·하류에 속하는 지역은 독일의 영토(자를란트주, 라인란트팔츠주, 노르트라인베스트팔렌주)

로 남아 있다. 사실 프랑스는 서독의 라인강 기적을 이끌었던 핵심 지역인 이곳을 중세 시대부터 눈독 들였다. 결국 19세기 초반과 제1차 세계대전 직후, 그리고 제2차 세계대전이 끝나는 1945년 이후에 프랑스 군대가 중류·하류 라인강 지역에 일시적이나마 몇 년간 주둔했다. 제1차 세계대전 이후에는 이곳을 영구 지배할 계획도 가지고 있었다. 이처럼 라인강과 프랑스 영토 팽창의 역사는 불가분의 관계에 있다.

'자연국경'론

프랑스의 장 르봉(Jean Le Bon)은 1568년에 『라인강을 왕에게(Le Rhin au Roy)』라는 흥미로운 제목의 책을 쓴다. 여기서 그는 "파리 시민들이 라인강의 물을 마시게 될 때 갈리아의 팽창이 마침내 마무리될 수 있다(Quand Paris boira le Rhin, toute la Gaule aura sa fin)"라는 말을 한다. 프랑스인들은 오늘날에도 여전히 자신들을 이 지역에 살던 골족의 후손으로 생각한다. 프랑스의 국민 만화 『아스테릭스(Asterix)』도 로마 제국에 대항하는 골족 전사들의 활약을 그린 작품이다. 서기 5세기까지 유럽 대륙에 살았던 골족을 자신들과 동일시하면서 선조들의 활동 무대였던 라인강을 프랑스 역사 속으로 끌어들인 것이다. 이렇게 해서 '고대 갈리아 영토를 왕에게', '갈리아 국경 복원'은 근대 프랑스의 정치 구호가 되었다.

프랑스왕 루이 13세의 수석 고문이었던 추기경 리슐리외(Cardinal de Richelieu)도 프랑스의 국경은 강이나 산맥 등 자연이 결정한 것으로 보았다. 국경은 자연이 남긴 흔적이라는 주장이다. 라인강 '수복'을 위해 궁정 역사학자, 지리학자, 성직자들도 한마디씩 거들었다. 자연국경론(frontière naturelle)은 신념이 되었다. 이렇게 탄생한 자연국경론은 태양왕 루이 14세가 라인강 유역의 영토를 차지하기 위한 정복 전쟁의 이념적 토대가 되었다.

'라인강 경계선'은 단순히 프랑스의 주권을 수호하는 국경선이 아니라 군사적 충격을 목적으로 고안되었다. 라인강은 유사시에 적을 공격할 수 있는 전방 진지이자 침략의 교두보로서, 또 공격적인 전략 요충지로서 중요성을 지녔다. 라인강 너머의 독일 국경 도시들을 선제공격해 프랑스를 침공하려는 잠재적인 적군의 요새를 파괴하기도 했다. 루이 14세는 자신의 통치 기간 동안 국가 안전을 보장하고자 여러 차례 국경 전쟁을 벌였고, 국경지대의 안정적인 방어선 구축을 위해 공세적인 전략으로 일관했다.

이는 결국 라인강을 맞대고 있던 네덜란드, 독일 등과 잦은 국경 분쟁을 유발했고 지역 주민들의 공분을 사기에 충분했다. 9년 전쟁(1688~1697), 스페인 왕위 계승 전쟁(1701~1714)처럼 루이 14세가 벌인 대외 전쟁의 기본 동기는 프랑스 국경지대의 안정 확보였다. 국가 경계의 안과 밖을 명확하게 구분하고 주권과 영토를 보존하려는 일종의 '국경 안보'를 위한 대외 전쟁이었다. 그래서 17세기의 자연국경론은 주로 군인들과 니콜라 상송(Nicolas Sanson) 같은 왕실에 고용된 지도제작자의 머리에서 나왔다.

18세기 계몽주의 시대의 지식인들과 프랑스 혁명의 주역인 조르주 당통(Georges Danton)도 대서양-라인강-알프스산맥-피레네산맥으로 이어지는 자연국경선이야말로 프랑스의 천부적인 영토이며, 자연이 선사한

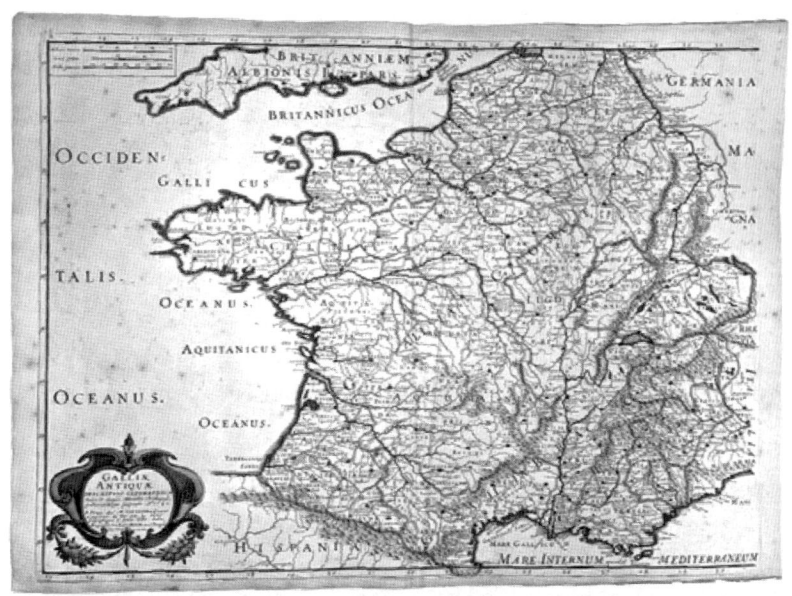

⟨고대 갈리아의 지리(Galliae Antiquae Descriptio Geograpfica)⟩, 니콜라 상송(Nicolas Sanson), 1642년 작. 상송이 1642년에 제작한 옛 골족(Gallia Antiqua)의 지도. 라인강을 선명하게 표시했다. 상송은 지도에 강과 산맥을 강조함으로써 옛 골족이 지배하던 지역이 자연적으로 구분되는 독립된 지형임을 강조하고자 했다.

국경선을 수호하는 것은 민족의 사명이라 주장했다. 19세기의 역사가 오귀스탱 티에리(Augustin Thierry)는 '골족의 위대한 조국'을 외치며 프랑스의 역사를 골족에서 찾았다. 조르주 소렐(Georges Eugène Sorel)과 알베르 마티에(Albert Mathiez) 등 프랑스 혁명 이념의 계승자들도 강과 산맥은 국토 방어에 유리하므로 국가 존립을 위해서 반드시 수호되어야 한다고 강조했다. 카미유 쥘리앙(Camille Jullian)은 『골족의 라인강과 프랑스의 라인강(Le Rhin gaulois: le Rhin français)』에서 라인강 지역은 골족의 원거주지로, 중세에 게르만족들이 이곳을 점령했다는 주장을 펼친다. 따라서 프랑스가 이 지역을 차지하는 것은 역사 주권에 근거하며, 고토 회복은 정당한 권리였다.

라인 위기와 독일 민족주의의 탄생

1840년에 프랑스는 10만 명의 군대를 알자스와 로렌 지방으로 이동시켰다. 나폴레옹 몰락 이후 빈 회의(1814~1815) 결과 독일로 양도된 라인강 좌안 지역을 되찾고 라인강을 다시 프랑스의 자연국경으로 만들기 위함이었다. 그러자 독일에서는 반프랑스 정서와 애국심이 순식간에 불길처럼 치솟아 올라 번졌다. 「자유로운 라인(Der freie Rhein)」이라는 시가 발표되고 여기에 멜로디를 붙인 노래가 전국에 퍼지기 시작했다. 라인강이 독일의 국경선임을 부각하려는 라인강 관련 노래 부르기 운동(Rheinlied bewegung)이 대중의 공감을 얻으며 활발하게 전개되었다. 그 결과, 라인강을 소재로 한 400여 편의 노래가 발표되었다. 그중 가장 대표적인 것이 라인강을 사수하라는 「라인강의 파수꾼(Wacht am Rhein)」이다.

    화가들도 라인강을 주제로 작품을 제작하면서 라인강에 민족주의적 색채를 가미했다. 라인강 강변의 쾰른 대성당은 수 세기 동안 공사가 중단되었으나 1840년 이후 '독일의 명예를 재건하기 위한' 거국적인 관심사가 되며 빠른 속도로 재건되기 시작했다. 헤르만 기념비의 건설도 라인 위기(Rheinkrise)가 기폭제가 되었다. 라인 위기를 계기로 라인강은 '아버지 라인(Vater Rhein)'으로 의인화되어 독일 민족의 상징이 되었다. 라인강이 민족주의의 전장으로 변하면서 독일 '국민'이 주조되고 독일 민족국가가 생겨났다.

접경적 관점

프랑스의 영토 팽창과 1870년의 프랑스·프로이센 전쟁으로 국경지대의 상황이 혼란에 빠지자 양국의 극우 정치인들이 대중을 선동하면서 상황은 갈수록 악화되었다. 이러한 상황에서 진지한 학술적 모색이 프랑스 아날학파의 창시자인 역사가 뤼시앵 페브르에 의해 시작되었다. 그가 1935년 집필한 『라인강: 역사와 경제의 문제(Le Rhin: Problèmes d'histoire et d'économie)』는 라인강을 접경으로 보았다는 점에서 인식을 새롭게 하는 계기를 마련했다. 그는 "학문은 실용적인 목적에 휘둘려서는 안 된다"고 경고하면서 라인강을 프랑스의 자연경계로 보는 전통적 국경관을 과감히 부정했다. 그러면서 강과 같은 자연 지형이 정치적으로 도구화되는 것에 반대했다.

페브르는 라인강이 독일과 프랑스를 가른 것, 또 피의 강으로 변한 것은 19세기 이후로 '비교적 최근의 현상'이며 경계지대에 사는 사람들에게 과거의 라인강은 구분선이 아니라 연결선이었다고 말했다. 그는 "장애물이 아니라 교두보이며, 가르고 분리하는 물길이 아니라 연결로"인 라인강이 지속적인 인종적 혼종과 강을 넘나드는 문명적 상호작용을 가능하게 했음을 강조한다. 또한 라인강은 로마 문명과 게르만 문명이 연결되고 결합되었던 장소이기도 하다.

이 책에서 페브르는 라인강을 둘러싼 오랜 대립과 갈등의 역사는 근대 민족주의 역사학이 만들어낸 허구임을 밝힌다. 이렇게 역사가들은 19~20세기의 프랑스와 독일의 민족적 대결을 고대와 중세 시대에 투사하는 오류를 범했다. '라인의 비극'은 프랑스와 프로이센이 19세기에 영토 분쟁을 본격화하면서 비로소 시작된 것이었다.

독일 사람들은 라인강을 '독일의 강'으로 프랑스 사람들은 '프랑스의 국경'으로 보았으나, 페브르는 라인강은 그 누구의 강도 아니라 "중부유럽의 강"이라고 했다. 그는 라인강을 북해에서 지중해를 거쳐 바그다드와 페르시아만으로 연결되는 이음의 기능을 담당했던 강으로 이해했다. 페브르는 근대 국가의 정치·경제·사회 엘리트 집단이 기획하고 설정했던 민족국가의 신성한 경계선인 국경을 넘나들었던 초국가적 요소와 일상적 연계망을 조사하고 국가적 범주 밖에서 생성된 기억을 수집해 재구성했다. 역사를 중심과 주변으로부터 동시에 조망하는 작업을 시도함으로써 라인강은 '유럽인들의 강'으로 다시 돌아올 수 있었다.

07

공유 국경, 콘스탄츠 호수

콘스탄츠 호수(Lake Constance)는 독일·스위스·오스트리아 세 나라와 인접해 있다. 독일어로 보덴호(Bodensee)로 불리는 이 호수는 그 규모가 대한민국의 수도 서울과 비슷할 정도로 중부 유럽에서 가장 큰 호수 중 하나다. 알프스의 명소들과 포도주 재배지로 둘러싸인 이곳은 매년 세계 각국에서 수천만 명의 여행자들이 찾는 관광지로 손꼽힌다. 유람선들은 호수의 이편저편을 넘나들면서 관광객을 실어 나른다. 유럽 대부분 국가에서 국경을 통과할 때 검문소를 볼 수 없듯이 여기에서도 여권 수속과 세관 검사 같은 불편한 절차는 생략된다. 심지어 국가의 경계인 '국경선'조차도 설정되어 있지 않다.

이 호수는 세 나라가 접경 지역 영토를 함께 공유하는 공동통치령(condominium)의 대표적인 사례다. 이곳의 통치를 규정하는 법적(de jure) 조약이 체결된 적은 없으나, 주변 국가들은 이 호수를 실질적으로(de facto) 공동통치령으로서 간주한다. 물론 스위스 연방정부가 호수 중간에 국경을 설치하려고 하지만, 독일과 오스트리아 모두 이에 대해 부정적인 태도를 보인다. 중앙정부의 이러한 차별적인 국경 정책에도 불구하고 어느 국가도 물리적인 방법을 통해 무리하게 자신의 주장을 관철하지 않았다. 이는 소속 국가를 불문하고 호수에 접한 지자체들이 국경 공유 정책을 지지하고, 호수의 환경을 초국가적으로 보존하려는 환경 기구들의 활동과 영향력 때문이기도 하다.

호수의 공동 지배는 알려진 것보다 그 역사적 전통이 더욱 깊다. 콘스탄츠 호수에서는 연어, 농어, 잉어, 황어, 민물 도미 등 다양한 종류의 생선들이 잡힌다. 청어와 같은 북해산 바다 생선을 구입하기 어려웠던 시절, 이곳은 단백질 보충에 절대적으로 필요했던 중부 유럽의 황금 어장이었다. 교회의 영향력이 절대적이었던 중세에는 1년의 절반 이상이 육식 섭취를 금지하는 기간으로 정해져 있어서, 지역민들에게 호수의 생선은 꼭 필요했던 영양분이자 소중한 자산이었다. 이러한 이유로 인접 지역의 어부들은 공공재화인 생선을 마구잡이로 남획하여 풍족한 어장을 황폐하게 만들기보다 지역 정부와 공조해 지속 가능한 활용법을 찾고자 했다. 이렇게 해서 이른바 '공유지의 비극(tragedy of the commons)'을 피해갈 수 있었다.

오랫동안 어부들은 조합을 구성하고 지역 당국을 통해서 어종을 보호하기 위한 그물 재료에 관한 규칙, 사용 가능한 어살과 낚싯바늘, 그물코의 규격, 금어기와 어획량 제한 등을 상세하게 기록한 규정들을 정해나갔다. 이를 위반할 때 부과되는 벌금, 압류, 징역형들도 꼼꼼하게 작성되었고, 규칙적으로 개최되는 회의에서 규정은 개정되었다. 이미 과거 사람들은 호수의 어획량이 제한적이기에 남획을 방지하는 조치만이 어족 자원을 고갈시키지 않고 지속 가능성을 끌어낼 수 있다고 보았다. 이들은 무분

별한 어획 행위는 장기적으로 모두에게 소득 감소 등의 부정적 영향을 줄 것을 확실하게 인식하고 있었다. 이러한 지속 가능성의 조치들을 통해 콘스탄츠 호수의 어부들은 수 세기 동안 변화하는 환경에 현명하게 대처해 나가는 성공담을 쓸 수 있었다.

물론 콘스탄츠 호수가 유럽의 유일한 공동통치령은 아니다. 독일과 룩셈부르크 사이를 흐르는 강들, 즉 모젤·우르(Our)·자우어(Sauer)의 유역도 두 나라의 공동 주권하에 있다. 1985년에 솅겐 조약이 체결된 곳도 바로 이 지역이다. 이는 조약 가입국의 주민들이 다른 국가를 국경 검문 없이 자유로이 이동할 수 있는 유럽 국경 개방 정책의 시작을 알리는 신호였다. 국경 간 주민의 자유 이동을 보장해 유럽 통합을 상징하는 협약이 바로 독일과 룩셈부르크가 국경을 마주하는 접경 지역에서 체결된 것이다. 이는 국가의 영토와 국민에 대한 전통적인 통제 방식에 큰 변화가 생겼음을 의미했다. 동시에 자유로운 초국경적 경제 활동의 물꼬를 트는 계기가 되었다. 수로 한가운데에 국경을 획정하려는 시도가 여러 차례 있기는 했지만, 양국은 이곳을 공동통치 한다는 합의(1979)에 이르게 되어 유럽 통합의 시대적 흐름에 동참했다.

국경을 공통 통치하는 또 다른 사례는 프랑스와 스페인 접경 지역의 꿩섬(Pheasant Island)이다. 두 나라 사이를 흐르는 비다소아강 중간에 축구장 크기로 존재하는 이 섬은 세계에서 가장 작은 공동통치령이다. 1659년에 양국 간의 영토 문제를 처리하는 피레네 조약이 이곳에서 체결된 때부터 약 360년 동안 두 나라가 공동 통치권을 행사하고 있다. 그래서 꿩섬은 세계에서 가장 오래된 공동통치령으로도 알려져 있다. 지금도 매년 2~7월에는 스페인이 8~1월에는 프랑스가 각각 담당하면서 6개월 간격으로 실질적 통치권을 주고받는 모양새다. 이처럼 통치권이 주기적으로 반복해서 바뀌고 있지만, 꿩섬은 과거 양국 왕실 간의 혼담이나 평화 회담의 장소로 자주 활용되면서 회의 섬(Ile de la Conférence) 혹은 평화섬(Ile de la Paix)으로도 불렸다.

콘스탄츠 호수의 삼국 공동통치령 사례는 '국가의 개입', '시장 메커니즘'이 아닌 '공동체 자치'로 공유자원 문제를 해결하자는 엘리너 오스트롬(Elinor Ostrom)의 주장과 일맥상통한다. 접경 지역의 구성원들은 호수의 어장 관리를 중앙정부나 시장 메커니즘에 의존하기보다 사회생태학적 시스템에 의존했다. 지역 조건에 부합하는 자원의 사용과 재생을 위한 규칙과 또 제재 방안을 정하고, 변화하는 환경에 상응하도록 규칙을 주기적으로 개정했다. 이때 접경 지역 공동체의 의견이 중요했다. 그래서 국경 문제는 중앙정부와 접경 지역 지방자치단체 간의 협력을 더욱 요구한다. 하지만 무엇보다 성공의 주요 원인은 단기 이익을 포기하면서 미래지향적인 지속 가능성을 계획하고 추구하는 것이었다. 이렇게 해서 콘스탄츠 호수는 평화와 번영의 공간으로 지속될 수 있었다.

콘스탄츠 호수는 닫힘과 열림의 체계를 갖는 국경이자 다양한 이질적인 체제와 가치들이 공존하고 섞이는 현실화된 유토피아, 즉 '헤테로토피아(heterotopia)'와 같다. 그 존재와 작동 방식은 확고한 공간적 질서를 갖춘 것으로 여겨지던 국가의 영토를 신기루처럼 보이게 한다. 배타적 민족주의는 국가 간의 영토 갈등을 정치적 목적을 위해 반복적으로 이용하려 든다. 그로 인해 국민들 사이에 배외적인 애국심은 고취되고 이웃 국가에 대한 적대감은 확산되었다. 특정 지역이 자국의 고유 영토라는 역사 주권적(historical sovereignty) 발상은 국경 분쟁의 수단이자 저항 무기가 되었다.

역사적으로 국경은 살아 움직이는 생물과 같았다. 스위스는 프랑스와 인접한 제네바호(프랑스어로는 레만호)의 중간 부분에 양국 간 국경선 설치를 합의한 바 있다. 하지만 스위스는 분할에 반대한 독일과 오스트리아가 공유하기를 원했던 콘스탄츠 호수에 대해서는 무리한 영토 구획을 시도하지 않았다. 어정쩡해 보이는 공유 국경이 국가 간의 분쟁을 촉발하기는커녕 오히려 지속적인 국경 평화를 가능하게 했음을 기억할 필요가 있다.

2부

중부와 동부 유럽

폴란드의 역사가 오스카 할레츠키(Oskar Halecki)는 1920년 출간된『유럽사의 경계와 구분(The Limits and Divisions of European History)』에서 '동유럽 대지협(Great Eastern Isthmus)'이라는 표현을 사용했다. 지협은 두 개의 육지를 잇는 좁고 잘록한 땅을 말한다. 할레츠키는 발트해와 흑해 사이에 위치한 동유럽이 서유럽과 아시아를 연결하는 지협과 같았다고 한다. 동유럽은 두 대륙의 사이 공간, 즉 접경지대로서 지리적으로나 역사적으로 유라시아를 통합하는 매우 중요한 곳이다.

동유럽의 국경선들은 자연 발생적이라기보다 지정학적 우연성에 기인한다. 사람들은 국경을 정치적으로 이용하고자 변경했으며, 제2차 세계대전 직후 폴란드 국경과 영토의 '서부 이동(Westverschiebung)'처럼 기존의 것은 폐지되고 새로운 것으로 대체되기도 했다. 국경선은 사회·정치적으로 구성되어 왔다. 국가 간 혹은 국가 내의 다양한 세력들 간의 불평등한 권력 관계가 영토의 경계를 설정했다. 이때 접경 지역 주민들은 경계의 폭력성에 노출되거나 자신의 의사에 상관없이 이산의 아픔을 겪는다.

1989년 독일의 재통일과 함께 오데르-나이세 혹은 오드라-니사 국경선이 독일연방공화국의 동부 국경으로 최종 확정되면서 독일과 폴란드 양국의 정상화에 걸림돌이었던 국경 문제는 평화적으로 해결될 수 있었다. 이로써 갈등과 반목으로 점철되었던 '천년 전사(戰史)'의 원인이었던 국경 분쟁은 종식되고 역사 화해의 발걸음을 본격적으로 내딛게 되었다. 하지만 '피흘리는 국경선'을 둘러싼 양국의 첨예한 대립은 19세기와 20세기의 민족주의를 앞세운 역사 전쟁을 거치면서 치유하기 어려운 깊은 상처를 곳곳에 남겨놓았다.

제1차 세계대전 이후에 독일 역사학계는 동방 실지(失地)에 대한 역사 주권을 중세의 '식민운동'에서 찾았다. 동방 이주를 민족사(Volksgeschichte)의 관점에서 해석하면서 우월한 독일 문화를 이식하는 문명전파론 또는 동쪽으로 갈수록 문명은 낙후된다는 문명하향론(Kultur gefälletheorie)의 입장을 견지했다. 독일 역사학계는 중세의 동유럽 내륙·발트해 연안으로의 이주를 독일 조상들이 이룩한 위대한 업적으로 평가하면서 민족사의 범주에 귀속시켰다. 훗날 동유럽의 식민화(Ostkoloni zation), 동방 진출(Zug nach Osten), 동유럽 이동(Ostbewgung)이라는 민족주의적인 편향된 개념이 사용되면서 범슬라브권의 연구자들과 독일 학계는 그 역사적 실체를 놓고 논쟁을 벌였다.

하지만 중세의 동유럽 이주는 19세기까지만 해도 학계에서 논의되지 않았던 망각된 역사였다. 중세의 연대기 작가들도 큰 관심을 갖지 않았던 지나간 과거의 기억이 새삼스럽게 소환되면서 게르만 vs 슬라브라는 대립 구도가 형성된 것이다. 동유럽의 학자들도 중세의 이주를 영토 확보를 위한 탐욕스러운 봉건 왕국의 침탈 행위로 규정하면서 반독일적 감정을 고스란히 투영했다. 양측의 민족적 감정이 개입된 논쟁은 객관적이고 성찰적인 검토를 어렵게 만들면서 현재까지도 많은 부분에서 해석이 분분하다.

　서유럽인들의 동유럽 이주에 대한 민족주의적 역사 서술은 동부 유럽을 개화시킨 '문명화 사업'이 갖는 문화적 업적을 부각하면서 주변을 철저히 배제하고 타자화했다. 하지만 이러한 해석은 비역사적으로, 오히려 중세의 동유럽 '주변'이 서유럽 '중심'을 적극적으로 차용하고 자신의 문제를 해결하는 수단으로 활용했다. 동유럽은 메리 루이스 프랫의 개념을 빌리면 문화 횡단(transculturation)이 진행된 접경지대(contact zone)였다.

　서유럽과 동유럽의 경계는 문명과 야만의 단층선이 아니라 '동유럽' 원주민과 '서유럽' 이주민의 혼거와 혼혈, 상호 교류와 공존이 있었던 다중 정체성이 발현하는 장소였다. 그래서 경계는 역사 부재의 공간이 아니라 역사의 길목이자 다리라는 인식이 절실하다.

08

서독과 동독의 국경위원회

열린 분계선에서 닫힌 국경선으로

1945년 나치 독일이 패망하자 연합군은 패전국 독일과 수도 베를린을 동서로 분할 점령하겠다는 계획을 수립했다. 이렇게 해서 생겨난 동서독 분계선은 독일이 재통일되는 1990년까지 분단의 현장이 되었다. 이곳은 한반도의 38도선과 같이 초창기에는 군사와 행정 편의를 위해 임시적으로 그어진, 사람과 물자의 이동에 제한이 없었던 열린 분할선 정도로 인식되었다. 그러나 1949년 동서 양측에 각각 정부가 수립됨에 따라 분계선은 이제 실질적인 국경선이 되어갔다. 이렇게 해서 '철의 장막'이 드리워졌다. 1400km에 걸쳐 철조망이 쳐지고 망루가 세워졌으며 이른바 '해충 작전(Aktion Ungeziefer)'을 통해 불순분자로 낙인찍힌 사람들은 분계선에서 떨어진 배후 지역으로 강제 이주를 당했다.

하지만 인간이 성벽처럼 구축한 정치적 경계는 환경 앞에서 무기력하다. 그래서 국경을 넘나드는 환경오염의 역사적 사례를 찾는 것은 그다지

어렵지 않다. 그만큼 인간이 자의적으로 설정한 경계가 환경 앞에 무기력하고 무의미하다는 것이다. 최근에는 해양 국경을 넘는 후쿠시마 오염수 방류가 그러했다. 또 다른 사례는 독일이 통일되기 전 동독과 서독이다. 동독은 대기오염도가 유럽에서 최악이었고 방사능 물질을 포함한 토지오염은 건전한 수자원이 거의 없을 정도로 환경 파괴가 심각했다. 화학 공장에서 내보낸 오염수가 정화되지 않고 인근 하천과 강으로 흘러들었다. 세계 3위의 우라늄 광석 생산국이었던 동독의 대기와 지하수는 방사선에 노출되었다. 동독은 난방 연료로 주로 갈탄을 사용했는데 이 과정에서 아무런 여과 장치 없이 유해물질이 대량 배출되었다. 더욱 심각한 문제는 동독 지역에서 방류되는 막대한 폐수가 서독 국경지대의 공유 하천과 두 나라에 접하고 있던 발트해로 유입되면서 두 나라 간 갈등과 혼란을 불러일으켰다는 사실이다. 무엇보다도 동독과 접하고 있던 서독의 접경 지자체의 환경 피해는 심각한 상황이었다.

서독과 동독 두 나라는 국경지대 환경을 보호하고자 포괄적 논의를 진행했고, 1973년에 '국경위원회'가 설치되어 이 조직에서 공유 하천 보호와 수자원 분야 협력, 초국경적 재해 방지 업무를 맡게 되었다. 독일이 통일될 때까지 18년간 존속했던 국경위원회는 해마다 정기적으로 동서독의 여러 도시에서 회의를 열었다. 서독은 접경 지역을 '독일인의 땅'으로 규정했고, 동독은 서독의 자본과 기술을 필요로 했기에 양국의 환경 협력이 지속할 수 있었다. 동서독의 관련 중앙부처와 접경지대 경계를 맞댄 4개 주가 참여한 국경위원회는 불편한 두 이웃이 협력해서 국경 문제를 성공적으로 해결한 사례다. 환경오염 등 국경 이슈에서 접경 지역 지자체는 심리적 불안에 더해 경제적 손실을 고스란히 떠안는 일차 피해자이자 당사자였다. 그래서 지

통일 전 동독에서 난방 연료로 쓰인 갈탄 폐수가 엘베강을 따라 서독까지 흘러들어 가면서 동서독 간 갈등을 빚었다.

자료: CC BY-SA 3.0 | Ralf Pätzold / Bundesarchiv(bild 183-1990-0502-002).

자체가 국경위원회 설립을 적극적으로 추진했다는 사실에 주목할 필요가 있다.

동서독 갈등 관리의 초석

동서독 국경위원회는 화재, 홍수, 빙해, 산사태, 병충해, 전염병, 환경오염, 방사선 누출 사고 등으로 상대 지역에 영향을 미치는 초국경적 재난이 발생했을 때 '국경정보교환소'를 통해 상대방에게 관련 정보를 신속하게 제공하기로 합의했다. 국경지대에서 일어나는 재난은 단독으로 해결하기가 불가능하다는 현실적 판단 아래 두 나라가 재난에 공동 대처하기로 한 것이다. 두 나라는 국경지대를 공동관리하며 지속 가능성 전략을 추진했고, 이렇게 국경은 점차 공존과 상호 의존의 장소로 변모했다.

여기서 중요한 점은 동서독 국경위원회는 양측 영토 내에서 발생한 문제가 이웃 국가에까지 영향을 줄 때 공동으로 대응했다는 사실이다. 또한, 상대방 국가에 환경오염의 책임을 묻고 배상을 요구하기에 앞서 국경을 상생의 공간으로 이해하고 국경을 뛰어넘는 협력으로 문제 해결을 모색했다는 것이다. 호우와 같은 예상치 못한 자연재해로 이웃의 논둑이 넘치거나 허물어져 자신의 논도 피해를 입을 것이 우려되면, 사법적 대응으로 시간을 허비하기보다 일단 서로 힘을 모아 터진 논둑을 다지는 것이 도리가 아니겠는가.

동서독 국경위원회는 중앙정부와 접경 지역이 이분법적 대립이 아닌 협치 관계를 구축해 국경 협력의 물꼬를 트는 유연한 정책을 모색했다. 이는 중앙정부가 한 방향으로 추진하는 하향식 정책이 구체적 성과를 내기 어려운 상황에서 대안이 되었다. 최근 인간과 국가가 설정한 경계를 아랑곳하지 않고 넘나들었던 코로나19의 팬데믹이 증명하듯이, 환경 앞에 국경은 있을 수 없고 접경 지역은 일차적 피해자이자 당사자이기에 환경적·사회문화적 이슈에서 국경 협력의 추진자로 나서야 할 필요가 있음을 시사한다.

'죽음의 선'으로 불렸던 동서독의 국경선은 통일 이후 녹색지대인 '그뤼네스반트(Grünes Band)', 즉 그린벨트로 탈바꿈했고, 이로써 냉전 시대

'철의 장막'이 있던 국경지대가 생태 보호 구역으로 지정되었다. 이는 통일 이전부터 서독이 다양한 조류, 양서류, 파충류, 곤충, 희귀 식물의 서식지이자 생태 보고였던 접경지대에 주목했기 때문에 가능했다. 1970~1980년대 서독의 환경운동가들은 접경 지역의 토지를 사들이고 이곳에 동식물의 피난처를 마련했다. 통일 이후 독일은 옛 동서독 국경을 '접경 지역 생물권 보존 지역'으로 지정해 집중적으로 관리했다. 동독과 서독 출신의 환경운동가 400여 명은 '분트(BUND)'라는 환경 단체를 조직하고 전국적인 자연 보호 프로젝트를 진행했다.

독일 정부도 접경지의 환경 보호에 정책적 지원을 하기로 했다. 접경 지자체인 바이에른과 헤센의 주 정부는 지역 농민들이 비록 수익성은 낮지만, 친환경적 농사를 지을 수 있도록 보조금을 지원했다. 그렇게 해서 양 사육이 장려되면서 이를 위한 건초지가 유지될 수 있었고 삼림 훼손도 방지될 수 있었다. 살충제 사용도 줄어들 수밖에 없었다.

좋은 담장이 좋은 이웃을 만든다

인간과 국가가 설정한 경계를 아랑곳하지 않고 넘나드는 팬데믹이 증명하듯이 국경을 넘어서는 재난 앞에 너와 나를 따질 수 없다. 정부, 접경 지역 지자체, 국경전문가, 국제기구가 협력해서 유연한 국경 정책을 모색해야 한다. 국경은 옆집 사람들이 서로 등을 맞댄 담장과 같아서 호혜적 협력이 필요하다. 국경 지역을 공동자원 혹은 공공재로 활용하는 인식의 전환이 절실한 시점이다. 코로나19와 후쿠시마 원전사고라는 대재앙 앞에서 인간이 그은 경계선이 얼마나 허무한지를 여실히 경험하지 않았는가.

장기적으로는 이웃 나라들과 공존과 연대를 꾀할 수 있는 '국경 교육'의 미래가치를 인식하고 국경전문가 육성 프로그램 개발에 나서야 한다. 학생들은 학교 현장에서 국경의 상호 교류 역사를 이해하고, 또 상호 간에 삼투성(osmosis)이 존재하는, 해양·대기·토지 오염마저 언제든 한쪽에서 다른 쪽으로 옮겨갈 수 있는 장소로 인식해 국경의 중요성을 깨달아야 한다. 경계 사유는 경계에 서서 이편과 저편을 평등한 관점으로 바라보는 것이다. 이는 양자택일을 강요하지 않을뿐더러 상충하는 가치들을 너그럽게 포용하는 마음을 일으킨다. 그리고 미래는 인류가 함께할 때만 지속 가능하다는 사실을 일깨운다.

09

중심과 주변의 이중주, 베를린

독일의 수도 베를린 중심가에는 '브란덴부르크문'이 있다. 이곳은 독일이 동독과 서독으로 분단되었던 시기(1945~1990)에 동서 베를린의 경계였으나, 독일이 재통일이 되면서 분단과 통일의 상징이 됐다. 본래 브란덴부르크는 베를린을 둘러싸고 있는 지역의 이름으로, 이곳은 프로이센 왕국이 성장의 발판으로 삼았던 곳이다. 제2차 세계대전의 종식과 함께 서독과 동독으로 분단되면서 본(Bonn)이 잠시 서독의 수도 역할을 했으나, 1990년 재통일이 되며 베를린은 다시금 통일 독일의 수도가 되었다. 하지만 이곳은 지리적으로 독일의 중심부가 아닌 폴란드 국경으로부터 불과 80km 떨어진 변경이자 냉전 시대 철의 장막이 있었던 동서의 경계였다.

1871년 프로이센 중심의 독일 통일이 이루어졌던 때까지만 해도 베를린은 독일사에서 주변부에 머물렀다. 빈, 프랑크푸르트, 뉘른베르크, 레겐스부르크와 견주어볼 때 베를린은 그다지 주목받지 못했던 도시였으나, 프로이센 왕국이 분열되었던 독일을 통일하면서 왕국의 수도였던 베를린은 신생 제국(제2제국)의 수도로 격상되었다. 따라서 베를린이 수도가 된 것은 19세기 '정치사의 인위적 산물'이었다.

역사적으로 보자면 베를린은 독일사에서 중심이라기보다 주변부에 가까웠다. 베를린이 위치한 브란덴부르크는 신성로마제국의 변경백령(Mark grafschaft)이었다. 이는 제국이 외세의 침입을 막기 위해 동부와 남부 국경지대에 설치했던 행정기구로, 브란덴부르크를 통치했던 호엔촐레른 가문은 변경백작이었다. 즉, 호엔촐레른 가문은 대대로 국경 수비를 담당했던 변방의 귀족 가문이다. 그리고 이들이 지키고자 했던 곳이 바로 국경 도시 베를린이었다.

1618년 호엔촐레른의 요한 지기스문트(Johann Sigismund)가 신성로마제국 경계 밖에 있던 프로이센 공국의 마지막 상속녀와 결혼을 하면서 유럽 동북부 지역에 거대한 영토를 차지하는 브란덴부르크-프로이센 왕국이 등장할 수 있었다. 두 개의 주변부 정치 세력이 연합한 새로운 왕국은 실질적으로 베를린(브란덴부르크의 수도)과 쾨니히스베르크(프로이센의 수도)를 수도로 삼았다. 이른바 이중 수도(dual capital cities)가 형성된 것이다. 하지만 호엔촐레른 가문은 왕의 대관식을 베를린이 아닌 쾨니히스베르크에서 거행했을 만큼 발트해의 경제와 문화 중심지였던 쾨니히스베르크를 선호하기도 했다. 1871년 독일 제국의 초대 황제로 추대되는 빌헬름 1세도 이곳에서 국왕으로 즉위했다.

베를린의 주변성과 그로 인한 접경성은 문화적 측면에서 더욱 뚜렷해진다. 이곳은 '게르마니아 슬라비카(germania slavica)'로 불리는데 이는 슬라브화된 게르만 지역이라는 의미다. 이는 12세기 이후 서유럽과 독일에서 엘베강와 잘레강을 넘어 이주한 사람들이 이 지역의 슬라브 원주민 문화에 융화되었음을 의미한다. 엘베강 동쪽에 있는 베를린은 독일 문화와 슬라브 문화가 조우하고 충돌하면서 잡거와 혼종, 융합과 공존이 진행되었던 국경 도시였다. 원주민과 이주민의 조우 과정에서 종교·사회·경제·정치적 갈등과 충돌이 있었으나 종족적 차이가 생존 문제보다 더 중요할 수 없었기에 양측의 협력과 공조는 필수불가결했다. 경제·정치·문화의 영역에서 삼투현상이 발생했고, 초종족적 이합집산이 일상화되었던 '다종족적' 공간 베를린은 이렇게 탄생했다. 언어적으로도 독일어와 슬라브어가 동시에 사용되면서 이중 언어 사용(bilingualism)이 보편화했다.

   종족적으로도 결혼을 통한 혼혈적인 '새로운 종족'이 등장했다. 이렇게 해서 같은 가족 내에서도 장남은 독일식 이름을, 차남은 슬라브식 이름을 각각 사용하면서 문화적 혼용과 동화 현상이 늘어났다. 이처럼 19세기에 독일 통일을 주도하고 유럽의 강대국으로 부상했던 브란덴부르크-프로이센 왕국은 '슬라브-게르만 혼혈성'이 뿌리내린 접경지대에서 시작했다. 역사에서 영원한 중심과 주변은 없는 법이다. 프리비슬라브 귀족 가문은 슬라브족 출신이지만 그리스도교로 개종하고 베를린 북부의 메클렌부르크 지역을 1918년까지 통치할 수 있었다. 이러한 역사적 연속성에 대해 20세기 초반의 독일 역사학자 오토 힌체(Otto Hintze) 또한 혼혈성은 프로이센 국가 건설의 '중요한 정치적 함의'를 지니며, 이는 '프로이센 종족'을 형성하고 정치와 군사적 규율을 확립하는 데에도 이바지했음을 인정한 바 있다.

   사망자와 함께 매장된 무덤 부장품에 관한 고고학적 연구도 독일 지배 하에서 슬라브 상층부가 존속했음을 대변한다. 브란덴부르크 성에 거주하던 슬라브 귀족 가문은 오토 왕가가 이 지역을 차지했던 10세기에도 계속해서 지배권을 행사할 수 있었고, 11~12세기에는 독일 왕실의 재정적

후원을 받았던 슬라브 출신의 기사가 등장하면서 독일 출신의 귀족들과 함께 공동 통치를 했다. 슬라브의 정치 엘리트들이 새로운 이주 집단과 함께 쉽게 공조할 수 있었던 이유 중 하나는 이들이 '다종족적' 접경지대 속에서 활동했기 때문이다. 생존을 위한 이합집산이 일반적인 상황에서 다른 슬라브 집단으로부터 위협을 받던 슬라브인들은 독일 기사들과 접촉하고 군사적 지원을 얻어내었다. 그 결과 독일 왕실이 슬라브 귀족의 지역 통치권을 인정하면서 양측 간에 정치·군사적 봉건 관계가 형성될 수 있었다.

슬라브의 상층부 귀족들은 그리스도교로 개종하면서 서유럽 정치 세력과의 연대를 꾀했다. 고트샬크(Gottschalk)라는 한 슬라브 부족의 족장은 독일인 사제의 설교를 슬라브어로 통역하는 일을 마다하지 않았고, 그의 아들은 자신의 주거지 내에 선교사들이 교회를 건립하는 것을 흔쾌히 허락했다. 12세기 브란덴부르크의 통치자였던 프리비슬라브(Pribyslav-Heinrich)와 그의 신하들은 참석했던 미사가 끝나자 사제를 자신의 주거지로 초대했다고 한다. 그리스도교로 개종한 슬라브 통치자들의 주거지에 독일 상인들이 집중적으로 거주했다는 사실은 개종과 경제적 목적의 연관성을 나타낸다.

이렇듯 오늘날 통일 독일의 수도인 베를린은 유럽 중부의 게르만족과 유럽 동부의 슬라브 문화가 혼종하여 뿌리내린 뒤 새로운 정체성이 꽃핀 접경지대에서 성장했다. 접경은 경계 영역에서 이곳이 저곳과 조우하며 교류하는 문지방과 같다. 이렇게 두 영역을 구분 짓는 차이 공간이 역동적인 중간지대로 변모하면서 경계는 창조적인 새로운 공간이 된다. 이를 위해서는 주인과 손님의 결단과 의지가 필요하다. 문지방 공간에서 변화와 이행이 일어날 수 있도록 주인/손님이 서로 다가가서 '문지방 경험'을 먼저 수행해야 하기 때문이다.

17세기에 프랑스의 개신교도인 위그노들은 박해를 피해서 브란덴부르크의 베를린에서 피난처를 찾았다. 대선제후 프리드리히 빌헬름은 포츠담 칙령(1685)을 통해 이들의 이주를 지원하는 환대의 정신을 실천했다. 당시 20만 명의 위그노들이 신앙의 자유를 찾아 프랑스를 떠났는데, 그중 2만 명 정도가 베를린 지역으로 망명했다. 이주민들은 베를린 한복판에 '프랑스인 교회(Französischer Dom)'를 세웠는데, 다양한 직종에 종사하던 이들은 훗날 프로이센의 문화와 경제 발전에 중요한 역할을 했다. 동독의 마지막 총리 자격으로 서독과 통일 협상을 이끌었던 로타르 데메지에르(Lothar de Maizière)도 박해를 피해 베를린으로 온 위그노 난민의 후손이다. 베를린은 이주민과 난민을 환대하고 이들과 연대했던 안과 밖의 두 공간이 만나는 접점이며 통로이기도 했다.

베를린이라는 국경 도시를 중심으로 19세기에 프로이센이 독일 통일을 달성하면서 유럽의 강대국으로 부상할 수 있었다. 20세기 후반의 냉전 시대에는 베를린 한복판에 장벽이 세워지고(1961) 자본주의와 사회주의 두 체제가 총칼을 들이대면서, 베를린은 동독과 서독이 경계를 맞대는 국경도시이자 세계 유일의 분단 도시가 되었다. 그러나 1963년부터는 제한된 범위 내에서 주민 왕래가 가능해졌고, 1970년대 동서독의 관계 개선 이후에는 이산가족 상봉, 관광 등의 기회가 확대되어 수많은 사람이 국경통과소를 통해 국경을 넘나들면서 접촉과 교류의 폭을 넓혀 갔다. 베를린은 장벽 건립 이후에도 경계를 잇는 징검다리이자 분단의 벽을 잠식하는 틈새의 역할을 이어갔다. 1970년대 중반 이후 베를린을 통해 동독을 방문한 서독

주민은 매년 평균 260만 명 정도, 같은 기간에 서독을 방문할 수 있었던 동독의 일반 주민은 연평균 4~6만 명에 불과했으나 약 130~150만 명의 연금생활자들이 매년 서독을 방문할 수 있었다. 베를린 장벽이 무너지기 직전인 1980년대 중반에는 양측의 방문자 수가 더욱 증가했다. 동독 주민의 대량 이주 사태는 이때부터 시작되었다고 할 수 있다.

  1990년 이후 베를린은 다시 통일 독일의 수도가 될 수 있었다. 이는 양자택일이 아니라, 동서로 분단되었던 유럽을 접합하기 위한 양자병합의 경계 논리가 작동했기 때문이다. 양극단의 경계를 포용하고 넘나들 때 새로운 것이 창조될 수 있는 법이다. 국경 도시 베를린을 둘러싼 독일 역사가 이를 잘 보여준다. 현재 베를린은 통일 독일의 새로운 수도(중심)이자, 폴란드 국경까지 거리가 차로 한 시간 남짓 걸리는, 서유럽과 동유럽을 잇는 국경 도시(주변)이다. 접경지대인 베를린은 과거에도 그리고 현재도 역동적이고 창조적인 국경 도시로서 그 의미를 지닌다.

  과거 냉전 기간 중 베를린은 동독과 동유럽 사회주의 국가 출신의 망명자들을 환영했다. 자유를 향한 이들의 탈출은 동서의 체제 경쟁에서 일종의 우월감을 안겨주었기 때문이었다. 반면에 동유럽 국가들에는 정치적으로 수치스러운 일이었다. 이를 막기 위해서 죽음의 띠(Todesstreife)로 불리던 베를린 장벽이 세워지고 엄격한 국경 통제 정책을 시행할 수밖에 없었다. 이 시기 서베를린은 고립무원의 섬과 같았으나, 통일 독일의 베를린은 제2제국, 바이마르 공화국, 나치 독일, 자본주의 서독과 사회주의 동독이 만들어놓은 전통을 차례로 물려받았다. 바이마르 시대의 아방가르드 예술가, 나치의 프로파간다 정책에 협력했던 문화예술인, 동독의 사회주의 예술가, 서독의 자본주의 리얼리즘 그룹이 수도 베를린에 자리 잡았다.

파란만장한 역사를 간직한 이곳은 상이한 전통과 정체성이 조우하고 각축을 벌이면서 혼종적 활기(hybrid vigor)로 넘치는 국경문화(border culture)를 꽃피웠다.

최근에는 시리아, 아프가니스탄, 이라크, 우크라이나에서 수백만 명의 난민들이 유럽으로 향했고, 이들 중 독일로 왔던 난민의 5%를 베를린시가 받아들였다. 그만큼 반이민, 반난민 정서가 갈수록 커지고 이에 편승한 극우 정당 '독일을 위한 대안(AfD)'도 득세하고 있다. 이와는 반대로 난민을 더 받자고 요구하는 시민들의 연대 시위도 열린다. 접경지대는 다종다양한 문화와 가치가 경쟁하고 공명하는 곳이다. 이곳은 다양한 이질적인 세력이 조우와 충돌, 동화와 융합하면서 새로운 정체성이 형성되는 장소이기도 하다. 그래서 국경 도시 베를린은 과거에도 그리고 지금도 접경지대다. 이러한 접경성은 베를린의 힘이기도 하다. 독일의 대표적인 역사학자 위르겐 코카(Jürgen Kocka)도 유럽 국경의 과거·현재·미래에 대한 글에서 국경은 개방적이고, 타문화를 흡수해서 자기 것으로 만들 때 힘을 발휘한다고 했다. 그는 국경을 차이와 얽힘이 중첩되는 장소로 보았다.

10

영원한 변경, 오스트리아

카롤루스 대제의 마지막 업적 중 하나는 제국 동부 국경의 안정화였다. 그가 803년 아바르족의 침략을 격퇴하면서 오늘날 오스트리아 지역은 제국을 외세로부터 보호하는 방어벽이 되었다. 오스트리아(Österreich)의 어원인 오스트란트(Ostland)라는 말은 이때부터 등장하기 시작했다. 이는 제국의 동쪽에 위치한 지방이라는 뜻이다.

이후 '플라가 오리엔탈리스(plaga orientalis: 동부 지방)', '마르키아 오리엔탈리스(marchia orientalis: 동부 변경)'로 불리던 이 변방 지역은 동부와 남부로 활력적인 개간 사업을 전개했다. 기존의 토착 세력이 없었고 외부로부터의 정치적 압박과 군사적 견제도 부재했던 이 무주공산에서 새롭게 등장한 통치 세력인 바벤베르크 가문은 자신의 영역을 구축할 수 있었다. 변방의 백작은 신성로마제국의 잘리에르 황실과 정략 결혼으로 신분 상승과 특권을 누렸고, 마침내 레오폴트 4세(Leopold IV)는 이웃 바이에른 공작령을 차지할 수 있게 되었다(1139). 바벤베르크 백작들은 더 이상 제국의 변경을 수호하던 야전 사령관이 아니라 제국 정치의 핵심 인물이

된 것이다. 이는 신성로마제국의 황제들이 제국 남부의 정치·군사적 안정을 위해 변방의 충신을 중용했기 때문이었다.

하인리히 야소미르고트(Heinrich Jasomirgott)는 제2차 십자군 원정에서 왕 콘라트 3세(Konrad III)를 지척에서 보좌했을 만큼 황실의 최측근 가문으로 성장할 수 있었다. 그는 이러한 공로를 인정받으며 콘라트 3세의 중매로 비잔티움 제국의 공주 테오도라(Theodora)와 결혼하면서(1148) 단숨에 유럽 최상층 귀족 가문의 일원으로 인정받았다. 그 이후에도 비잔티움의 공주가 바벤베르크 공작과 결혼하면서, 신성로마제국의 변방 오스트리아는 지중해 세계의 중심 비잔티움 제국과 혼인 동맹을 맺는다. 이는 변방의 오스트리아가 국제 무대에서 인정받는 계기가 되었다.

두 중심, 즉 신성로마제국과 비잔티움 제국 사이에 끼인 오스트리아는 줄타기 외교를 통해 실리를 추구했다. 두 제국의 관계가 냉각되자 하인리히와 그의 아내 테오도라는 불가리아에 체류 중이던 비잔티움 황제를 직접 접견하고 관계 개선을 위해 노력했다. 이를 계기로 오스트리아의 그리스식 표기 '오스트리히온(Ostrichion)'이 처음으로 비잔티움의 요안니스 킨나모스(Johannes Kinnamos)가 작성한 사료에 등장할 수 있었다. 대내적으로도 테오도라는 오스트리아에서 그리스 문화의 전도사이자 경제적 교류의 중재자 역할을 수행했다. 이렇게 해서 빈(Wien)에는 그리스인들의 거주지가 형성되었다고 전해진다. 10세기에 오토 1세의 사절로 콘스탄티노플을 방문했던 크레모나의 리우트프란트(Liutprand von Cremona)의 비잔티움 관련 글들이 12세기 중반에 오스트리아에서 확산되었다는 사실은 비잔티움에 대한 사회·문화적 관심과도 무관하지 않다. 이 시기에 퓌르크의 요한 예배당(Johanneskapelle Pürgg), 다뉴브강 강변에 위치한 크렘스의 고초 성(Gozzoburg) 등 오스트리아 곳곳에서 비잔티움 양식의 벽화들이 그려졌던 것도 흥미롭다. 이 모든 것들이 테오도라와 직접 관련이 있다고 확증할 수 없으나 12세기 중반 신성로마제국의 변방 오스트리아는 지중해 반대편의 강대국 비잔티움 제국과의 혼인 동맹을 통해 탈경계적 문화 횡단을 경험하고 있었다.

하인리히 야소미르고트와 테오도라의 손자 레오폴트 6세(Leopold VI)도 1203년 비잔티움 황실 가문의 여성과 결혼했다. 그는 바벤베르크 가문의 가장 성공적인 통치자로서 이에 걸맞은 '영광스러운 자(der Glorreiche)'라는 칭호를 얻기도 했다. 신성로마제국과 비잔티움 제국이라는 두 중심 사이에 있는 중추국(pivot state)의 숙명을 혼인이라는 외교 정책으로 현명하게 대처했던 것이다.

이후 오스트리아의 새로운 군주는 640년간 합스부르크 가문에서 배출되었다. 신성로마제국의 황제를 최측근으로서 보좌한 공로로 세력을 키울 수 있었던 이 가문 역시 변방의 소귀족 출신이었다. 제국의 남서부 끝자락에 있었던 오늘날 스위스가 바로 이들의 고향이다. 동쪽의 인접한 오스트리아를 병합한 합스부르크 가문이 전임 바벤베르크의 빨간색-흰색-빨간색 문장을 차용하면서 이는 오늘날 오스트리아 국기의 원형이 되었다. 바벤베르크 가문에서 시작해 합스부르크 가문을 거쳐 현대 오스트리아로 이어지는 계승성이 잘 드러난다고 할 수 있겠다. 신성로마제국의 남부 지역을 통합해 장악하면서 중부 유럽과 남부 유럽으로 가는 길목을 차지하자, 유럽 왕실들은 이 부유하고 강력한 가문에 정략적으로 접근하기 시작했다.

바벤베르크와 합스부르크 가문 모두 변경지대, 즉 제국의 중심에서 멀리 떨어진 주변부에서 성장했기에 견제 세력 없이 상대적으로 수월하게 개간사업을 추진할 수 있었다. 농경지를 확대하고 다른 지역에서 이주민들을 끌어들여 도시를 세우면서 통치자의 부와 권력은 나날이 늘어났다. 더욱이 스위스와 오스트리아 모두 지중해에서 유럽 대륙으로 진출하는 길목에 있었던 터라 통행세와 상품 적재 및 하역세 수입도 상당했다. 무엇보다도 '하얀 금'으로 알려진 소금(암염)과 포도주는 바벤베르크 가문의 주요 수입원이 되었고, 이들이 교역과 통치의 거점 도시로 삼았던 빈은 합스부르크 가문에 의해 세계의 수도로 성장할 수 있었다.

합스부르크 가문의 세력은 부르고뉴, 스페인 왕실과 혼인을 맺으면서 지브롤터에서 헝가리까지, 지중해 시칠리아에서 북해 암스테르담까지 팽창했다. 스페인이 아메리카 대륙에 식민지를 개척하면서 합스부르크 왕조는 세계를 제패했고 수도 빈은 제1차 세계대전이 끝날 때까지 세계질서의 중심이었다. 이렇게 해서 오스트리아는 변방에서 중심으로, 초민족적 제국으로 변모했다. 오스트리아-헝가리 이중 제국 수립(1867~1918)은 비록 자유주의와 민족주의라는 19세기의 시대적 조류에서 역행했지만, 이를 통해 인구 5000만의 거대한 강대국으로 성장할 수 있었다. 합스부르크 황제가 헝가리의 국왕을 겸하는 다민족 복합 국가인 이곳에서는 독일계와 슬라브계가 여러 소수민족과 뒤섞였고, 세계 각지의 문물이 지중해의 국제항 트리에스테를 통해 유입되었다(4부 20장 참조).

'벨 에포크(Belle Epoque)'로 불리던 19세기 말과 20세기 초 아름다운 시절의 빈은 세계 문화의 중심지가 되었다. 런던, 파리, 베를린 다음으로 유럽 최대의 도시였던 빈은 커피에 우유를 넣은 '비너 멜랑슈(Wiener Melange)'와 같이 혼종적 정체성을 지닌 대도시였다. 문학·미술·건축·음악·사상

분야에서 혁신적이고 새로운 정신을 추구했던 전위파의 집결지였으며 문화의 실험실로 불렸다. 역사에서 영원한 중심과 주변은 없어 보인다. 역사적으로 주변(변경)의 창조성은 중앙 권력의 영향력이 상대적으로 미약한 곳에서 세력 기반을 마련할 수 있었기에 가능했다. 주변을 새로운 중심이 되는 창조적 공간으로 이해할 필요가 있다.

유럽을 호령하던 합스부르크 제국은 제1차 세계대전의 패전과 제국의 해체, 1938년 히틀러의 합병, 영세중립화(1955)라는 현대사의 굴곡진 길을 걸으면서 '주권'을 되찾았다. 국경의 모습만 놓고 보면 중세 시대 바벤베르크 가문이 통치하던 중세의 옛 영토로 회귀한 것이다. 냉전 시대 오스트리아는 중립적 지위를 활용해 국제정치에서 동서 양 진영의 중개자 임무를 수행했다. 1961년 존 F. 케네디(John F. Kennedy) 미국 대통령과 니키타 흐루쇼프(Nikita Khrushchev) 소련 공산당 서기장의 역사적인 미소 정상회담이 개최된 곳도 바로 수도 빈이었다. 1979년 지미 카터(James Carter) 미국 대통령과 레오니트 브레즈네프(Leonid Brezhnev) 소련 공산당 서기장의 빈 회동으로 동서 간의 긴장 완화, 즉 데탕트가 절정에 이르렀다.

이곳은 헝가리 혁명(1956)과 프라하의 봄(1968) 당시 많은 망명자의 피난처가 되었으며, 1989년 오스트리아가 동부 국경을 개방했기 때문에 동독 주민들이 철의 장막을 벗어날 수 있었다. 이는 냉전지대 동서 유럽의 접경이었던 오스트리아가 양자택일이 아닌 양자병합의 논리를 수용하고, 세계의 교두보이자 허브 역할을 성공적으로 수행했기에 가능한 일이었다.

영원한 접경 국가 오스트리아는 다양한 문화가 접촉하고 이념이 대립했던 공간인 동시에 인간의 이성과 합리성을 실험하는 장소였다. 주민들은 상호 이해와 공존을 모색하면서 창조적 공간을 형성할 수 있었다. 요컨대 이질적 세력이 뒤엉킨 접경지대를 정합하는 실용적인 노선을 걷고자 했던 역사를 만들어냈다. 또한 이주와 이산, 결혼과 교류를 통해 한곳에 모인 이질적 집단들이 서로 만나 뒤섞이면서 혼종적 경관의 오스트리아가 탄생했다.

역사적으로 접경의 창조성은 중앙정부의 영향력이 상대적으로 미약해 주변 지역이 세력 기반을 확립할 수 있었기에 가능했다. 접경 세력은 초경계적 연계를 구축하고 지역 간 협력 공간을 형성하고, 혼종화된 지역 정체성을 발판으로 위기 상황에 완숙하게 대처했다. 이러한 이유로 변방은 단순히 중심부에서 멀리 떨어진 주변부가 아니라 새로운 중심이 되는 창발적 공간이다.

11

독일과 폴란드의 피 흘리는 국경선, 오드라-니사강

스탈린의 국경 정책

미국 대통령 프랭클린 루스벨트(Franklin Roosevelt), 소련 공산당 서기장 이오시프 스탈린(Joseph Stalin), 영국 총리 윈스턴 처칠(Winston Churchill). 이들은 제2차 세계대전 연합국의 빅 스리(Big Three)였다. 스탈린의 소련은 1943년 2월 스탈린그라드 전투에서 히틀러의 독일군을 격퇴했다. 이는 전세를 연합군에게 우세하게 바꾸는 데 큰 전기가 되었다. 전투에서 소련군의 사상자가 백만 명이 훌쩍 넘었지만, 이러한 희생을 통한 승리로 인해서 연합군 내부에서 스탈린의 위상은 한층 강화되었다.

스탈린은 제2차 세계대전 이후 유럽에 사회주의 체제를 수립하려는 전후 구상을 하고 있었다. 이를 위해서 폴란드를 소련의 전진 기지로 만들 필요가 있었고, 그 준비 작업이 폴란드의 국경선 수정이었다. 이러한 스탈린의 생각은 전쟁 막바지인 1945년 2월에 개최된 얄타 회담에서 우회적으로 표현되었다.

1945년에 독일과 폴란드 사이에 새로운 국경선이 획정되면서 짙은 빗금(왼쪽)으로 표시된 지역이 폴란드에 귀속되었다. 그 대신에 옅은 빗금(오른쪽)으로 표시된 지역은 러시아로 넘어갔다.

 스탈린은 이 자리에서 폴란드의 국경선과 관련해서 두 가지 제안을 하고는 영국과 미국에 동의하라고 압박했다. 첫째는 폴란드 땅의 동쪽 영토 18만 7000km²를 소련에 넘겨 달라는 요구였다. 이는 폴란드 영토의 절반에 해당했다. 줄어든 영토를 보전해 주기 위해 스탈린은 오데르-나이세강[Oder-Neiße, 폴란드어로 오드라-니사강(Odra-Nysa)]의 동부 지역을 패전국인 독일에서 떼어내서 폴란드에 주자는 제안을 한다. 한마디로 폴란드라는 국가를 서쪽으로 200km 정도 옮기자는 이야기다.

폴란드의 서부 국경을 기존보다 서유럽 쪽으로 깊숙이 이전하려는 스탈린의 야욕은 무엇보다도 처칠의 견제에 부딪혔다. 소련의 위성국으로 전락할 것이 뻔한 폴란드를 발판 삼아 영향권을 서유럽으로 확대하려는 속셈을 알아챈 것이다.

연합국들은 1945년 7월의 포츠담 회담에서 이 방안을 다시 거론했다. 이번에는 스탈린이 자신의 주장을 밀어붙일 수 있었다. 처칠 수상은 포츠담 회담 도중 영국 총선 패배 소식을 듣고 서둘러 회의장을 떠났고, 소련의 대(對)일본전 참전이 절실했던 미국은 평화 협정에서 최종적 결정이 날 때까지 '임시 분계선'이라는 조건을 달아 오데르-나이세선을 받아들였다. 이처럼 잠정적으로 획정된 국경선은 세계대전의 혼란 속에서 소련의 팽창 정책이 일방적으로 만들어낸 강제 점령이자 자국의 안보적 이해관계를 우선시했던 결정의 산물이었다.

제2차 세계대전 중에 600만 명의 폴란드인들이 나치에 의해서 사망한 것으로 알려졌다. 이는 폴란드 전체 인구의 1/5에 해당하는 수치다. 잘 알려진 것처럼, 아우슈비츠 등에 6개의 집단 학살 수용소를 세우고 200만 명 이상의 폴란드계 유대인을 학살하기도 했다. 그 외에도 곳곳에서 수만 명의 폴란드군 포로와 민간인들이 고문당하거나 잔인하게 학살당했다. 최근에 폴란드는 제2차 세계대전 시기 독일의 침공으로 발생한 1조 3000억 유로(1752조 원)에 달하는 피해 배상을 요구했다.

제2차 세계대전 직후 독일과 폴란드 사이에 남북으로 472km에 달하는 새로운 오데르-나이세/오드라-니사 국경선이 확정되고 독일 동부 영토가 폴란드에 넘어가게 되었다. 발트해에서 체코까지 남북으로 이어지는 국경선 획정으로 폴란드는 한반도의 남한 면적보다 넓은 땅을 패전국 독일로부터 빼앗았다. 이곳은 곡창지대이자 철강·석탄 산지로 이루어진 공업지대였다. 조상 대대로 이 지역에서 살던 독일인의 추방은 신속하고 조직적으로 진행되었다. 독일인의 강제 이주는 포츠담 회담에서 연합국에 의해 합의된 바였다. 비록 추방은 인도적으로 이루어져야 한다고 규정했으나 이는 현실과 동떨어진 결정이었다.

폴란드로 새롭게 귀속된 국경지대에서만 400만 명 이상이 강제 이주를 하는 동안 이들은 폴란드인의 잔혹한 행위에 속수무책이었다. 이것은 나치 정권이 폴란드인 600만 명을 살해한 것에 대한 일종의 보복 행위였다. 일부 지역에서는 추방민들에게 최대 20kg까지만 수하물을 허락했고 대신에 마차, 소, 말 따위의 어떠한 운송수단도 허용하지 않았다. 제한된 시간 내에 이주를 하지 않을 경우 무기 사용을 포함한 엄중한 처벌을 받을 수 있었다.

폴란드를 포함한 동유럽 전체에서 1500만 이상으로 추정되는 독일인이 추방되었고 이들 중 약 800만 명이 서독에 정착했다. 대다수가 수백 년 동안 살던 고향에 모든 재산을 포기하고 강제로 추방당한 평범한 사람들이었다. 추방민들은 약간의 소지품만을 지참하고 걸어서 신설된 국경을 넘어야만 했다. 전후에 새로 탄생한 폴란드 공산 정부는 자신의 취약한 정통성을 확보하기 위해 국경지대에서 반독일적 정서를 부추겼다. 국가와 정치 지도자들이 선전한 민족주의적 이념은 대중을 크게 고무시켜 독일인들을 향해 복수의 칼을 빼들게 했다. 하지만 포츠담 회담에서 동유럽에 살고 있던 독일인의 추방을 결정한 소련·영국·미국도 책임으로부터 자유로울 수는 없을 것이다.

추방된 독일인들이 살던 곳에는 러시아가 차지한 폴란드 동부 국경에서 이주한 150만 명의 폴란드인들이 정착하면서 서부 국경의 폴란드화가 신속하게 진행되었다. 국경지대에는 무장 군인들이 배치되고 극우 민족주의자들이 합세하면서 서부 국경선은 요새화된 방어선으로 변모한다.

새로운 국경은 양국 모두에서 상호 적개심과 민족주의의 부활을 부추겼다. '피추방민 협회'를 결성한 독일의 강제 추방민들은 자신들을 쫓아낸 소련, 폴란드, 체코 등 동유럽 국가들의 사과와 보상을 요구했다. 서독으로 이주한 이들은 대개 독일 가톨릭교회와 돈독한 관계를 맺고 있었다. 이념적으로는 보수당인 기독민주당(CDU)과 기독사회당(CSU)의 주요한 지지 세력이 되었고, 결코 무시 못 할 중요한 정치 세력으로 성장했다. 이들이 중심이 되어 실지 회복을 정강으로 내세운 정당은 1953년 선거에서 5.9%를 득표했고 서독의 초대 수상 아데나워는 이러한 정당의 핵심 지도자들을 각료로 임명했다. 이들이 극우 세력화해 또다시 나치와 같은 집단이 등장하는 것을 미연에 방지하기 위함이었다.

폴란드의 서유럽 연구

제2차 세계대전 직후 오데르-나이세 국경이 확정되면서 폴란드의 서유럽 연구(Polskie badania zachodnie)는 본격화되었다. 이는 일종의 중심에 대한 주변부의 저항 담론으로, 이제 역사가 영토 분쟁의 도구이자 저항 무기가 되었다.

폴란드가 차지하게 된 포메른과 슐레지엔은 폴란드인들에게 '조국의 요람을 형성하는 지역(Polskie ziemie macierzyste)'으로, 독일 측의 국경 수정 압력은 '독일의 위협'으로 비쳤다. 실지 회복을 요구하는 독일의 호전적인 주장에 대해, 폴란드 측 학자들은 '수복 영토(ziemie odzyskane)'는 폴란드의 고유한 영토임을 역사적으로 증명하는 것을 지상 과제로 삼았다. 포메른과 슐레지엔의 '탈환'을 통해서 이 지역이 '재슬라브화', '재폴란드화'되었음을 입증하는 작업의 산실이었으며, 이는 역사적 연속성을 강조해 지역 영유권의 합당성을 입증하고자 했던 정치적 기획의 결과물이었다.

보이치에호프스키(Zygmunt Wojciechowski)는 대표적인 폴란드 중세사 학자로 제2차 세계대전 직후 폴란드의 서유럽 연구를 주도했던 인물이다. 그는 전후 폴란드가 탈환한 오데르-나이세강 동부 지역은 1337년까지만 해도 폴란드 영토였으나 독일인들에게 빼앗겼다가 되찾았다는 '영토 수복론'을 주장한다. 이를 뒷받침하기 위해 수복된 접경 지역에 대한 폴란드적 역사성도 지나칠 정도로 강조되었다. 폴란드 왕국 건설과 관련해서 바이킹 개입설은 일언지하에 부정되었고, 10세기 후반 미에슈코 1세(Mieszko I)의 정복 전쟁 이후 슐레지엔, 포메른, 포메렐렌은 폴란드인의 고향과 같은 고유 영토로 간주되었다.

이렇게 해서 1945년 이후에는 '수복 영토'에 대한 역사적 권리와 정당성을 위한 서유럽 연구가 진행되었다. 그 결과 폴란드가 이제 '옛 피아스트 지역'으로 돌아왔다는 정치적 문구가 튀어나왔다. 이를 위해서 국경 지역에 남아 있는 독일적 흔적과 역사는 지워지고, 잊혔던 폴란드 언어와 역사를 부활시키려는 정책이 실시되었다. 이러한 국경의 폴란드화는 본격적인 독일-폴란드 역사 전쟁의 시작을 의미했다.

'재이주' 혹은 '재탈환'과 같은 서유럽 연구가 차용했던 기본 개념, 학문과 정치의 동반적 성격에서 보이듯이 전후 폴란드의 역사가들은 민족주의적이고 보수주의적인 정책 수단으로 역사 연구를 진행했다. 역사학은 '투쟁하는 학문'이 되었고, 역사학자들은 관변 학자로서 국가 정책에 기여하고자 노력했다.

폴란드의 서유럽 연구는 민족 형성이 국가제도 확립에 종속적인 변수라는 이론에서 출발한다. 이는 민족이 위대한 왕들의 탁월한 정치적 업적에 의해 형성되고 구성된다는 생각으로, 연구자들의 관심을 민족 영웅 발굴에 기울게 했다. 그 결과 통치 기간(992~1025) 동안 오데르와 바이헬강 사이에 거대한 왕국을 건설했던 용감왕 볼레스와프 1세(Bolesław I)가 폴란드 민족의 창시자로 '새롭게 밝혀졌고', 이후에도 이 지역은 역사·정치·문화·인종적으로 타지역과 격리된 통일된 국가로 남았다는 것이다. 그뿐만 아니라 지리적으로도 오데르-나이세, 북해, 바이헬과 같은 '자연적 국경'은 '폴란드 민족의 조국(Polski macierzystej)'을 외부로부터 구분한다고 주장되었다. 따라서 국토 상실은 국가조직의 와해를 넘어 자연의 순리를 거역하는 일이었다.

국경을 접하고 있는 독일과의 관계사에 대한 해석에서도 미에슈코 1세의 왕국 건립은 독일 측의 잔인한 영토 팽창 정책에 대한 반발의 결과이며, 볼레스와프 1세는 신성로마제국의 '팽창주의 정책'에 대항한 방어벽을 설치한 인물로 평가되었다. 그러나 폴란드 역사가들은 제국주의적 침략 앞에서 피아스트 왕조의 폴란드 왕국이 무너질 수밖에 없었던 사실과, 그로 인해 슐레지엔과 포메른의 독일화가 폴란드 단일 문화의 전통을 소멸시켰던 사실을 개탄했다. 특히 브란덴부르크의 포메른 지역 점령과 독일 기사단 국가의 형성이 이루어진 1308~1312년은 폴란드 역사에서 비극이 시작된 순간으로 기억되었다. 이는 유럽의 '지배 민족'이 되고자 했던 독일인의 야망이 싹트는 시간이라는 것이다.

20세기의 민족주의 패러다임은 국가집단 간 갈등마저 대중의 애국심 고취 등 정치적 목적을 위해 반복적으로 이용했다. 이 과정에서 과거를 특정 시각으로 박제화한 국가주의적 '공적 역사'가 뿌리내렸고 언론과 역사교육 등은 이를 다시 확대 재생산했다. 그 결과, 불편한 이웃에 대한 적대감은 확산되었다.

용서

폴란드는 1950년 7월 6일 동독과 '즈고제레츠 조약'을 체결해 포츠담에서 결정된 오데르-나이세 국경선을 확약받았지만, 서독에서는 국민감정이 크게 악화되었다. 당시에는 협상 능력이 있는 독일 정부가 없었기 때문에 '포츠담 협정'은 강화 조약이 아니며, 따라서 국경선도 적법하게 확정된 것이 아니라는 주장이다. 따라서 이 지역을 폴란드에게 완전히 넘겨준 것이 아니라는 입장을 분명히 했다.

하지만 1950년대 말부터 영국과 프랑스가 오데르-나이세 국경을 승인하면서 서독도 유럽의 긴장 완화에 기여하라는 국제 사회의 압력이 점차 커졌다. 독일 내부에서도 보수적인 아데나워 수상이 물러나자 동유럽과의 화해 정책이 제기되었고, 폴란드의 실효 지배와 지금의 상태가 지속되는 '현상 유지(status quo)'를 인정하라는 분위기가 무르익었다.

이런 가운데 종전 20주년을 맞은 1965년 10월 14일 독일 개신교회는

『동방 백서(Ostdenkschrift)』라는 중요한 문서를 발표했다. 이 문건은 폴란드로 할양된 지역에 대한 폴란드인의 영토 주권을 인정함으로써 적대적인 양국 관계를 개선하는 새로운 이정표가 되었다. 무엇보다도 감정만으로는 문제가 해결되지 않음을 역설하면서 국경 문제에 대한 사회적 금기를 깼다.

같은 해 공산 치하의 폴란드 가톨릭 주교단은 서독 주교단에 서신을 보냈다. 서신은 지난 천년 동안 양국 관계사에서 있었던 긍정적인 역사적 국면들에 주목했다. 두 나라 관계가 틀어지기 전에 정치·경제·학문적으로 서로 얼마나 의존했는지, 이러한 초경계적 상호작용이 유럽의 평화 공존 구축에 어떤 공헌을 했는지 기억해 낸 것이다. 서신은 다음과 같은 문구로 마무리되었다.

> (양 국민 간의) 끔찍한 과거 때문에 괴로운 상황에도 불구하고 ······ (과거를) 잊으려고 노력합시다. 극단을 지양하고 ······ 이제는 대화를 시작합시다. ······ 우리는 여러분의 손을 잡고자 합니다. ······ 우리는 여러분을 용서하며 또한 여러분으로부터 용서를 구합니다.

나치 독일의 희생자였던 폴란드 가톨릭교회가 가해자를 용서한 것이다. 훗날 '감동적인 화해 문서', '폴란드와 독일의 대화를 이끈 편지', '화해의 아방가르드'로 평가된 이 서신은 냉전 시대 폴란드와 서독 사이에 대화의 물꼬를 트는 계기가 되었다.

이러한 화해 분위기는 서독 정부에도 영향을 줘서 1970년 브란트(Willy Brandt) 총리가 폴란드를 방문하고 신동방 정책을 추진하는 발판이 되었다. 하지만 추방민들은 분노했고 브란트를 "빨갱이들에게 독일의 영혼을 팔아넘긴 매국노"라고 하며 맹공을 퍼부었다. 그러나 서독 정부는 아랑곳하지 않고 과거 잘못을 반복적으로 사죄하고 피해자들에게 용서를 구했다.

그러자 폴란드도 화답했다. 폴란드의 반체제 지식인들은 독일인을 추방하는 과정에서 잘못을 저질렀다는 걸 인정했다. 이들은 폴란드 공산당 지도부가 독일에 대한 적대감을 이용하고 국경을 정권 유지 수단으로 도구화했다고 비난했다. 양국의 정치인들뿐만 아니라 지성인과 학자들은 서로를 초청해 화해와 공존을 위한 대화를 본격적으로 시작했다.

불가역적 화해와 공존을 위하여

1990년 독일의 재통일과 함께 오데르-나이세 국경선이 독일연방공화국의 동부 국경으로 최종 확정되면서 독일과 폴란드 양국의 정상화에 걸림돌이었던 국경 문제는 평화적으로 해결될 수 있었다. 이로써 갈등과 반목으로 점철되었던 국경 분쟁은 종식되고 역사 화해의 발걸음을 본격적으로 내딛게 되었다.

2021년 여름에 독일 집권당의 대표인 중도 보수 성향의 정치인 아르민 라셰트(Armin Laschet)가 '바르샤바 봉기' 77주년 기념식에 참가하기 위해서 폴란드를 찾았다. 그는 이 자리에서 "제2차 세계대전 시기 자행된 독일의 범죄에 깊은 수치심을 느낀다"라며 "독일 학교에서 폴란드 국민들이 겪은 일을 가르치는 것이 중요하다"라고 말했다. 바르샤바 봉기는 제2차 세계대전 당시 폴란드인들이 독일 나치 정권에 저항한 사건으로, 독일군의 진압으로 폴란드의 군인과 민간인 20만 명이 살해되었다. 피해자에 대한 가해자의 반복적인 사과는 그 진정성을 느끼게 한다.

1970년대 이후 관계를 정상화한 독일과 폴란드는 여러 분야에서 협력을 진행했다. 무엇보다도, '국경 교육'은 화해와 연대를 보장할 수 있는 미래적 가치를 지닌다. 학교 현장에서는 오데르-나이세 국경지대가 역사적으로 게르만족과 슬라브인이 공존했던 접경지대였음을 부각하며 국경의 탈민족적 의미를 가르친다. 또한, 인종적인 이유로 인해서 그어진 국경선이 아님을 명확히 했다. 교사들은 국경지대를 자국 역사의 영역으로 끌어들이는 대신에, 접경지대의 일상은 단절보다 소통이 일반적이었으며 다양한 문화가 교류하던 혼혈적·혼종적 장소였음을 설명하는 교육 방법으로 가르친다. 독일인과 폴란드인은 수 세기 동안 국경지대에서 함께 생활했고 국경지대의 접경인들에게는 국가에 대한 애국심보다는 지역적 정체성이 더 강했다는 것이다.

국경 연구는 세계·국가·지역 권력이 등장하고 힘을 겨루는 장소인 국경선을 통찰하는 학문이다. 전통적인 국경론은 국경을 보호·단절·통제·차단 기능이 담긴 배타적 선이자 주권의 날카로운 모서리로 이해하면서 반드시 수호해야 하는 신성한 경계선으로 인식했다. 그러나 고전적 국경이론은 국경의 배타적·공격적 기능만 강조한 나머지 이를 불통의 장벽으로 파악했고, 그래서 국경의 접촉 기능과 협력 기능을 설명하는 데 한계를 드러낸다. 국경을 넘나들던 코로나19라는 초국가적 감염병은 자국의 이득만 고려한 정책이 더 큰 혼란을 유발하고 이웃 나라와 함께 대처하는 것이 확산을 예방하는 지름길임을 새삼 일깨워 주었다. 그 결과 국경을 군사적 요새나 정치적 장벽이 아니라 공생하는 교량으로 인식하는 경향이 뚜렷해졌다.

반세기 이상 지속된 독일과 폴란드의 '국경 대화'는 탈국가적 접경 연구를 가능하게 했다. 정부도 두 민족 간의 화해와 협력을 위해서 평화주의적 교육의 필요성에 대한 합의를 이루었다. 학생들은 국경이 갖는 상호 교류의 역사성을 이해하고, 그 경계 안팎의 내용물들이 언제든지 한쪽에서 다른 쪽으로 옮겨가는 삼투현상이 일어나던 장소로서 국경을 파악하게 되었다.

미래지향적 평화 교육

서독과 폴란드는 1965년 '용서의 편지' 이후 가해와 피해의 구분을 넘어선 역사 대화를 진행한 결과 총 네 권으로 된 공동 역사 교과서를 편찬할 수 있었다. 갈등 관계에 있는 집단은 역설적이게도 가까이 지내는 이웃으로 오랜 기간 서로 잘 알던 사람들이다. 너무 가까워서 불편한 이웃이었던 양국은 젊은 세대에게 역사 전쟁이 아닌 화해를 목적으로 역사교육을 시행 중이다.

이제 독일과 폴란드의 청소년들은 '상호 이해와 화해'라는 관점에서 작성된 교과서를 통해서 배우며, 상대국 영토의 불가침성을 존중하는 방법을 학습한다. 이웃 나라에 상처를 줄 수 있는 배타적인 자민족 중심의 편협한 국경관은 국경지대의 이동성과 다양성을 존중하는 다원주의적 시각에 자리를 양보해야만 했다.

국경 교육은 중고등학교의 범주를 벗어나 대학 교육에서도 실천되었다. 국경 갈등의 근원지였던 오데르강 강변의 국경 도시 프랑크푸르트(Frankfurt an der Oder)에 양국 학술·문화의 거점 대학이 설립된다. 1506년 설립되어 1811년에 문을 닫았던 대학은 독일과 폴란드의 국경선 문제가 해결된 1991년에 '비아드리나유럽대학교'라는 이름으로 새롭게 개교했다. '비아드리나(Viadrina)'는 '오데르강에 위치한'이라는 의미의 라틴어에서 유래한다. 이 대학은 단절·분단·침략의 상징이었던 국경의 부정적인 인식을 지우고, 국경을 밝은 미래를 꿈꾸는 협력의 공간으로 만들려는 노력의 결과물이다. 250m 길이의 다리만 건너면 폴란드의 도시 수비체가 위치한 이 대학에는 주로 독일과 폴란드의 학생들이 함께 수업을 받고 있으며, 교수진도 양국의 연구자들로 구성되었다. 특히 폴란드를 포함한 동유럽 관련 사회과학, 언어학, 문화 연구 등의 특화된 전공으로 유명하다. 문화를 통한 국경 협력은 중앙정부가 주도하는 하향식 경로가 아닌, 다양한 비정치적 집단이 중심이 된 활동과 참여를 확장시켰다. 교육·문화적 협력은 정치적으로 민감하지 않은 사안을 다루기 때문에 순조로운 국경 협력의 기회를 마련할 수 있다는 점에서 시사하는 바가 크다.

서독이 오데르-나이세 국경을 인정하지 않았다면 이웃 폴란드가 동서독의 통일을 달가워했을지 의문이다. 강요된 국경선을 겸허히 받아들였고 독일 전체 영토의 1/4에 해당하는 광활한 면적을 양보했지만, 그 대가로 독일은 이웃 나라의 견제를 받지 않고 통일을 이룬 셈이다. 통일을 위해 신성불가침한 '고유의 영토'를 포기했다는 말이다. 국경선의 재인정으로 통일은 앞당겨질 수 있었다. 폴란드도 독일 통일의 덕을 톡톡히 봤다. 대독일 수입과 수출이 전체의 1/4을 차지할 정도로 국경 화해를 통해서 양국은 좋은 이웃이 될 수 있었다.

이제는 국경을 국가의 안보 이익을 위한 분리와 배제의 전략적 경계선으로만 이해할 것이 아니라 협력의 공간으로 재성찰해야 할 때다. 독일·폴란드 국경 갈등의 근원지였던 오데르강 강변에 설립된 '비아드리나유럽대학교'는 교육을 통한 국경 협력의 대표 사례다. 국경지대에서 비정치적인 교육기관이 협력의 중심이 됐다. 교육·문화적 협력은 정치적으로 민감하지 않은 사안을 다루기에 순조롭게 국경 협력을 할 기회를 마련할 수 있다는 점에서 시사하는 바가 크다.

국경과 같은 경계는 사회적 생산물이자 가변적 구조물이기 때문에 경계에 대한 대안적 상상을 현실화하는 새로운 재현 방식이 요구된다. 국경 화해와 협력은 군사적 갈등을 제어할 수 있다. 좋은 담장이 좋은 이웃을 만든다고 하지 않는가. 독일은 1990년 통일을 계기로 오데르-나이세강 국경지대에 대한 기존의 역사 주권과 영토 주권을 모두 포기함으로써 '천년전사(戰史)'를 간직한 독일·폴란드 국경 갈등을 봉합했다. 통일을 대비해 영토 분쟁의 불씨였던 지역을 포기한 것이다.

12

이주민들이 만든 국경 마을, 체코 주데텐란트의 브로우모프

공존과 추방

오늘날 체코 공화국의 북부 지역에는 수데티(Sudety, 독일어로 주데텐란트 Sudetenland)로 불리는 산맥이 뻗어 있다. 체코·독일·폴란드 사이의 이 자연국경은 광산과 목축업에 적합한 지형 조건으로 중세 시대부터 서유럽 이주민들의 행렬이 이어졌다. 그 결과 이 접경지대는 다양한 민족과 문화가 만나 충돌하면서도 새로운 경제의 중심지로 성장하게 된다. 그래서 접경은 중심부에서 도태된 주변부가 아니라 새로운 중심이 되는 해방의 공간, 창조의 공간, 생명의 공간이다.

하지만 1930년대 후반의 급변하는 국제 정세는 체코슬로바키아와 독일 국경지대에 살던 지역민들의 강제 이주를 초래했다. 제1차 세계대전 직후 체코슬로바키아 전체 인구의 23%가 독일계였으나 주데텐란트 지역에서는 80% 이상을 차지했을 정도로, 이곳은 독일인이 밀집해 마을을 이루고 살았다. 그러나 제2차 세계대전의 종식과 더불어 300만 명의 주데텐 독일인들은 수 세기 동안 일궈온 고향을 서둘러 떠나야만 했다. 이른바 '국경지대의 인종청소'라는 참극이 벌어진 것이다.

오스트리아-헝가리 이중 제국(1867~1918)으로부터 체코슬로바키아가 독립하기 전까지, 즉 체코와 슬로바키아 두 '민족'이 결속해 공화국을 탄생시켰던 1919년 이전에는 '주데텐 독일인'이라는 개념은 존재하지 않았다. 이들은 수 세기 동안 보헤미아와 모라비아의 변경지대에 살면서 체코어와 슬로바키아어를 사용하던 사람들과 공생하며 독일어를 사용하는 주민들에 불과했다. 언어가 민족을 구분하지 않았다. 하지만 체코슬로바키아 공화국 성립 과정에서 '독일인'이 정치적으로 배제되자 이들은 그제서야 '민족' 정체성을 자각하기 시작했다.

정치·경제·사회적으로 엘리트였던 주데텐 독일인들은 졸지에 소수민족으로 핍박받는 처지가 됐다고 하면서 나치 정권에 도움을 호소하기에 이르렀다. 주데텐란트의 동포들을 보호하기 위해 전쟁도 불사하겠다는 히틀러의 압력에 체코슬로바키아는 1938년 뮌헨 협정에서 전체 국토의 38%, 인구의 34%, 전체 공업 생산력의 1/4을 내주는 양보를 하게 되었다. 나치 정권은 주데텐란트 지역을 병합하면서 이 지역에 대한 영토 주권을 주장했다. 독일인의 '영원한 고향'에 대한 시원적 권한을 내세우는 역사주권론이 등장한 것이다. 주데텐란트 점령은 이후 제2차 세계대전으로 가는 변곡점이 되었다.

주데텐란트 병합이 있던 다음 해인 1939년에 한 역사학자는 "우리는 지난해 위대한 사건을 경험했다. 이는 역사적 필연이었다"라는 말과 함께, 이 사건을 실지 회복이자 중세 독일 제국의 부활로 보았다. 그는 독일 영토

1938년 10월 3일 독일계 주민들이 주데텐란트를 방문한 히틀러를 환영하는 모습.
자료: CC BY-SA 3.0 | Bundesarchiv(bild 183-H13160).

밖에 있던 독일 동포들이 걸어온 길을 회고하면서, 이들이 어떻게 독일 정신을 보존해 왔는지에 대해 역사적 성찰을 하는 글을 남기기도 했다.

하지만 엄격히 말하면 주데텐란트는 슬라브인들이 거주하고 소유했던 땅으로, 독일인들은 지역 통치자의 부름을 받고 이주한 외래 손님이었다. 따라서 이곳에 대한 그들의 역사주권론은 20세기의 영토 팽창과 정치적 욕망이 만들어낸 선전용 억지 논리였다. 이곳은 독일인의 이주 전에 문화적으로 미개했던 문화 부재의 공간도 아니었다. 후대 독일인들이 주장하는 것처럼, 무능력하고 가난하며 게으르기까지 한 슬라브인들이 버려둔 불모지(terras desertas)도 아니었다. 따라서 누구에게도 속하지 않았던 영토, 즉 무주지 선점 논리에 기반한 역사주권론은 명백한 허구다.

동유럽에서는 1990년 공산체제의 몰락 이전까지 독일인들의 강제 추방은 터부시되어 왔다. 이와는 달리 추방민들이 몰려들었던 서독에서는 이들의 증언을 토대로 다양한 연구가 진행되었다. '주데텐란트 문제(Sudeten Question)'를 둘러싼 서독과 체코슬로바키아의 상이한 시선은 오랜 시간 평행선을 달렸다.

　　하지만 이 국경지대는 독일인과 체코·슬로바키아인들이 수 세기 동안 공존했던 곳이다. 이곳의 브로우모프, 독일어로는 브라우나우(Braunau)라는 지역에는 1254년에서 1256년 사이에 브레브노프(Břevnov) 수도원의 마르티누스 수도원장[opat Martin(Martinus)]이 발행한 이주 특허장 여섯 개가 전해진다. 비록 특허장의 수가 많지 않으나 이는 오늘날 체코 공화국 동북부 끝자락으로 이주한 독일인들을 위해 발행한 가장 초기의 것들이다.

이주 양상

　　브로우모프는 도도록하게 분출된 철(凸)형 지형으로, 예전부터 보헤미아에서 폴란드로 들어가는 관문이라 불릴 정도로 프라하에서 폴란드를 거쳐 발트해를 잇는 좁은 샛길들이 뚫려 있었다. 수풀이 우거졌던 이 지역의 본격적인 개간은 13세기 초에 진행되었다. 1213년 보헤미아의 왕 오타카르 1세(Otakar I)는 프라하의 브레브노프 수도원에 왕령지였던 브로우모프를 기증한다.

　　1213년의 기증장은 특이하게도 샛강, 산, 지명을 슬라브어로 표기했는데 이는 이름들이 그 이전부터 알려졌음을 암시한다. 비록 기증장은 폴리체를 황폐지로 언급하고 있지만, 아마도 그곳은 신성로마제국과 폴란드로 들어가는 입구인 슐레지엔과 맞닿은 전략적인 요충지로서 슬라브 병사들이 주둔했었을 것이다. 기증받은 영지의 경작을 초창기에는 슬라브 지역민들이 담당했을 것이며, 1254년 마르티누스 수도원장이 폴리체 동남쪽 끝자락에 있는 지역을 우체흐(Útěch)라는 인물에 경작을 맡겼던 사실로 보아 초창기 개간 사업에 슬라브인들이 적극 관여했음을 알 수 있다.

1250년대는 브로우모프 개간 역사에 중요한 분기점이 된다. 이때부터 '독일인들'이 개간 사업에 본격적으로 투입되면서 이들이 거주하는 촌락이 설립되었기 때문이다. 그 첫 번째 사례는 1255년 8월 31일에 프리첼로누스(Frichelonus Teuthonicus), 독일어로는 프리츠(Fritz)라 불린 이주민 모집책에게 발행된 이주 문서다. 훗날 하인첸도르프, 1945년 이후 체코어로는 힌치체(Hynčice)로 불리게 될 마을의 숲을 15년간 개간하고 이 기간 동안에는 부역과 공납을 면제해 주었다. 이주 모집책은 15년간의 개간 사업에 들어가는 비용을 자비로 충당해야만 했으나 대신에 방앗간 운영권과 양조권 외에도 재판 수수료의 1/3에 해당하는 금액, 면세 혜택을 받는 토지를 부여받았다. 독일법과 촌장직에 대한 명확한 언급은 없지만 프리첼로누스가 우체흐와 유사한 특권을 부여받았던 것으로 보아 그 역시 촌장직을 수행했을 것이다.

하이첸도르프 이주민들은 이주 16년 차부터 밀, 보리, 귀리 외에 은화를 매년 프리첼로누스와 수도원장에게 납부해야만 했다. 이웃 마을의 한 문서에는 정착민들의 부역과 공납 조항이 상세히 언급된 바 있다. 즉, ① 매년 은화 1/2 마르크를 성 미카엘과 게오르기우스 축일에 분할 납부할 것,

② 매년 각각 두 됫박의 밀, 호밀, 귀리를 납부할 것, ③ 매년 부활절에 돼지 허벅지 고기를 납부할 것, ④ 매년 4회의 파종 작업(겨울 3회, 봄 1회)에 참여할 것, ⑤ 매년 4일간의 수확 작업에 참여할 것, ⑥ 곡물 운반 작업에 참여할 것 등이 그것이다.

이와 거의 같은 시기인 1255년 9월 4일에 발행된 이주 특허장에는 이주민 모집책 콘라두스(Conradus)가 촌장의 직책을 부여받았고 그 역시 토지 개간의 대가로 방앗간 소유권을 인정받았다. 여기서 주목할 점은 콘라두스의 개간 사업이 황무지에서 새롭게 시작된 것이 아니라 바이카(Waikar)라는 인물이 촌장으로 활동하던, 즉 이미 슬라브인들이 거주하던 장소에서 추진되었다는 사실이다. 프리첼로누스가 개간에 착수한 하인첸도르프 역시 하인츠(Heinz)라는 대표자가 관할하던 마을이었다. 이는 두 마을의 슬라브 원주민 주거지가 독일인 집단 이주로 인해서 새로운 삶의 터전으로 변모했음을 의미한다.

1256년에도 두 번에 걸쳐서 이주 특허장이 발급된다. 마르티누스 수도원장은 브로우모프 동남부에 있는 보자노프의 이주 모집책인 베르톨두스(Bertoldus)에게 16년간 진행되었던 개간 사업의 대가로 방앗간과 주점 운영권을 포함한 다양한 권리를 하사했다. 동시에 이 권리가 '독일법(ius teuthonicum)'에 근거해 부여됨을 명시하고 있다. 보자노프 특허장은 당대의 이주 규모를 파악할 수 있는 중요한 정보를 제공하는데, 베르톨두스는 80명의 이주민을 정착시켰다.

1256년에 브레브노프의 수도원장은 루드게루스(Rudgerus)라는 모집책과 16년 동안 브로우모프 인근에 있는 농민 보유지 50만수스(mansus)를 개간하는 계약을 체결한다. 문서 훼손으로 그 내용이 불완전하지만, 루드게루스 역시 독일법에 근거해 부역과 조공을 면제받는 토지를 획득하고 재판 수입과 물레방아 운영권과 양조권을 보장받았을 것이다. 이주민들은 하인첸도르프의 주민들과 마찬가지로 이주 16년 차부터 약정된 부역과 공납의 의무를 부담했다.

'루드게루스 특허장'은 이주 모집책의 직업이 명시되어 있는 흥미로운 사례다. 이주는 대체로 주교·수도원장, 세속 귀족, 부유한 시민에 의해서 추진되었는데, 루드게루스는 수공업자였다. 브로우모프는 13세기 중반부터 직물 제조와 교역의 중심지로 급부상했다. 폴란드 북부에 독일기사단 국가의 건립과 더불어 직물 수요가 증가하자 브로우모프의 직물 수출도 본격화된 것이다. 브로우모프에서 북쪽으로 60km 떨어진 슐레지엔 스트셰곰(Strezegom)이 직물 산업으로 번창하면서 뒤늦게나마 브로우모프 지역도 직물 생산업에 뛰어들었다. 따라서 이 지역으로의 이주는 경작지 개간 외에도 제조업과 교역을 통한 경제 활동을 위함이었고 그래서 '루드게루스 특허장'도 이주의 경제적 효과를 명시했다. 이주민 대부분과 마찬가지로 루드게루스의 출신지를 파악하기 어려우나 여러 가능성이 있다. 독일 지역에서 직접 왔을 경우 혹은 직물업이 발달했던 플랑드르 지역 출신 혹은 브로우모프 인근의 슐레지엔에서 왔을 경우이다. 슐레지엔 공작 가문과 보헤미아 왕가의 결혼, 그 이후 이루어진 보헤미아-슐레지엔-신성로마제국의 정치적 연대로 서로 영토를 맞대고 있던 슐레지엔과 브로우모프의 유착 관계는 더욱 깊어졌다. 또한, 슐레지엔은 브로우모프보다 독일인들이 먼저 이주했고 직물 산업이 발달했던 곳이라 루드게루스는 슐레지엔에서 기반을 다진 부유한 시민이었을 것으로 보인다.

변경 지역에 정주했던 이주민들은 새로운 고향에 동화되었다. 이들에게는 자신이 사는 곳이 고향이었다. 이러한 변경 지역에서 발생하는 언어와 혈통의 교환에도 불구하고, 브로우모프 지역은 1945년까지 90%에 달하는 인구의 절대다수가 독일어를 사용하고 있었다. 같은 주데텐란트에 있었더라도 브르노처럼 '국경'에서 떨어진 내륙의 대도시와는 달리, 지형적으로 내부의 슬라브인들과 격리되고 오히려 '국경' 너머 독일인 정착지인 슐레지엔과 밀접한 관계에 있던 브로우모프에서는 '형질 변화'를 목격하는 것이 어렵기 때문이다. 접경인으로 살던 이들은 내지보다는 '국경' 건너편 슐레지엔과의 친연성이 더 높았다. 브로우모프의 이러한 지형적·종족적·언어적 특성은 이 지역의 지속성, 향토성, 접경적 정체성을 잘 보여준다.

이주의 원인과 목적

브로우모프 이주는 토지에 긴박되어 있었고 정착에 대한 욕구가 강한 중세 농경 사회에서도 점진적이지만 규칙적인 이주가 진행되었음을 보여준다. 서유럽 전역에서는 12세기에 인구 밀집도가 높은 지역에서부터 가난한 농민들이 개간 사업이라는 모험을 감행했다. 따라서 보헤미아 개간 이주는 독일적 '특수한 길'도 아니었고 문명화 사명이라는 인식도 부재했으며, 동유럽 학자들이 비난했던 독일 봉건 왕국의 탐욕스러운 양상을 띠지도 않았다. 서유럽의 영주들과 마찬가지로 브레브노프 수도원장도 개간이 부가 수입을 창출할 수 있으리라는 사실을 감지했던 것이다. 수도원은 이윤 추구에 강한 집착을 가지고 법적인 절차를 밟아 이주를 기획하고 질서 정연하게 추진했다. 동유럽 학자가 주장하는 '정복' 혹은 독일 학자들이 선전했던 '문명화 사업' 모두 그 허구성이 드러난다.

중세의 이주는 '이주 수용국'의 입장에서 재고찰할 필요가 있다. 브레브노프 수도원의 마르티누스 원장은 황무지에 불과했던 곳을 계획적으로 개간하고 수요를 고려한 이주 정책을 펼쳤다. 이주 특허장들이 변경지대에 외래인들을 이주하게 하여 군사력 강화를 도모했다는 점에서 이주의 군사적 목적성이나 궁극성은 더욱 뚜렷해진다. 독일인 이주 촌락들이 브로우모프를 중심으로 스테나바강을 따라 북쪽을 향해 일자형으로 진을 치고 있는 모양새였다는 사실이 이를 입증한다. 이주민들이 내부 토호 세력과 결탁할 기회와 가능성이 적었기 때문에 수도원장들은 외부로부터의 이주를 적극 장려했던 것이다.

브로우모프 이주는 강요가 아닌 더 나은 삶의 환경과 조건을 찾아 나섰던 자발적 권리 행사였다. 이주 수용국의 필요로 인해서 이주 모집책과 함께 유입된 이들은 이른바 초청 이민자였다. 그래서 초청자인 왕이나 세속 귀족·수도원장들은 이들을 공권력으로 보호했고 다양한 특권을 보장하는 특허장을 하사했다. 이렇게 해서 이주민과 초청자 사이에 끈끈한 유대 관계가 맺어지게 되었다. 이들의 안정적인 정착을 위해 초기 일정 기간 공납과 부역이 면제되었고, 촌락의 대표를 통한 자치권과 종교적 권리도 인정되면서 이주민들은 자신의 종교와 문화 정체성을 유지할 수 있었다. 이웃 슬라브인들도 외지에서 온 '독일인들'을 지배 계급에 충성하는 성실한 주민들로 인식했다.

19세기와 20세기 초반의 독일 학자들은 이주민들의 문화적 업적을 강조하면서 '문명 전파론', '문명화 사업'을 부각했다. 슬라브인들의 정치적 무능함과 낮은 경제적 자립성으로 이들은 독일 선진 문화에 흡수될 수밖에 없었다는 자문화 중심적 주장이다. 하지만 브로우모프 이주민들은 농부·수공업자·상인·광부로 구성된 평범한 사람들로, 이들에게서 우월한 '독일' 문명의 전파라는 사명감은 찾을 수 없었다. 만일 이들이 문명 전파의 임무를 수행했다면 이는 '체코인' 수도원장의 주도하에 가능했을 것이다. 또한, 이들이 주데텐란트의 경제 성장에 이바지했다면 그 혜택은 바로 이주민 자신들에게 돌아갔기에 이주는 '독일인' 이주민 자신들을 위한 자의적 선택이었다.

동방 이주가 신성로마제국이 기획한 '국가적' 차원의 정치·경제·문화적 팽창이라는 동유럽 학자들의 주장도 설득력이 없다. 보헤미아 왕실과 브레브노프 수도원의 입장에서도 독일 문화의 수입보다는 지역 경제 활성화와 군사 방어적 목적이 급선무였다. 이주 특허장 분석은 중세의 동방 이주를 가해와 피해의 흑백론적 해석 틀을 넘어서 새로운 관점에서 보게 한다.

주데텐란트와 같은 체코 변경 지역의 성장은 이주민의 개간 활동이 없었으면 불가능했었다. 이는 중세 보헤미아 왕국이 외부로부터의 이주를 통해 완성되었음을 의미한다. 13세기 후반에 발행된 브로우모프 이주 특허장들은 일종의 계약 문서로 이주민들의 정체성을 상징하는 하이마트(Heimat), 즉 고향 만들기 과정을 상세히 보여주지는 않는다. 오히려 접경 지대에 뿌리를 내린 '독일인들'의 모호하고 혼종적인 집단의식을 재평가할 수 있는 내용을 담고 있다. 고향을 의미하는 '하이마트'는 '무정형의 주제어'다. 삶을 위해 새로운 곳에 정착한 사람들은 이주 장소와의 정서적 유대감, 즉 '장소애(topophilia)'를 통해 정체성을 형성해 갔다. 이주민들의 정체성은 고정된 어떤 것이 아니라 장소에 따라 변화했고, 그래서 주데텐란트 이주민들은 수많은 장소 인식과 고향 정체성을 만들어 나갔다. 이질적이고 낯선 환경 속에서 선주민들과의 적응과 융합 정도에 따라 지역 정체성은 차별화되기도 했다.

아쉽게도 초기 이주민들의 집단 정체성이나 공동체성을 파악할 수 있는 기록물이 존재하지는 않는다. 단지 13세기부터 테우투니키(Teutunici) 혹은 투친(Tutschin)으로 사료에 등장하던 이들은 어느 정도 시간이 경과하면서 스스로 보헤미아-독일인으로 인식하기 시작했다. 특히 이곳에서 태어난 이주민 2세대의 경우에는 그러했을 것이다. 그들이 가지고 온 고유의 문화와 전통을 고수하면서도, 자신을 둘러싸고 있는 장소성에 따라 정체성은 변화하고 진화했다. 자신이 관계 맺고 있는 공간의 변화가 정체성 형성에 영향을 준 것이다. 현실적으로 귀향이 불가능했던 이주민들은 '지금 여기'에서 자신의 정체성을 추슬러 새로운 정체성을 찾아갔다.

주데텐란트가 위치한 체코·슬로바키아는 16세기부터 합스부르크 제국의 지배를 받았다. 비록 독일어가 공용어로 사용되기는 했으나, 이곳은 여전히 다중언어를 사용하는 다민족 사회가 되어가고 있었다. 독일계가 다수를 차지했던 주데텐란트는 제국과 체코·슬로바키아인들의 생존 공간을 잇는 조우와 소통의 접경 지역으로 탈바꿈했다. 그러나 제1차 세계대전 직후 체코슬로바키즘(Czechoslovakism)이라는 단일민족 사상을 바탕으로 국가가 건국되면서 주데텐란트의 접경성은 더 이상 용납될 수 없었다.

제2차 세계대전 직후 브로우모프 인구의 90%를 차지했던 독일인들은 서둘러 고향을 떠나야만 했다. 체코슬로바키아는 외세에 의해 오염된 이곳을 '정화'하기 시작했다. 이렇게 타불라 라사(tabula rasa), 즉 백지화된 상태에서 새로운 국경 건설이 시작되었다. 냉전의 시작을 알리는 또 하나의 장벽이 세워졌다. 국경 건너편에서는 추방된 실향민들이 빼앗긴 고향을 응시하며 귀향의 꿈을 버리지 못하고 한스러운 삶을 살아갔다. 이들은 철의 장막 맞은편에 '기도의 벽(Gebetswall)'으로 알려진 예배당을 세우고 순례하면서 실향의 아픔을 달래야만 했다.

13

유럽의 국경 검문소, 헝가리

1989년 여름, 헝가리는 이웃 나라인 오스트리아와의 사이에 세워져 있던 국경 철책을 철거했다. 40년간 동서 유럽을 갈랐던 '철의 장막'에 구멍이 난 것이다. 이 소식을 접한 동독 주민들은 오스트리아를 거쳐 서독으로 탈출을 시도했고, 이 사건은 같은 해 11월 9일 베를린 장벽의 붕괴로 이어졌다. 헝가리의 국경 개방은 동유럽 공산 정권의 몰락과 냉전 시대의 종언을 의미했다.

이러했던 헝가리가 오늘날에는 자신의 국경을 폐쇄하고 있다. 남부 세르비아와의 국경에 길이 175km, 높이 4m의 철책을 설치해서 발칸반도를 거쳐 유럽으로 오려는 난민들을 막으려는 목적이다. 하지만 정작 이들 대부분은 헝가리에 머물기보다 이곳을 거쳐 서유럽으로 가고자 한다. 이러한 국경 폐쇄 조치에 대해 헝가리는 "유럽연합 국가들의 안보를 튼튼히 하기 위함"이라고 주장한다. 세계에서 가장 악명 높았던 국경인 철의 장막이 걷혔던 자리에 새로운 장벽이 세워지고 있다.

오늘날 이주와 이주민 이슈는 세계적 관심과 우려를 낳는다. 다양한 이주민이 세운 국가이자 대표적인 다문화 사회인 미국조차도 트럼프 2기 행정부 시대가 시작하면서 강력한 반이민 행정 명령을 예고했다. 인류의 역사는 이주의 역사라고 하지만 이주민들의 위상은 시대와 지역에 따라 차이를 보인다. 이주의 원인도 다양해서, 초대받지 않은 불청객도 있었지만 특별한 환대를 받았던 이주민들도 있었다.

이주의 시작, 마자르족의 등장

서기 900년경, 오늘날의 헝가리 지역에 마자르인(Magyars)이 정착한다. 마자르인들은 4세기 훈족, 6세기 아바르족(Avars)처럼 유라시아 대초원 지대에서부터 먼 길을 이동한 유목민 집단이었다. 이들은 새로운 이방인으로서 모든 것을 순전히 혼자 힘으로 시작하고 해결해야만 했다.

마자르족은 페체네그(Pecheneg) 부족에 밀려서 강제적으로 연쇄 이주(chain migration)를 해야만 했다. 그렇게 해서 마르크 블로크의 표현대로 "날벼락처럼 불쑥" 유럽에 나타났다. 약탈의 역사는 헝가리 왕국의 건설과 밀접한 연관성이 있었다. 주기적이고 지속적인 약탈 행위는 동으로는 콘스탄티노플, 서로는 독일, 이탈리아 북부와 프랑스 남부, 이베리아반도까지 이어졌다. 카롤루스 제국의 분열로 나약해진 정치·군사적 상황은 이들의 지속적인 약탈을 가능케 했다.

하지만 955년 독일 남부의 레히(Lech)강 강가의 평원에서 벌어진 치열한 전투 끝에 신성로마제국의 오토 대제에게 패하면서 이들은 헝가리 지

〈헝가리인들의 도래(A magyarok bejövetele)〉, 아르파드 페스티(Árpád Feszty), 1894년 작. 헝가리인들이 서기 895년 판노니아 평원에 일어난 사건을 1000년이 지난 시점에서 기념하기 위해 그린 작품으로, 당시 이들을 이끌었던 일곱 명의 부족장들의 모습이다.

역에 정착하게 된다. 비록 전쟁 패배로 인한 반강제적 정주였지만 마자르인들의 유목민적 이동성(mobility)은 국가 형성의 기반이 되었다. 블로크의 표현대로 "말의 사육자이자 전사였고, 암말의 젖이라든가 사냥과 어로에서 획득한 것들을 먹고 살았으며", 인력, (약탈품과 노예를 포함한) 물자, 정보의 광범위한 이동에 익숙했기에 이들은 국가 형성에서 유리한 조건을 갖추고 있었다. 955년 이후 마자르인들도 바이킹과 마찬가지로 약탈 포기-정착-개종이라는 유사한 운명을 겪었다. 이렇게 해서 10세기 말에 이주민이 건설한 나라, 헝가리 왕국이 탄생한다.

다종족 이주민 국가의 탄생

우랄산맥 남쪽 기슭의 초원지대에서 시작된 이동 과정에서 피노유그릭(Finno-Ugric)족에 속하는 마자르인들과 튀르크 계열의 여러 부족들이 합세를 했다. 헝가리 지역에 정착하면서 그곳에 살고 있던 슬라브인들도 합류하면서 다종족 왕국이 탄생하게 된다. 서기 1000년경 헝가리의 초대 왕인 이슈트반(Szent István)이 당시 유럽 최강국인 신성로마제국에 경도되면서 로마가톨릭을 수용한다. 이렇게 유럽 공동체의 일원으로 받아들여지고 문화적 동질성을 확보하자 초경계적 협력과 교류가 활발해졌다.

하지만 종족적 분포만큼이나 개종 과정도 복잡하고 서로 부대껴야만 했다. 원시종교를 믿던 이주민들은 로마가톨릭교회와 남쪽에서 유입되었던 비잔티움 정교를 새롭게 접하게 되고, 결국 세 종교(원시종교-로마가톨릭교회-비잔티움 정교)가 공존하는 모습을 보였다. 이렇게 중세 헝가리는 다종교적 접경 지역이 되었다. 16세기부터 오스만튀르크 제국의 지배를 받으면서 이슬람이 유입되자 종교적 접경성은 더욱 강화되었다. 이슈트반의 그리스도교로의 개종 이후에도 비잔티움 정교의 영향력이 사라진 것도 아니었다. 13세기에 비잔티움 제국과의 관계가 악화될 때까지 정교 수도원은 존속했고 두 왕실 사이의 외교와 혼인 관계도 돈독했다. 이처럼 아슬아슬한 외교적 줄타기와 냉철한 계산에 입각한 실리적 대응은 접경 국가의 또 다른 특징이기도 하다.

중세 헝가리의 역사는 이주의 역사라 불릴 정도로 적극적인 이주 정책이 진행되었다. 정착 이후에 동쪽에서 유입된 무슬림, 유대인, 불가리아인, 쿠만인(Cuman)을 적극적으로 유입하는 정책을 활용했다. 이들은 콘스탄티노플, 키예프와의 교역을 주도하였고 군사적인 임무도 담당했다. 여전히 유목민들이 동부 국경을 침략하자 이를 막기 위해서 독일기사단과 구호기사단(Hospitallers)을 끌어들이는 이이제이의 방법을 썼다. 명분과 실리의 균형을 유지하면서 이합집산을 하는 목적추구형 현실 정치는 다양한 이해관계가 충돌하는 접경 지역의 일상이기도 했다.

무엇보다도 서유럽과 동유럽을 연결하는, 신성로마제국과 헝가리-키예프 무역로가 새롭게 조성되면서 원거리 무역을 담당하는 유대인과 무슬림 상인들의 방문과 정착이 잦아졌다. 신흥 이주민 왕국인 헝가리에게 이들로부터 거두어들이는 조세 수입은 국가 건설에 필수불가결한 재원이었다. 문명의 용광로였던 이베리아반도에서 주조된 문화적 번영에 버금갈 정도는 아니었지만, 이주민들의 경제-군사적 역할은 국가 발전에 기여한 바가 컸다.

"더 많은 외국인을 이주시켜라!"

이슈트반 왕은 헝가리 왕국을 세운 초대 국왕이자, 헝가리에 그리스도교를 전파해 훗날 성인으로 추대되었다. 부다페스트에는 그를 기리는 '슈테판 성당'이 있고 그의 동상도 곳곳에서 볼 수 있다. 그가 자신의 아들을 위해 작성한 「십훈(Libellus de institutione morum)」은 '이주자들의 환대와 대우'를 왕이 지켜야 할 10개의 덕목 중 하나로 꼽았다. 여러 지역 출신의 이주자들은 다양한 언어·습성·학식·군사기술 등으로 왕국과 왕실을 이롭게 하고, 반면에 단일 언어와 풍습을 가진 왕국은 오히려 나약하고 쉽게 쇠락할 수 있으니 이주민들이 왕국에 머물도록 후하게 대접하고 합당한 직책을 부여할 것을 권고한다. 그러면서 이주자들을 현지인과 동등하게 보살피라는 당부의 말도 잊지 않았다. 외국인 차별 금지는 헝가리 왕국의 건국이념이었다.

이방인에 대한 왕의 당부는 측은지심과도 같으나 유목사회의 정치구조 속에서 왕권 강화를 위해 서유럽, 특히 신성로마제국의 지원이 절실했을 때 건네졌다. 실제로 이슈트반 자신도 신성로마제국 출신의 '이주민' 아내를 맞이했으며, 당시의 이주민들은 그녀와 함께 학문과 군사기술을 보유하고 헝가리로 이주한 기사와 성직자들, 즉 군사와 종교 분야의 전문가들이었다. 이처럼 중세 헝가리 왕들은 종교적·종족적 출신에 개의치 않고 모든 이주민은 동일하게 대우하는 관용 정책을 펼쳤다.

왕은 더 많은 이주민들을 모으고 이주를 장려하고자 "친애하는 이주자들"에게 법률적·경제적·종교적 자치권을 인정하는 특허장을 발행했고, 헝가리는 "다양한 인종의 사람들이 모여든 왕국(regno tuo diversarum nationum conventus)"의 대표적인 사례로 칭송되었다. 통치자들은 이주를 통해서 국경 방어, 미개간지와 산림지대 경작, 동시에 왕권이 상대적으로 미약했던 지역 내 토착 귀족에 대한 세력 견제를 의도했다. 이러한 이유로 왕국의 주변부인 북동, 남서, 남동 지역의 국경 수비, 광산, 교역 거점지의 이주자들에게 집중적으로 특허장이 발행되었다. 이민자들을 끌어들여 변경 지역의 경제와 국방을 튼튼히 하려는 이민 실변(實邊) 정책은 노동력 확보와 국방 강화를 목적으로 하는 국가 부흥 정책이었다.

국가에 헌신했던 이주민들

중세 헝가리 왕실이 이주민에게 하사한 특허장은 이주 수용국의 계획적이고 선별적인 이주 정책을 고찰할 수 있는 중요한 사료다. 외래인 이주가 왕실의 경제적 이득을 넘어 지방 귀족 세력에 대한 견제 그리고 왕권 강화와 대내외적 안정을 꾀하는 정책의 일환이었음을 보여준다. 이는 1871년부터 독일 제2제국이 추진했던 폴란드의 독일화 정책과는 사뭇 다른 모습이다. 당시에는 프로이센의 중앙정부가 많은 특혜와 지원금을 주며 동부 국경지대로 독일인들의 이주를 적극 장려했다면, 중세 헝가리와 보헤미아(2부 12장 참조)에서는 이주 수용국이 이주민의 모집을 주도했다.

이주민 특허장이 부여된 지역이 왕국의 중심부가 아니라 주변부였다는 사실은 국경지대의 방위가 이주 정책의 또 다른 목적이었음을 시사한다. 부족한 인력으로는 자주국방이 불가능하다는 현실적인 판단에 따라 계획적인 이민 정책은 최선의 방안이었다. 결과적으로, 이주민 집단은 유사시에 전투에 참여하면서 공동체의 일원으로서 소속감과 자부심을 느꼈다. 고향은 주체(主體)가 정립되는 곳이다.

공동체의 대표를 선출할 수 있는 정치적 자치권, 경제적 면책 특권, 종교적 자유를 보장한 특허장은 왕과 이주자 간의 권리와 의무를 규정했지만, 이주민을 단순한 통치의 대상이 아니라 국가 운영의 협력자로 자리매김했다. 이주민들은 신민(concives)으로서 현지인뿐 아니라 여타 지역에서 유입된 여러 인종의 주민들과 잡거와 공존을 하면서 헝가리 왕국의 주민으로서 살아갔다. 때로는 별도의 주거지역에서 독립적으로 때로는 독일, 헝가리, 슬라브인 등 여러 지역 출신의 이주자들이 공동으로 거주하면서(commorantibus), 헝가리 왕국의 인종적 혼종과 잡거라는 흥미로운 모습이 연출되었다. 이주민들은 출신지와 상관없이 모두에게 부여된 동일한 특권을 향유하면서 공생했다. 종족과 문화 다양성을 지키면서 원주민과 이주민이 공동의 목표를 향해 함께 사는 시대가 도래한 것이다. 19세기에나 볼 수 있었던 원주민의 저항이나 민족 갈등은 표출되지 않았다. 비스마르크(Otto von Bismarck)가 폴란드 점령지에서 기획했던 '토지의 독일화(Germanisierung des Bodens)'와 같은 정책도 역시 시도되지 않았다.

역사의 가르침을 외면한 지도자

"혼혈 국가는 국가가 아니다." 오르반 빅토르(Orbán Viktor) 현임 헝가리 총리가 2022년 여름 열린 한 정치 집회에서 인종 차별적 발언을 한 사실이 알려지자 국내외 언론과 정치인들은 그를 거세게 비난했다. 오르반 총리가 이런 말을 한 의도는 2015년부터 시리아 난민들이 유럽에 몰려들어 유럽인이 비유럽인과 뒤섞여 살게 됐다면서 단일 민족인 헝가리인은 혼혈이 되고 싶지 않다는 것이었다.

1998년 서른다섯 살이라는 비교적 젊은 나이에 총리 자리에 오른 오르반은 2010년 재집권한 뒤 모두 5회에 걸쳐 헝가리 총리직을 유지하고 있다. 사실 그는 20대부터 정치 일선에서 활동했다. 1963년생인 그는 동유럽 민주주의 혁명이 일어난 1989년 20만 군중 앞에서 소련군 철수와 자유 선거를 요구하는 연설로 유명해진 '민주 투사'였다. 그러던 그가 2010년 자국의 이익을 최우선으로 하는 우파 민족주의자로 180도 변신했다. 서구

민주주의와 자유주의의 열렬한 신봉자로 헝가리를 유럽연합과 나토(북대서양조약기구, NATO)에 가입시키려고 노력했던 그가 극단적 민족주의 노선을 걷기 시작한 것이다. 대외적으로는 친서방 일변도의 기존 노선에서 벗어나 러시아, 중국 등과 손을 잡는 이른바 '동방 정책(Eastern Opening)'을 추진했다. 유럽연합에서 지급되는 보조금의 중요성을 알기에 '휴식트(Huxit)'(헝가리의 유럽연합 탈퇴)는 없을 것으로 보이지만, 동양과 서양의 선착장을 오가는 왕복선과 같은 외교 정책은 지속될 전망이다.

가스 80%와 석유 65%를 러시아에서 수입하며 중국의 자본 투자를 절실히 기대하는 상황에서 오르반 총리는 당분간 서방과 어느 정도는 거리를 두며 친중·친러 행보를 계속할 것이다. 이는 강대국 세력들이 맞부딪치는 헝가리의 지정학적 위험 요인과 기회 요인을 '중간국 외교 전략'으로 관리하면서 자국 이익을 극대화하려는 실용 노선으로 풀이할 수 있다.

오르반 총리는 "헝가리는 서방의 진보적 자유주의를 추구하는 대신 러시아나 중국 같은 국가를 모델로 삼아 나아가야 한다"라면서 서구의 영향력에서 벗어나고자 노력하고 있다. 서구, 러시아, 중국이 유라시아 중부 지역에서 벌이는 '뉴 그레이트 게임(New Great Game)' 속에서 오르반 총리가 보여준 이러한 균형 정책에 헝가리 유권자들은 기꺼이 표를 던졌다. 그러나 자국의 이익만 극대화하려는 오르반 총리는 '이주민 환대'라는 건국 아버지 이슈트반 1세의 유언을 망각한 나머지 주변 국가로부터 인종주의자라는 비난을 받고 있다.

14

영원한 국경, 우크라이나

    우크라이나의 영광과 자유는 무너지지 않으리라
    형제들이여, 운명은 그대들에게 미소짓고 있도다
    우리의 적들은 아침 태양의 이슬처럼 사라지리라
    그리고 우리는 형제의 땅에 자유롭게 살게 되리라
    (후렴)
    우리의 자유를 위하여 우리의 몸과 영혼을 희생하자
    그리고 우리는 코자크족의 피를 이어받은 형제임을 보여주리라

우크라이나 국가는 "우리는 코자크족의 피를 이어받은 형제임을 보여주리라"로 끝난다. 이처럼 오늘날에도 우크라이나인들은 자신들을 용맹한 기마족 코자크의 후예인 것을 자랑스럽게 생각한다. 예전에 〈대장 부리바(Taras Bulba)〉라는 이름으로 상영되었던 영화는 16세기 우크라이나 코자크들의 삶을 보여주는데, 1835년에 니콜라이 고골(Nikolai Gogol)이

쓴 『타라스 불바』가 그 원작이다. 고골 자신은 러시아가 자랑하는 문호이지만 우크라이나 태생으로 코자크계의 조상을 두어서 그에게는 코자크의 피가 흐르고 있었다고 한다. 코자크에 심취해 있었던 고골이 쓴 『타라스 불바』는 우크라이나 지역에 정주했던 코자크, 즉 자포로지예(Zaporozh'e) 코자크들을 배경으로 한다.

영원한 접경, 우크라이나

우크라이나는 9세기에 바이킹인들이 현지 슬라브인들과 함께 건설한 나라다. '우크라이나'라는 말은 동슬라브어 우(U: 인근)와 크라이나(kraina: 변경)의 합성어로 '변경·접경지대(borderlands)'라는 의미다. 우크라이나 지역은 선사시대부터 동서 교통로의 중심에 있었다. 스키티아족, 게르만족, 훈족, 아바르족 모두 이곳을 거점으로 유라시아의 초원지대를 넘나들었다. 국명에서부터 지정학적 특징이 드러나듯이, 우크라이나는 역사적으로 독립된 국가 형태를 길게 유지한 적이 별로 없다. 우크라이나의 초기 역사는 국경지대에서 독립적인 국가를 성립하는 것이 쉽지 않음을 방증한다.

우크라이나 수도 키이우에는 비잔티움 정교의 성인인 올가(Olga Kyivska)의 하얀색 대리석 동상이 서 있다. 오늘날의 우크라이나, 벨라루스, 러시아 일대에는 북쪽의 발트해에서 도래한 바이킹들이 현지 슬라브족들과 함께 882년 키예프 루스 공국을 건립했다. 945년 공국의 제2대 통치자 이고리 1세(Igor I)가 죽자 그의 아내 올가가 어린 아들을 대신해서 섭정했다. 남편의 급작스러운 사망으로 국정을 총괄하게 된 올가는 자신의 정치적 판단이 어느 때보다 중요해진 상황에서 신흥 국가의 취약점을 보완하려고 외세에 의존하는 전략을 택했다. 당대 최고 강대국이었던 비잔티움 제국의 힘을 빌리고자 토착 신앙을 포기하고 직접 콘스탄티노플로 가서 비잔티움 정교 세례를 받기로 한 것이다. 957년 올가의 개종은 키이우에 비잔티움 정교가 전파되는 계기가 됐고, 그의 손자인 블라디미르 1세(Vladimir I)는 정교회를 국교로 선언했다.

그러나 비잔티움 제국의 황제가 올가와 결혼해 비잔티움 제국의 영향력을 넓히려고 적극적인 구애 전략을 펼치자 올가에게는 이에 대항할 방안이 절실해졌다. 그래서 올가는 비잔티움 제국에 편향된 의존도를 낮추고자 좀 더 균형 잡힌 외교 전략을 모색했다. 올가는 당시 새롭게 부상하던 서유럽의 신흥 강국 독일 왕국에 사절단을 파견했고(959), 이들을 접견한 독일의 왕 오토 1세는 키이우에 심복인 아달베르트(Adalbert von Magdeburg)를 보낸다. 하지만 비잔티움 제국의 견제와 키예프 루스 공국 내부의 반발로 아달베르트는 도망치듯 키이우를 떠나야 했다. 그 이후 1000년이 지난 지금 이와 유사한 일이 우크라이나에서 다시 벌어지고 있다. 우크라이나가 러시아의 영향권에서 벗어나려고 서방의 나토로부터 지원을 받고자 했으나 오히려 러시아의 공세적 정책을 불러오는 결과가 됐기 때문이다. 강대국 사이에 '끼인 국가'인 지정학적 중추국(pivot state) 우크라이나는 자국 문제를 해결하려고 외세(유럽연합과 나토)에 지나치게 의존함으로써 또 다른 외세(러시아)가 개입하는 빌미를 준 것이다.

하지만 이민족인 바이킹인들이 세웠던 키예프 루스 공국은 13세기 몽골의 침략으로 멸망했다. 몽골의 침략 이후에도 리투아니아 공국의 지배를 받으면서 이민족의 지배 아래에 있었다. 1569년부터는 폴란드의 영향권으로 편입하게 되면서 국제 정세에 따라 이리저리 귀속되었다. 이처럼 우크라이나 역사의 대부분은 주변 강력한 세력들의 침략과 지배를 받았다. 러시아의 로마노프(1613~1917), 튀르키예의 오스만(1299~1922), 오스트리아의 합스부르크(1282~1918), 프로이센의 호엔촐레른(1701~1918) 왕조가 강력한 근대 국가를 형성하던 시기에 이들의 사이에 낀 우크라이나는 대외적으로는 독립과, 내부적으로는 민족국가 형성을 위해 고군분투해야만 했다. 이러한 노력에도 불구하고 16~18세기에는 폴란드와 리투아니아가 우크라이나 대부분을 정복했고, 19세기에는 합스부르크 제국과 러시아 제국이 현재의 우크라이나 서부와 동부를 각각 분할 점령하게 된다. 그나마 신생 독립국 우크라이나 인민 공화국도 불과 몇 년 만에 소멸했고, 결국 1922년에 서쪽은 폴란드, 동쪽은 소련의 영토가 되었다.

서유럽과 러시아의 경계에 있는 지정학적 특수성으로 우크라이나의 역사는 러시아의 영향을 받는 동부와 서유럽의 영향권에 있던 서부로 분리된 채 전개되었다. 수백 년간의 종족적·문화적·종교적 이질감은 우크라이나인으로서의 정체성을 모호하게 만들었다. 동서의 차이를 극복하지 못하고 완전한 민족국가를 형성하는 데 실패한 것이다. 1991년 소련 해체와 더불어 독립한 우크라이나의 최대 문제점이자 과제는 여전히 동과 서의 대립과 갈등이다.

코자크의 부활

외세의 식민 지배를 받았던 19세기의 우크라이나 지식인들은 자신들의 민족이, 오늘날의 우크라이나 국가에서 잘 드러나듯이, 자유로운 코자크(러시아어로는 카자크, 우크라이나어로는 코자크)의 후예임을 강조하기 시작했다. 코자크들을 우크라이나 역사의 핵심으로 보고, 우크라이나 역사의 뿌리를 코자크 역사에서 찾고자 했다. 코자크가 민족 정체성을 수호해 온 핵심 집단이며 우크라이나 인민들을 결집하는 민족 정체성으로 부활한 것이다.

코자크라는 말 자체가 자유를 의미했을 정도로 이들은 러시아 남부와 우크라이나 일대를 자유롭게 넘나들던 초경계적 전사 집단이었다. 제정러시아 시대에는 돈(Don)강 유역의 코자크 기마대가 시베리아와 극동의 연해주까지 러시아 영토 팽창의 전위부대로 활동하기도 했다. 1860년대 이후에는 수십 명의 코자크들이 두만강을 넘어 함경북도 지역까지 와서 교역을 요구했을 정도이다. 이처럼 유라시아 대평원의 초원길을 돌아다니던 코자크들 중 일부가 16세기 후반부터 우크라이나 드네프르강 연안의 자포로지예라는 변경지대에 정주했다. 자포로지예의 자(Za-)는 동슬라브어로 '너머'를 의미하는 전치사이며, 포로그(Porog)는 물살이 빠른 '급류'를 의미한다.

드네프르강 '급류 너머' 변경지대의 접근하기 어려운 오지에 정착한 코자크들은 폴란드-리투아니아가 진행했던 농노화에 저항하고 탈출한 농노들과 합세해 농민전사 국가인 코자크의 헤트만(Hetman)을 형성했다. 이른바 강대국들의 사이 공간, 즉 접경지대에서 새로운 정치 체제가 등장

〈자포로지예 코자크의 답변(Zaporozhtsi pyshut' lysta turets'komu sultanovi)〉. 일리야 레핀(Ilya Repin), 1891년 작.

한 것이다.

두 왕국이 결합하면서 동유럽의 초강대국으로 등장한 폴란드-리투아니아 연방이 코자크들을 차별 대우하고, 정교 신자인 그들을 가톨릭으로 개종시키려 들자 코자크들이 봉기를 일으켰다. 그러나 혼자의 힘만으로는 역부족임을 절감하고 동쪽의 모스크바 공국에 도움을 청한다. 후대의 우크라이나 역사가들은 독실한 정교 신자이자 슬라브인들이었던 코자크족이 자신들의 자유와 종교문화적 순수성을 지키고자 1654년에 러시아의 차르와 '동등한' 자격으로 협정(페레야슬라프 조약)을 맺었다고 주장한다.

그러나 유목민 집단이 그러하듯이 우크라이나에 정주한 코자크들 역시 다종족적 집단이었다. 19세기 이후 우크라이나 역사가들의 주장처럼 순전히 슬라브인들로만 구성되지 않았다. 따라서 이들이 정교를 신봉하고 우크라이나어만을 사용했던 우크라이나의 수호자였음을 주장하는 것은 역사의 지나친 단순화다. 19세기 후반에 자포로지예 코자크를 그린 작품을 보면 이들의 외모에서 출신지가 다양한 집단이었음을 알 수 있다. 이들이 입고 있는 옷 모양 역시 다양했는데, 이는 이들의 전통 복장일 수도 있고 아니면 이들이 노략질했던 장소가 여러 곳이었음을 암시하는 것일 수도 있다. 사실 이들은 폭력적인 약탈자였고 보수만 적당하면 누구에게나 봉사했던 용병들과 같았다. 1621년 우크라이나 서남부에 있는 호틴(Khotyn)에서 벌어진 전투에서 코자크 전사들은 폴란드-리투아니아 연방과 함께 오스만-타타르 군대에 대항해서 싸우기도 했다. 이 전투에 12개 연대로 구성된 4만 명에 달하는 코자크 군대가 참여했다. 반대로 자포로지예 코자크들은 크림반도의 타타르인들과 협력해서 폴란드 영토를 침략하고 포로로 데려온 이들을 노예로 팔기도 했다. 1500~1700년 사이에 러시아와 폴란드-리투아니아 지역에서만 200만 명 이상의 사람들이 노예로 잡혀왔다고 한다.

코자크 사회를 보는 시선은 상이하다. 혹자는 자유·평등·민주를 추구했던 집단이라 했고 혹자는 약탈을 일삼는 도적 무리로 보았다. 하지만 확실한 것은 이들이 중심에서 떨어진 주변에서 성장했다는 사실이다. 다종다양한 문화와 가치가 경쟁하고 공명하는 접경지대에서 경계인으로 살았던 이들은 권력의 틈바구니에서 조우·저항·교섭·변용의 모습들을 보여주었다. 이들은 변경지대였던 우크라이나의 드네프르강 '급류 너머' 오지를 변화와 역동의 공간으로 만들었다. 하지만 19세기의 우크라이나 민족주의자들이 다종족적이고 다문화적이었던 코자크의 혼종적 공간을 민족사의 프리즘으로 해석하면서, 정교와 슬라브 정체성이라는 단일 색으로 채색하기 시작했다.

　코자크들이 거주했던 자포로지예 지역은 전쟁과 상호 의존, 편견과 실용주의, 배제와 관용이 뒤엉킨 역사의 공간이기도 했다. 이곳은 종족적 증오가 판을 치는 공간인 동시에 실용주의와 현실주의가 발아하고 성장하는 접경지대였다. 이곳의 주민들은 이성과 광기를 끊임없이 실험하면서 현실과 타협해 나갔다.

　우크라이나는 역사적으로나 문화적으로 변경·접경지대의 일반적인 특징을 보여왔다. 즉, 다중적 주체들이 교차적으로 서로 얽혀 있는 삶, 러시아어와 우크라이나어의 이중 언어 사용, 로마가톨릭교회와 정교의 공존과 같은 종교와 문화적 다양성, 코자크 집단이 보여준 정치적 합종연횡과 이합집산, 외세에 대한 저항과 경계들에 따라 형성된 다양한 가치들이 하나로 수렴되는 현상이 바로 그것이다. 경계의 모호함이 종식되고 여백이 없어지는 순간 그곳은 더 이상 사이 공간이 아니다. 경계지대는 빨강, 파랑, 노랑의 삼원색이 혼합된 회색지대로, 양자택일의 논리로부터 벗어난 균형감각이 살아 있는 반성적 평형, '두터운' 정체성과 가치들 사이에서 공공선을 추구하는 중첩적 합의가 이루어지는 곳이다. 따라서 다원주의가 배척될 때 공존과 포용의 공간인 경계지대는 소멸된다.

　1991년 소련 해체와 더불어 독립한 우크라이나에는 여전히 동부 지역과 서부 지역의 대립과 갈등이 심하다. 이 신흥 국가에서 진행되었던 지난 30년간 역대 대통령 선거에서 동과 서가 번갈아 권력을 잡으면서 동부와 서부 지역의 힘의 균형은 아슬아슬하게 유지되고 있다. 영원한 접경 국가인 우크라이나는 특정 강대국에 치우치는 선택을 하지 말고 동서로 분단된 자국이 협력적으로 공존하는 방안을 모색해야 할 것이다. 그들이 자랑스럽게 생각하는 코자크처럼 가변적인 상황 속에서도 다중적 정체성에 혼란을 느끼지 않았으면 한다. 우크라이나 지역 출신의 니콜라이 고골 역시 서유럽과 러시아, 우크라이나와 러시아라는 중심과 주변의 경계에서 유목민적 삶을 살면서 자신의 정체성을 다져나갔기 때문에 러시아의 대문호가 될 수 있었던 것이다.

2022년 2월 발생한 우크라이나 전쟁은 여러 해가 지났지만 아직도 그 끝이 쉽게 보이지 않는다. 양측에서 수십만 명의 사상자가 생겼고, 전쟁을 피해 국경 너머 다른 국가로 간 우크라이나 난민이 800만 명에 이르며, 이 중 86%는 여성과 어린아이들이다. 우크라이나를 벗어나지 않았지만 고향을 떠난 실향민도 650만여 명에 달한다. 총 1450만여 명이 객지에서 떠도는 신세가 됐다. 무엇보다도 이 전쟁은 제2차 세계대전 이후 유럽 내에서 처음으로 일어난 침략 전쟁이기에 전 세계의 이목이 집중되고 있다.

우크라이나 동부 돈바스 지역을 점령한 러시아는 쉽게 이 지역을 포기하지 않을 것 같다. 서부 우크라이나 사람들은 우크라이나어를 사용하지만, 러시아와 국경을 접한 동부는 대부분 러시아어를 공용어로 사용하고 정교 신자가 압도적으로 많다. 남한의 절반 정도 크기인 돈바스 지역은 우크라이나 전체 국토(60만 km²)의 9% 규모이고 인구는 620만 명으로 인구의 7%를 차지한다.

2010년 우크라이나 대통령 선거에서 친러 성향의 빅토르 야누코비치(Viktor Yanukovych)가 동부 지역에서 절대다수 표를 획득하면서 승리했다. 1991년 소련 해체와 더불어 독립한 우크라이나의 최대 문제점이자 과제는 여전히 동과 서의 대립과 갈등이다. 지난 30년간 역대 대통령 선거에서 '동'과 '서'가 번갈아 권력을 잡으면서 정치권의 동-서 힘의 균형은 아슬아슬했다.

 러시아가 이 지역을 놓치지 않으려는 이유는 무엇보다도 이곳이 러시아와 국경을 접하고 있는 국경지대이기 때문이다. 이러한 이유로 인접 국가인 우크라이나가 나토 가입 논의를 본격화하자 러시아가 강력히 반발하고 나선 것이다. 러시아가 돈바스 지역을 원하는 경제적인 이유도 있다. 돈바스는 석탄 탄광과 철강공장 등이 밀집해 있는 중공업 지역이기 때문이다. 돈바스라는 지명도 이곳을 흐르는 도네츠강과 석탄 분지라는 단어들이 축약된 혼성어다. 전략적으로도 이곳은 2014년에 러시아가 강제 병합한 크림반도를 연결하는 랜드브리지(land bridge)이기 때문에 더욱 중요하다.

쉬망플랜

따라서 돈바스를 우크라이나 혹은 러시아 중 누가 차지하더라도 상대방은 지속적으로 헛통증 또는 환상 통증인 팬텀 페인(phantom pain)에 시달릴 것이다. 이는 신체 부위가 더 이상 존재하지 않는 상태임에도 아직 있는 것처럼 느껴지고 통증을 경험하는 것을 말한다. 많은 나라들이 전쟁으로 국토를 빼앗긴 뒤에 영토 상실 환상 통증에 시달려 왔다. 그 대표적인 사례가 독일과 프랑스의 국경지대에 위치한 알자스로렌이다(1부 4장, 5장 참조).

 제2차 세계대전은 전 세계적으로 약 5500만 명의 사망자를 초래했다. 쉬망플랜은 이처럼 전후 절망적인 상황에 놓인 유럽을 위기로부터 구원하는 해결책이었다. 유럽의 철과 석탄의 주요 산지는 프랑스·벨기에·독일의 국경지대에 밀집되어 있었다. 독일의 루르·자르 지방, 프랑스의 알자스로렌 지방, 벨기에의 양질의 풍부한 석탄과 철광산은 유럽 산업화의 원동력이자 전쟁의 목적이 되었다. 동시에 이들이 있었기에 전쟁이 가능했다.

그래서 제2차 세계대전 이후 전쟁을 억제하기 위해서는 석탄과 철의 매장지이자 산업의 삼각지대(industrial triangle)인 국경 지역을 공동으로 감시하고 통제해야만 한다는 인식이 대두되었다. 당시 프랑스의 외무부 장관이었던 로베르 쉬망의 제안은 유럽의 석탄 철강산업을 통합적으로 관리하는 초국가주의적(supranationalism) 모델이었다. 이것이 프랑스와 독일에서 생산되는 석탄과 철을 하나의 조직에 의해 통합해서 공동관리하자는 쉬망 선언(Schuman Declaration)으로, 프랑스·서독·이탈리아·베네룩스 3국(벨기에·네덜란드·룩셈부르크)이 가입했다.

이렇게 해서 1951년에 유럽석탄철강공동체가 탄생했다. 오랫동안 전쟁의 목적이자 수단이었던 석탄과 철강을 초국가적·범유럽적으로 통제하여, 자원에 대한 국가 간 갈등을 화해와 협력으로 승화시킨 것이다. 2002년까지 존속하면서 자원협력의 새로운 상생의 길을 마련했던 ECSC는 훗날 유럽연합의 탄생에 주춧돌이 되었다. 경제적 통합이 정치와 안보의 통합을 이끌어낸 것이다. 이는 곧 지역 내 군사적 긴장을 완화했음을 의미한다.

새로운 유형의 초국가적 에너지 협력 기구였던 ECSC는 회원국으로부터 이양받은 기능을 융합해 회원국 공동의 이익을 위해 정책을 입안하고 실행했다. 이는 서유럽의 국경지대에 산재해 있던 자원을 공동으로 관리하려는 국경 정책의 일환이었다. ECSC의 제안자인 쉬망 자신도 룩셈부르크 출신의 어머니와 엘자스-로트링겐 출신의 독일인 아버지 사이에서 태어났다. 그가 태어난 룩셈부르크 자체가 프랑스-독일-벨기에로 둘러싸인 접경지대였다. 제1차 세계대전에서는 독일군으로 복무했으나 이후 프랑스에 귀화했고 종전 이후 프랑스로 편입된 로렌에서 법률가로 활동했다. 그의 이러한 다국적·접경적 배경이 그를 유럽통합주의자로 만들었던 것이다.

돈바스, 제2의 알자스로렌?

러시아-우크라이나 전쟁은 동유럽에서 분노와 증오의 블랙홀이 되었다. 분쟁의 공간이었던 알자스로렌이 화합의 공간으로 변하는 데 한 세기의 시간이 필요했다. 독일과 프랑스가 자국 언어를 사용하라고 강요했던 알자스로렌 지역의 중심 도시는 스트라스부르로, 지금은 여기서 독일과 프랑스 합작 공영방송 아르테(ARTE)가 운영되고 있다. 1992년부터 주로 예술·영화·역사·시사 등 문화 콘텐츠를 제작해 동일한 프로그램을 독일어와 프랑스어로 동시에 송출한다. 그야말로 격세지감이 들지 않을 수 없다. 지난 두 세기 동안 서로 원수처럼 여겼던 두 국가가 협력해 공영방송 설립이라는 유례없는 시도를 할 정도로 신뢰하는 동반자가 된 것이다. 양국은 줄곧 서로에게 최대 교역 파트너 가운데 하나이기도 했다.

하지만 독일과 프랑스는 두 나라 사이에 위치한 국경지대인 알자스로렌을 두고 무력 분쟁을 벌였고 네 번에 걸쳐 영유권이 변경되었다. 동일한 아픔의 역사를 반복하지 않으려면 러시아와 우크라이나는 국경지대를 공공재(public goods) 혹은 공동자원(commons)으로 생각하고 상생의 길을 모색해야 할 것이다. 이를 위해서는 ECSC와 같이 초국가적인 공동체적 관리 기구를 구성해서 돈바스 지역과 그곳의 자원을 함께 자치 관리하는 방법도 고려해 볼 만하다. 아홉 명으로 구성된 ECSC의 최고 의사결정기구인 고등관리청(High Authority)은 회원국 정부로부터 독립적인 지위를 가지며, 자율성을 바탕으로 공동체 전체의 이익을 도모했다. 초국적 형태의 고등관리청은 공동체 회원국들에 대한 감시와 제재를 통해 석탄과 철이라는 공동자원을 효율적으로 관리했던 것이다.

호혜성에 바탕을 둔 이러한 집합행동(collective action)은 타인과의 협력이 자신에게도 유리함을 전제로 한다. 영국의 지식인 버트런드 러셀(Bertrand Russell)은 "인류를 구원할 것은 협력이다"라고 했다. 우크라이나 전쟁이 어떻게 종식될지 예측하기 어렵지만 언젠가는 끝날 것이다. 최근 우크라이나 측이 러시아 국경에 접한 돈바스 지역에 폭 100~200km의 비무장지대(DMZ) 설치를 제안한 바 있다. 우크라이나와 러시아는 비극을 더욱 증폭하지 않으려는 다양한 방법을 고민해야 할 것이다. 국경지대의 자원을 공동관리하였던 ECSC의 사례를 준용해 검토하는 것도 사태 해결의 실마리가 될 수 있으리라고 생각한다.

3부

북유럽과 발트해

유럽의 남과 북에는 지중해와 발트해라는 내해가 있다. 이들은 호수와 같아 보이지만 육지로 둘러싸여 있고 좁은 해협으로 다른 바다와 연결된 바다다. 북유럽의 발트해는 그 규모나 모양새에서 대서양이나 인도양 등의 대양과 비교해 보면 '갇힌 바다' 정도로 보일 수 있지만, 이곳은 수많은 땅과 사람들을 아우르면서 보듬고 키워준 '유럽의 어머니' 같은 존재다.

발트해는 지리적으로 스웨덴·덴마크·독일·폴란드·러시아·핀란드 등에 빙 둘러싸여 있다. 해협을 통해 북해, 대서양과 연결되어 있고 교역을 통해서 대서양 너머 아메리카 대륙과도 밀접한 관련을 맺는다. 그래서 발트해는 역사적으로 '개방과 폐쇄, 포용과 배제, 공포와 갈망 사이의 아슬아슬한 균형'을 유지하면서도 어머니가 아이를 너그럽게 감싸는 듯한 포용의 바다다. 폭력의 시대에 타자를 포용하고 환대하는 초국경적 코스모폴리타니즘의 귀환을 기다린다. 초경계적 연대의식과 지역 협력을 바탕으로 한 한자(Hansa) 무역 동맹은 발트해 전역에 사회·교역·정보 네트워크를 형성하면서 이곳을 국경 없는 바다로 만든 바 있다.

스웨덴과 핀란드가 중립 정책을 유지하면서 20세기 후반 동서 냉전이 절정에 달했을 때도 발트해의 세력 균형, 이른바 노르딕 밸런스(Nordic Balance)는 유지될 수 있었다. 하지만 2022년 러시아의 우크라이나 침공 이후, 중립 노선을 지키던 스웨덴과 핀란드가 NATO 가입을 신청하면서 러시아를 제외한 발트해 연안 8국 모두가 NATO 회원국이 되어 'NATO의 내해'로 변해가는 모양새다. 이제 러시아는 NATO 울타리에 갇히는 사면초가가 된 것이다. 이러한 지정학적 변화로 인해 발트해 지역은 서방 대 러시아의 경계가 다시 생기고 '신'냉전 상태로 치닫는 듯하다.

15

초경계적 디아스포라, 발트해

경계 넘기

역사적으로 발트해는 다양한 인종과 전통이 공존했던 문화유산의 보고이자 문명을 실어 나르는 해상 고속도로였다. 이런 이유로 발트해는 또 다른 지중해로 불리기도 한다. 로마 제국의 경계를 넘어(Border Crossing) 이주했던 게르만족도 본래 발트해 연안에 거주했다. 그래서 로마 제정 초기의 역사가 타키투스는 게르만족의 분파인 수에비족이 살았던 지역이라는 의미에서 발트해를 '수에비인들의 바다(Mare Suebicum)'라고 부르기도 했다. 이곳에 살던 게르만족들은 '발트해의 보석'이라 불리던 호박(Amber), 철, 인력(용병과 노예)을 로마인들에게 공급하면서 발트해로부터 로마 제국으로 이주할 수 있는 기회를 얻는다.

저개발 지역에서 시작된 게르만족의 이주는 선진국 로마 제국이 추구했던 정치권력과 상품 시장 확대라는 세계화 전략의 큰 테두리 안에서 그

원인을 찾아야 할 것이다. 발트해는 '인류의 어머니'라 불릴 정도로 연안의 인구가 지속적으로 늘어났고, 이미 기원전부터 서서히 남하를 시작한 게르만족은 발트해에서부터 흑해에 이르는 지역에 분포해 있었다. 로마 제국은 국경지대에 살고 있는 친로마적 게르만족에게는 다양한 물질적 혜택과 교역 특권 그리고 선택적 이주를 허락했는데, 이는 게르만 세계에 부의 불평등을 크게 확대시켰다. 불평등의 심화는 더 나은 삶의 조건을 찾아나서는 이주를 재촉했고, 그로 인해 국경지대의 정세는 갈수록 불안해졌다.

하지만 게르만족의 남하는 발트해와 지중해 교역권을 연결하는 효과도 있었다. 그 이후에 이들은 중앙아시아에서 서진하던 이주민 집단인 훈족의 압박을 받고 새로운 터전을 찾아 로마 제국 영토로 대규모 이주를 했다. 발트해 출신의 이주민이었던 고트족이 또 다른 이주민 세력인 훈족에 떠밀려 쫓겨나듯이 강제 이주하게 된 것이다. '게르만족의 대이동'과 '로마 제국의 멸망'은 장기적이고 점진적인 남하 이주의 결과였다.

중세 발트해의 초경계적 디아스포라는 바이킹들이 대표적이다. 발트해의 양쪽 끝자락에 위치한 잉글랜드와 러시아, 유럽 대륙과 지중해로의 정복과 이주 그리고 귀환의 역동적 삶은 유럽의 경제적 교류 활성화에 기여했다. 이들의 이주는 동서로는 대서양에서 발트해를 거쳐 러시아 서부의 볼가강까지 그리고 남북으로는 발트해에서 지중해까지 사회·교역·정보 네트워크를 형성했다.

바이킹 디아스포라는 서양 중세 봉건사회의 분열되고 파편화되었던 세계를 하나로 연결하는 원동력이었다. 1000년경 유럽의 역사는 처음으로 통합을 경험한다. 게르만족 이동이 동서 유럽을 통합했다면, 바이킹 디아스포라는 남북으로 유럽을 이었다. 놀라운 사실은 유럽의 대통합은 중심이 아닌 주변에서부터 시작되었고, 중심과 주변의 경계 허물기는 게르만족과 바이킹이라는 주변부 이주민들의 공적이라는 점이다. 중심에 있던 고대 로마 제국과 중세 카롤루스 왕조는 그들의 두터운 외피인 제국의 경계를 공고히 하고자 구심력을 발휘했을 뿐이지만, 주변 세력들은 경계를 넘나들면서 경계를 무화했다. 이렇게 해서 게르만적 서유럽과 엘베강에서 볼가강에 이르는 슬라브적 유럽이 연결된 새로운 '통합' 유럽이 탄생했다.

3세기 이후 게르만족의 이동과 마찬가지로 9세기부터 시작된 바이킹의 이주도 유럽 역사를 바꿔놓는 계기가 되었다. 주변부에 머물렀던 두 집단이 역사의 중심 무대로 진입했다는 점에서 유사한 점이 많지만 세부적으로 보면 차이점도 있다. 바이킹은 30명 정도를 수용하는 배로 움직였기 때문에 이주 속도가 비교할 수 없을 정도로 빨랐다. 도보로 이동하던 게르만족의 이주 거리는 하루에 40km 정도였다면 배를 이용한 바이킹은 이보다는 최소 4배는 더 멀리 갈 수 있었다. 바이킹 선박은 실로 중세판 초고속 열차라 할 수 있겠다. 돛을 달고 계절풍까지 활용하면서 이주는 더 신속하게 진행될 수 있었다.

북유럽 발트해에서 핀란드만으로 들어가 네바강을 이용하면 내륙의 라도가 호수로 연결된다. 옛 러시아의 수도였던 상트페테르부르크는 이 호수에서 발원하는 네바강이 서쪽의 발트해로 흘러들어가는 곳에서 18세기에 건설되었다. 그러나 상트페테르부르크보다 1000년 먼저 이 호수에 자리 잡은 도시는 스타라야라도가(Staraya Ladoga)로, 라도가 호수 남부에서 발원하는 볼호프 강가에 있다.

슬라브족이 거주하던 교역 중심지인 스타라야라도가에 9세기부터 바이킹들이 들어오면서 러시아는 정치·군사적으로 큰 변화를 경험한다. 이들은 강을 따라 계속 남하하면서 노브고로드를 건설했고 흑해 연안으로 흐르는 드네프르 강가에 오늘날 우크라이나의 수도인 키이우에 정착하게 된다. 여러 곳에 유사한 방식으로 권력 중심지들이 형성되었다가 후대에 키이우의 주도하에 발트해부터 흑해에 이르는 키예프 루스 공국이 건설된다. 키예프 루스 공국은 오늘날 우크라이나·벨라루스·러시아 역사의 뿌리에 해당된다.

흑해와 카스피해에 진출한 바이킹은 당대 세계 최고의 국가였던 비잔티움 제국과 이슬람 세계와 접하게 된다. 이들은 모피와 노예(주로 주변의 슬라브족)를 판매하고 대신에 비단과 사치품을 수입했다. 물품을 구매하기 위해서 이슬람 상인들이 지급한 은화는 바이킹이 러시아에 건설한 교역 도시 외에도 스칸디나비아에서 다량으로 발견된다. 바이킹의 이러한 교역 활동으로 서유럽과 동유럽을 연결하는 단일한 무역망이 형성되고 국지적인 세계화도 달성될 수 있었다. 11세기의 십자군 원정 시기에는 이들의 후손들이 시칠리아와 예루살렘에서 왕국을 건설하면서 유럽은 동서남북으로 하나의 통합된 모습을 보였다.

한자동맹

발트해는 천혜의 지리적 이점을 지녔다. 바다와 내륙 수로가 맞닿은 하구에 있는 도시들은 해상 무역과 내륙 수로 운송을 이어주면서 교역품을 대륙 깊숙한 지역까지 유통시켰다. 한자동맹은 북해와 발트해 연안, 그 배후

지의 도시들이 연합해서 구축한 결사체였다. 비록 바이킹의 시대는 끝났지만 이들이 창출한 국제적인 연결망과 경계를 넘나드는 역사적 경험 모두 소중한 자산이 되었다. 100여 도시의 상관(商館)을 연계해서 실핏줄 같은 촘촘한 지역 경제권을 개척한 한자동맹이 17세기 중반까지 6세기 이상 존속할 수 있었던 것은 상인들의 수평적 네트워크뿐만 아니라 초경계적 연대 의식과 지역 협력을 활용했기 때문이다.

한자동맹은 발트해의 지리적 입지를 최대한 활용하면서 바이킹의 유산을 더욱 발전시켰다. 바닥이 둥근 코그(Cog)라는 새로운 유형의 선박을 개발해서 바이킹의 배보다 더 안정적으로 더 많은 화물을 운반할 수 있었다. 한자동맹의 대표적인 교역품 중 하나는 포도주다. 포도는 고대 로마 제국 시대부터 재배되었지만 중세 교회에서 포도주를 성찬용으로 사용하면서 포도 재배 지역은 지중해에서 헝가리와 폴란드에 이르는 전 유럽으로 확산되었다. 포도를 재배하는 마을의 수도 급증했고 그 생산량도 엄청났다. 프랑스 파리의 센강에 위치한 생제르맹데프레 수도원은 1년에 60만 리터 이상의 포도주를 자체 소비와 판매를 위해 소유했었고 소작농들에게도 70만 리터를 주었다고 한다. 수요가 크게 증가하면서 독일 중부의 마인츠 지역에서는 밀 경작 대신에 포도 재배를 권장했을 정도였다.

11세기 이후 유럽의 인구가 점점 증가하자 포도주 생산 관련 사업은 큰 호황을 누렸다. 북유럽 발트해 지역이 그리스도교로 개종되고 상호 교역이 증가하면서 한자동맹은 남쪽으로부터 질 좋은 포도주와 플랑드르 직물을 구매해서 재수출하기 시작했다. 한자동맹은 유럽의 남북을 연계하는 중개 무역으로 경계를 초월하는 무역 질서 기반을 구축해 나갔다. 1590년경 이탈리아반도에 흉작이 들자 폴란드 곡창지대로부터 곡물을 수입하는 것이 절실해졌다. 그러자 단치히, 뤼베크, 함부르크, 엠덴 등 한자동맹 도시에서 출발한 수십 척의 선박들이 지중해로 발트해의 밀을 수송했다. 지중해 역사의 권위자인 페르낭 브로델에 의하면 1593년에는 이탈리아 서해안의 리보르노 항구에 총 1만 5000톤 이상의 호밀과 밀을 운송했다고 하는데, 이 수치는 범선들이 대략 평균 200톤을 수송했음을 의미한다.

한자동맹은 물자만 운송한 것이 아니라 사람들도 옮겼다. 한자동맹에서 중추적인 역할을 했던 독일인들은 발트해 곳곳으로 이향(異鄕) 길에 올랐다. 일부는 단기간만이었지만 일부는 평생을 새로운 땅에서 생활해야 했기에, 자신의 정체성을 추슬러 다른 정체성을 찾아갔다. 당시의 유언장들을 보면 이향민들은 죽는 순간까지 떠나온 고향을 그리워했다고 한다. 하지만 현실적으로 귀향은 실현이 불가능했다. 고향으로 돌아가는 오디세우스의 여정을 봐도 숱한 역경과 고초로 이어져 있다. 발트해 연안의 몇몇 도시에서는 이주자가 소수에 불과했지만 칸트(Immanuel Kant)의 고향 쾨니히스베르크는 독일인의 도시로 완연히 성장했다. 일상적인 식기뿐 아니라 주로 벽돌을 건축 재료로 사용하는 건축양식인 '벽돌 고딕(Backsteingotik)' 등 서유럽-독일 북부의 문물이 생활 곳곳에 스며들면서 발트해에 공통의 가치와 정체성이 번져갔다.

하지만 18세기에 들어서 발트해에는 코스모폴리탄적 한자동맹을 대신해 스웨덴, 덴마크, 러시아 등 민족국가들이 대두되었다. 특히, 발트해의 주변국에 불과했던 러시아는 강대국으로 성장하고자 군사력 강화에 힘썼다. 제정러시아의 첫 공식 차르인 이반 4세(Ivan IV)는 서유럽으로부터 구리, 아연, 철, 대포, 화약 제조를 위한 초석, 갑옷, 투구 등을 수입했고, 러시아의 풍부한 산림 자원을 수출하기 위해 서유럽과의 무역 확대를 원했다.

그러나 러시아의 발트해 진출을 우려했던 스웨덴은 무기 생산을 위한 금속 판매를 금지하는 대러시아 제재 조치를 취했고, 이에 전쟁도 불사했다.

리보니아 전쟁(1558~1583), 러시아-스웨덴 전쟁(1590~1595)으로 러시아는 발트해로부터 배제되었다. 이반 4세는 서유럽 무역상들을 항구도시 아르한겔스크에 유치할 수밖에 없었다. 이를 위해서는 발트해가 아니라 스칸디나비아 너머 백해로 우회하는 북극 항로를 통해야 했다. 러시아의 발트해

벽돌 고딕 양식으로 지어진 칼리닌그라드의 쾨니히스베르크 성당.

자료: CC BY-SA 3.0 | Julian Nitzsche / ЕГРОКН(3910201000).

직항로 개척은 표트르 대제(Pyotr I)가 스웨덴과의 대북방전쟁(1700~1721)에서 승리하면서 가능해졌다. 대북방전쟁 중에 그는 '페르시아와 중국을 포함한 세계의 상품들이 앞으로 이곳 선착장에 도착하도록' 대외 무역항 페테르부르크를 건설한다.

이반 4세, 표트르 대제, 푸틴

푸틴(Vladimir Putin)에게는 '21세기 차르'라는 꼬리표가 따라다닌다. 실

제로 표트르는 푸틴의 롤 모델로 그의 집무실에는 표트르 대제의 초상화가 걸려 있다고 한다. 표트르 대제는 부국강병과 영토 팽창으로, 낙후되어 있던 러시아의 부흥을 이끌었던 인물로 칭송된다. 러시아가 19세기에 발트해의 또 다른 끝자락에 있는 영국과 함께 강대국 반열에 오르는 기틀을 닦은 인물로 표트르 대제를 들기 때문이다. 일반적으로 폭군으로 불리는 이반 4세도 푸틴의 등장과 함께 새롭게 조명되었다. 2016년에 러시아에서 이반 4세의 동상 제막식이 있었다. 그의 조각상은 이때 처음으로 세워진 것이라 한다. 러시아는 이반 4세를 주변 국가와의 전쟁을 통해 영토를 넓히고 근대 러시아의 기초를 다졌던 강력한 지도자로 재평가하고 있다.

푸틴에 대해 러시아 사람들은 이반 4세와 표트르 대제의 부활이라고 말한다. 역사가 월터 라쿼(Walter Laqueur)가 그의 저서 『푸티니즘(Putinism)』에서 강조했듯이, 러시아는 서구공포증(Zapadophobia)이라는 역사적 콤플렉스를 가지고 있다. 러시아의 발트해 진출은 스웨덴의 반발과 전쟁을 초래했다. 내륙으로도 러시아는 서유럽과 평원지대로 연결되어 있어서, 19세기와 20세기에 각각 나폴레옹과 히틀러의 침략을 당해 '지리적 저주'를 경험한 바 있다. 그래서 러시아는 국가와 안보 이익을 위해서는 '공격이 최선의 방어'인 정책을 택하게 된다.

푸틴이 추앙하는 이반 4세와 표트르 대제는 모두 발트해와 깊은 관련이 있다. 발트해 진입을 위해서 전쟁을 한 것이다. 전쟁에서 패한 이반 4세는 그 대안으로 북해 항로를 개척했고, 표트르 대제는 20년간의 전쟁 끝에 발트해로 진출할 수 있었다. 국가 안보를 이유로 2022년 2월 우크라이나를 침공한 푸틴은 발트해의 중립국 핀란드와 스웨덴이 중립 노선을 포기하고 NATO 가입 신청을 공식화하면서 깊은 수렁에 빠져들었다.

근대 이후 덴마크, 스웨덴, 러시아가 차례로 발트해의 해상권(dominium maris Baltici) 장악을 위해 치열한 경쟁을 벌였으나 모두 실패했다. 발트해는 무력의 시대에도 타자를 포용하고 환대하는 포용의 바다요 국경 없는 바다였기 때문이다. 발트해 연안의 쾨니히스베르크에서 평생 살았던 칸트는 『영구평화론(Zum ewigen Frieden)』에서 이방인이 누군가의 영토에 도착했을 때 적대적으로 취급받지 않는 '환대의 권리'를 강조한 바 있다. 환대의 권리가 보장될 때에만 인류가 영구 평화를 향해 지속적으로 나갈 수 있다는 것이다.

16

이주와 복수의 도시, 칼리닌그라드

항구도시

항구는 조우의 역사를 품고 있다. 항구는 사람과 물자가 유입·하역되고 재분산되는 역사의 나들목이다. 그래서 항구는 전이(轉移)를 경험하는 지대로서 변화가 들어오는 문지방이기도 하다. 항구도시(Port-City)는 문자 그대로 항구가 있는 도시다. 바다와 육지가 만나는 접점인 이곳은 항구의 혼돈과 도시의 질서가 만나는 '혼돈의 가장자리' 혹은 '질서의 가장자리'다. 이곳은 혼돈과 질서의 경계에 서서 서로를 인정하며 균형을 찾아가고 유지하는 곳이다. 그래서 안정된 혼돈계인 항구도시는 나름의 규칙성과 질서가 존재했다.

 경계 연구자들은 선린과 교류의 접경지대로서 항구에 주목하기 시작했고, 역동적인 중간지대인 항구도시가 갖는 항구성(港口性)은 역사 연구를 '정복의 역사' 패러다임에서 경계 짓기와 경계 횡단이 끊임없이 반복되는

'변화와 이행'의 역사로 전환시킨다. 쾨니히스베르크, 노브고로드, 탈린과 같은 발트해의 국제적인 항구도시의 항구성은 그곳을 다양한 사람과 지식 그리고 정보가 만나는 접경지대로 만들 수 있었다. 지금은 국경 도시가 되어 중심에서 배제된 공간으로 변모했지만, 과거의 이들은 이질적인 요소들을 통섭하는 현실 지향적 사이 공간이기도 했다.

칸트의 고향, 쾨니히스베르크

우크라이나에서 시작된 전쟁의 공포가 예상치 못한 곳으로 확산되는 추세다. 유럽 동남부에 위치한 흑해 연안에서 솟아올랐던 화염의 열기가 북쪽의 발트해에서도 느껴지고 있다. 러시아는 2022년 2월 우크라이나를 침공한 지 70일 만에 발트해 역외 영토인 칼리닌그라드(Kaliningrad)에서 핵탄두 탑재 미사일을 발사하는 모의 훈련을 했다고 밝혔다. 모의 핵 공격 훈련은 북유럽 스웨덴과 핀란드의 나토 가입이 임박했다는 관측이 나오는 가운데 이뤄졌다. 당시 두 나라는 러시아의 우크라이나 침공 이후 자국 안보 위협의 심각성을 절감하면서 오랜 중립 노선을 포기하고 나토 가입을 적극 추진하고 있었다.

칼리닌그라드는 러시아의 영토이지만 러시아 국경에서 500km 이상 뚝 떨어져 있는 월경지(越境地)로 발트해와 폴란드·리투아니아 사이에 갇혀 있는 고립된 '육지의 섬'과 같다. 인구 100만 명에 면적은 충청남도와 충청북도를 합친 정도인 이곳은 러시아의 가장 서쪽에 있는(그래서 러시아 입장에서는 서유럽과 직면한) 영토이자, 흑해 크림반도와 함께 유일하게 겨

〈프로이센 쾨니히스베르크, 1829년 칸트의 거주지[Königsberg(Pr.), Kants Wohnhaus 1829]〉. 프리드리히 빌스(Friedrich Bils), 1842년 작. 1842년에 그려진 칸트가 살던 칼리닌그라드의 집.

울에 얼지 않는 부동항이다. 칼리닌그라드는 이러한 지정학적 위치 못지 않게 독특한 이주의 역사를 갖고 있다. 그 역사는 때로는 희망의 순간이었지만 때로는 무자비한 비극으로 아로새겨졌다.

칼리닌그라드는 중세 시대에 독일인들이 이주해 개척했던 쾨니히스베르크(Königsberg)로 불리던 곳으로, 2차 세계대전 승전국인 소련이 빼앗아 발트 함대의 본거지로 삼았다. 그 결과, 700년간 이곳에서 살던 250만 명의 독일인들 중에서 50만 명은 전쟁과 '추방' 과정에서 사망했고, 나머지 200만 명은 고향을 등지고서 독일로 귀향 아닌 귀향을 해야만 했다. 18세기 '독일인' 철학자 칸트는 지금은 러시아의 땅이지만 한때는 독일의 영토였던 쾨니히스베르크에서 태어나서 죽을 때까지 평생을 살았다. 하지만 그가 살던 당시에 이곳은 독일도 러시아도 아닌 프로이센으로 불리던 곳이었다.

정복의 땅, 이주의 도시

본격적인 정복과 이주는 이교도였던 프로이센 원주민들을 상대로 선교와 '북방 십자군 전쟁'을 벌이면서 시작되었다. 1255년 독일기사단은 발트해 연안에 요새를 건설하고, 전쟁을 지원한 보헤미아 국왕 오타카르 2세(Otakar II)를 기려 독일어로 '왕의 산'이라는 의미로 쾨니히스베르크라고 이름 붙였다. 그 과정에서 프로이센인들은 쫓겨나거나 복속되었고 그 자리에 독일인들과 폴란드인들이 대거 이주해 정착을 했다. 겨울에도 그다지 춥지 않은 온화한 기후와 곡창지대였던 이곳은 14세기에 한자(Hansa) 무역동맹의 중심 도시로 번성했다. 발트해를 둘러싼 다양한 인종과 언어, 문화가 쾨니히스베르크 항구로 모여들었다.

16세기 종교개혁 시대의 쾨니히스베르크는 개신교의 거점으로 폴란드 등 인근 가톨릭 국가로부터 박해를 받던 신교도들의 피난처가 되었고, 경제적인 이유로 유대인들의 정착도 허락되었다. 유대인이자 20세기 대표적인 정치철학자인 한나 아렌트(Hannah Arendt)도 유년기와 청소년기를 칸트의 고향인 쾨니히스베르크에서 보냈다. 그녀는 '고향 선배'인 칸트의 패러다임에 크게 의존했고, 칸트는 아렌트 정치사상의 지렛대였다. 쾨니히스베르크의 항구성이 그곳을 다양한 사람과 지식 그리고 정보가 만나는 접경지대로 만들었던 것이다. 세계에서 두 번째로 개신교 대학이 설립되는(1544) 교육의 중심지이자 인쇄업의 중심지로서 독일어, 폴란드어, 리투아니아어로 개신교 서적들을 출간해 동유럽 개신교 전파에도 기여했다. 접경성은 바로 힘이고 창조의 근원이다.

철학자의 길

칸트는 쾨니히스베르크에서 태어나 평생을 살았다. 고향을 떠나 세상 밖으로 나가본 적이 없다. 쾨니히스베르크가 속해 있던 프로이센 국가의 다른 지역 대학교에서 교수직을 제안받았을 때도 이를 마다하고 고향에 머물렀다. 18세기 지식인들 사이에서 여행은 지적 순례이자 관행이었기에 칸트의 이러한 생활 습관은 매우 예외적이었다. 그렇다면 박학다식했던 칸트의 '세계지(Weltkenntnis)'는 어떻게 형성되었을까? 그는 대학에서 평생 자연지리학과 인류학을 강의하고 「다양한 인종에 대하여(Von den verschiedenen Rassen der Menschen)」(1775)와 같은 글들을 썼다. 인도인, 아메리카 원주민과 아프리카 흑인들에 대한 실용적인 지식은 리나에우스, 뷔퐁, 모페르튀의 저작들을 통해서 습득되었다.

엄청난 독서광이었던 칸트는 주로 유럽인들의 여행기를 읽었고, 몽테스키외, 로크 혹은 린네와 흄과 같은 사람의 문학적 저작이나 정치적 저작을 통해 세계를 이해했다. 칸트의 인종 이론은 18세기 여행 정보에 기록된 부풀려진 내용들에 대한 고찰이었다. 그는 여행하기보다는 기행문을 보는 걸 더 선호했다. 그의 또 다른 지식의 원천은 쾨니히스베르크 내 사교 모임이었다. "학문 활동은 생활의 절반만을 차지했고 나머지 절반은 사회 활동으로 채워졌다"라고 할 정도로 그는 매우 사교적인 인물이었다. 사교 모임, 담론과 우호적인 토론 참여를 적극 권장하면서, 사교를 멀리하는 사람은 "인간 혐오적이며 거칠게" 된다고 했다.

쾨니히스베르크는 발트해의 국제적인 항구도시로 유럽 각지에서 사람들이 모여들었다. 칸트의 절친한 친구 중 한 명인 로버트 머더비(Robert Motherby)는 잉글랜드 출신의 부유한 상인으로 칸트는 그의 저택에서 열린 사교 모임의 멤버였다. '계몽의 세기'였던 당시 대상인들은 지적 관심과 과시적인 이유로 수백 권에서 천 권 이상의 도서를 보유하곤 했다. 상업 관련 서적 외에도 법학, 신학, 문학, 역사, 철학, 그리고 키케로(Cicero)나 오비디우스(Ovidius) 등 고전 작가들의 작품, 뷔퐁(Leclerc de Buffon)을 비롯한 과학서가 서가를 채웠다. 쿡(James Cook) 선장의 『항해기(Journal of the H.M.S. Endeavour)』, 스위프트(Jonathan Swift)의 『걸리버 여행기(Gulliver's Travels)』도 소장 목록에서 빠지지 않는 인기 도서였다. 가난한 학자 칸트에게 사교 모임은 다양한 형태로 지식을 접할 수 있는 기회였다.

칸트가 매일 산책했던 길은 도시 생활을 경험할 수 있는 의미 있는 길이었다. 행정 중심지인 쾨니히스베르크 성부터 선원들이 있는 항구까지의 산책로에서 그는 다양한 부류의 사람들을 만났다. 그는 산책을 통해 다양한 사회 계층과 접촉하고 함께 근처의 서민적인 식당에서 점심 식사를 하며 이야기를 나누었을 것이다. 이렇게 칸트는 대서양 무역을 통해 아메리카에서 수입된 커피와 담배를 즐겼고, 더 나아가 항구도시 쾨니히스베르크로 유입되는 세계에 대한 지식과 정보도 함께 얻었다. 그는 평생 고향을 떠나지 않았지만 문을 두드리는 타인을 환대해 줄 준비가 되어 있었다. 이렇게 그는 집 안에서도 집 밖의 소식을 들을 수 있었다.

항구의 문지방

육지는 가로막지만, 바다는 잇는다. 칸트가 산책했던 쾨니히스베르크의 항구는 세계의 문물이 유입되던 접경지대였다. 이곳에서 외지인들은 환대를 받았다. 그래서 칸트는 '환대의 권리'를 말한 바 있다. "사람들은 지표면 위에 무한정하게 산재해 있을 수 없으며, 따라서 결국 다른 사람의 출현을 받아들이지 않을 수 없기 때문에 모든 사람들은 환대의 권리를 가진다." 이는 바꾸어 말하면 인간은 누구나 자기 땅에 들어온 외국인을 환대할 의무가 있다는 것이다. 정치는 이러한 인간의 권리에 무릎을 꿇어야 한다는 말이다.

항구는 선린과 교류의 공간이다. 쾨니히스베르크는 경계 짓기와 경계 횡단이 끊임없이 반복되었지만 독일인, 폴란드인, 리투아니아인들의 역동적인 삶터였다. 한자동맹의 선박들, 스코틀랜드와 잉글랜드의 상인들은 상품과 정보를 가져왔고 유럽과 세계 곳곳의 다양한 소식들은 칸트의 세계관을 형성하는 데 기여했다. 항구도시는 문지방과 같은 경계 공간으로, 넘어갈 때는 어정쩡하고 불확실한 상태에 머무르지만 동시에 서로 다른 세계들이 만나고 새로운 세상으로 이행하는 공간이다. 그래서 물리적 공간인 항구도시는 전이 혹은 이행 의례(rites of transition)를 경험하는 정신적 변화의 공간이기도 하다. 이러한 이유로 발터 베냐민(Walter Benjamin)은 문지방을 '변화와 이행의 영역'이요, '역동적인 중간지대'라 불렀다.

칸트는 배타적이고 자국이기주의에 기초한 민족주의의 망상(national wahn)을 일축하고, 그 대신 열린 세계시민적 애국주의를 말한다. 그는 타민족을 향해 개방적 지향성을 추구하는 열린 민족주의를 강조하면서 국가들 간의 평화로운 공존의 길을 찾아야 함을 역설한다. 항구도시라는 쾨니히스베르크의 경계성·개방성·통로성은 칸트의 세계시민사회 이론 정립을 가능하게 했던 공간이었다.

20세기 중반 루마니아 출신의 종교신화학자 엘리아데(Mircea Eliade)는 그의 저서 『성과 속(Le sacré et le profane)』에서 문지방을 "두 세계를 구분하고 분리하는 한계이자 경계선이고 국경인 동시에 그러한 세계들이 서로 만나고 소통하는 역설적인 장소"라고 말한다. 문지방과 문은 한 공간에서 다른 공간으로 이행하는 것을 상징하는 동시에 그 매개자이고, 또한 '공간 연속성의 단절' 모습도 지닌다. 즉, 속세에서 성스러운 세계로 이행하는 신비한 공간이라는 의미다. 그래서 세계 곳곳에서는 집의 문지방을 넘어갈 때에 다양한 의례가 행해진다.

그 방식은 경건한 몸과 마음으로 문지방을 향해 절을 하거나 엎드리거나 손을 대는 행동 등 여러 가지가 있다. 사람들은 문지방에는 외적의 침입뿐 아니라 악마나 페스트와 같은 질병을 가져오는 힘의 침입을 방지하는 수호신 혹은 수호령이 거주한다고 믿었다. 그래서 문지방 위에서 수호신에게 공물을 바치는 경우도 있다. 항구도시 또한 수렴과 확산의 접경지이자, 낯설고 두려운 것이 조심스럽게 검역되고 통관되는 정화의 장소이기도 하다.

쾨니히스베르크에서 칼리닌그라드로

독일 영토였던 쾨니히스베르크는 1945년 제2차 세계대전이 끝난 이후에 소련으로 넘어갔다. 이 과정에서 쾨니히스베르크와 인근 지역에 대대로 살고 있던 독일계 주민 200만 명이 강제로 추방되었다. 이들은 이주 과정에서 영하 30도의 추위와 배고픔, 질병을 이겨내야 했고, 빼앗긴 영토에 대한 환상 통증에도 오랜 시간 시달려야 했다.

이들은 독일에서도 외국인 혹은 이방인 취급을 받으면서 어디에도 고향을 갖지 못했다. 중세 이후 수 세기 동안(인생 주기를 기준으로 계산하면 이는 대략 30세대, 즉 900년 정도) 민족적 차별 없이 공생했던 독일과 슬라브 집단 사이에 불현듯 민족 정체성이 자아와 타자의 경계선으로 그어졌다. 이주민들은 고향과 이향 어디에도 소속되지 않는 (혹은 못 하는) 경계인이 되었다. 그렇게 해서 고향이 타향으로 바뀌게 되고, 이들은 이방인이 되었다.

소련은 1946년 세상을 떠난 러시아의 지도자 미하일 칼리닌(Mikhail Kalinin)의 이름에서 따서 칼리닌그라드로 개칭하고 이곳을 새로운 소비에트 도시로 건설하고자 했다. 이 과정에서 프로이센 군국주의의 중심지였던 쾨니히스베르크의 역사와 유산은 철저하게 부정되고 청산되어야 했다. 프로이센 건축물의 특징인 붉은 벽돌로 만들어진 옛 독일기사단의 성과 건물, 기념비들은 파괴되거나 방치되어 폐허가 되고 사라져 버렸다. 모든 것이 독일 군국주의와 파시즘의 과거를 지우고 소비에트식으로의 도시 경관을 개편하기 위함이었다.

파괴된 옛 성터에는 사회주의 랜드마크인 120m 높이의 '소비에트 전당' 건설이 추진되었다. 도시의 거리명도 러시아 분위기가 연출되는 이름으로 바뀌었고, 도심 한복판의 카이저 빌헬름 광장이나 아돌프 히틀러 광장과 같은 프로이센과 나치식 명칭들은 각각 자유광장, 승리광장으로 개칭되었다. 이곳에 있던 빌헬름 황제와 비스마르크의 동상들은 이후 어디론가 자취를 감춰버렸다. 독일인들이 추방된 도시에는 러시아 본토 곳곳에서 강제 이주가 진행되었다. 그러나 소비에트 도시 칼리닌그라드 개발 프로젝트는 소기의 목적을 달성하지 못했다. 전후 복구 사업과 경제 회복이 우선시되면서, '소비에트 전당'도 1990년에 건설이 중단되고 방치되어 도시 경관을 해치는 흉물로 남아 있다.

최근에는 쾨니히스베르크 시절의 유서 깊은 건축물들이 새롭게 보수되고 대성당 옆에 위치한 칸트의 묘지도 잘 관리된다고 한다. 항구의 옛 거리들 역시 깨끗하게 정비되면서 과거의 활기찬 모습이 많이 회복된 듯하다. 쾨니히스베르크-칼리닌그라드에는 발트해 선주민 프로이센, 독일기사단, 폴란드와 리투아니아의 종교적 피난민들, 유대인, 잉글랜드 상인들, 브란덴부르크-프로이센 제국, 나치 독일, 소비에트 연방의 중층적이고 다면적인 역사가 섞여 있는 곳이다. 발트해의 긴장감이 한층 고조되고 있는 지금, 칼리닌그라드가 평화로운 접경도시로서의 옛 모습을 되찾을 수 있을지 관심이 집중되고 있다.

17

기억 전쟁, 노브고로드

영화 〈알렉산드르 넵스키〉

페이푸스 호수(Lake Peipus)는 러시아와 에스토니아 사이에 위치한 호수로, 두 나라의 국경을 형성한다. 에스토니아는 200년 가까이 러시아의 지배를 받다가 1991년 독립한다. 이때 호수 한가운데 국경선이 그어지면서 두 나라는 호수를 사이에 두고 국경을 맞대고 있다.

이 호수는 소비에트 영화의 거장 세르게이 예이젠시테인(Sergei Eisenstein)이 1938년에 제작한 〈알렉산드르 넵스키(Alexander Nevsky)〉로 유명해진 바 있다. 영화는 1242년의 '페이푸스 호수 전투'를 다룬 역사물로, 알렉산드르 넵스키가 호수 위에서 노브고로드 공화국의 민중과 함께 거둔 승리를 그린다. 그는 외세의 침략으로부터 러시아를 구해낸 민족 영웅으로 기억되며, 독일기사단의 침략에 대항했던 이 전투는 얼어붙은 호수 위에서 벌어졌다고 해서 빙상 전투(Battle on the Ice)라고도 한다. 예이젠시테인은 작곡가 세르게이 프로코피예프(Sergei Prokofiev)의 영화음악을 동원해 관람자들의 민족적 공감을 불러일으키는 데 성공할 수 있었다. 알렉산드르 넵스키 초상화조차 남아 있지 않은 빈약한 역사성을 예술성으로 극복한 것이다.

페이푸스 호수의 배후에 자리 잡은 노브고로드는 발트해에서 시베리아 우랄산맥에 이르는 광대한 영토를 통치하던 상업 공화국이었다. 세력이 절정에 달했던 15세기 초반에는 오늘날 서유럽의 프랑스, 벨기에, 네덜란드를 합친 것만큼 큰 영토를 통치했었다. 같은 이름의 노브고로드시를 수도로 하던 이 도시국가는 대외적으로도 스칸디나비아와 서유럽, 러시아, 비잔티움을 연결하는 무역국가로 성장했다. 이 도시는 발트해에서 남쪽 내륙으로 200km 지점에 위치해 있으나 강과 호수를 통해 바다로 연결된 항구도시다. 도시 배후의 광대한 숲 지대에서 오는 동물 가죽, 꿀, 밀랍 등은 서유럽 상인들의 구미를 당기기에 충분했다. 무엇보다도 모피 교역은 이곳을 부유한 도시로 만들고 각지의 상인들을 끌어모았다. 서유럽에서는 직물과 청어 그리고 독일 동부 지역의 은이 노브고로드를 통해 러시아 지역으로 유입되었다.

중세 시대부터 이곳에는 독일, 스웨덴 등지에서 온 서유럽 상인들이 체류하면서 대 러시아 교역을 담당했다. 일종의 무역 중계소 역할을 하던 장소였다. 노브고로드를 가로지르는 볼호프강 연안에 있던 상관에 200명 정도의 해외 무역상들이 상시 체류했던 것으로 보아 교역 규모도 상당했다. 지중해의 도시국가인 베네치아 혹은 제노바에서처럼 노브고로드의 상인들은 대토지를 소유했던 대귀족(boyar) 및 수공업자들과 함께 도시 운영에 절대적인 영향력을 행사했다. 베체(veche)로 불리던 자유민들의 의결

협의체는 타종을 통해 소집되었고, 이는 시민 자치적 전통을 상징적으로 잘 보여준다. 이곳 시민들이 원했던 바는 평화적인 교역을 통한 부의 축적이었지 전쟁이 아니었다.

영화 <알렉산드르 넵스키> 제작 당시는 제2차 세계대전의 전운이 짙어지고 있었다. 소련에 대한 나치 독일군의 군사 도발 위협이 고조되던 때, 공산당 산하의 영화 위원회는 예이젠시테인에게 외세로부터 조국을 구한 알렉산드르 넵스키의 영웅담을 영화화하도록 제안했다. 20세기 초반의 소련을 옥죄던 전쟁의 공포는 700년의 세월을 가로질러 러시아가 독일기사단에 느꼈던 그것과 중첩되는 것이었다.

<알렉산드르 넵스키>는 전쟁을 앞둔 소련 국민의 애국심을 부추기고자 외적의 악마화를 위한 시각적·음악적 전략을 전진 배치했다. 영화 속의 독일군은 기괴한 복장을 하고 유아살해를 하는 잔인한 모습으로 이미지화되었고, 그들의 종교인 로마가톨릭교회는 사악한 집단으로 묘사되었다. 프로코피예프의 영화음악은 독일기사단이 등장할 때는 귀에 거슬리는 불협화음을 사용했다. 반면에 넵스키는 온유하고 당당하며 투철한 애국심으로 단단히 무장했다. 영화는 역사물이라는 허울을 두르고 게르만족과 슬라브족의 적대감과 갈등을 짜넣기 급급했다.

스탈린이 관람 후에 매우 흡족해했다는 <알렉산드르 넵스키>는 국경전쟁 영화(Border War Movie)로, 접경지대에서 일상화되었던 쌍방향 간의 공생적 측면을 의도적으로 배제했다. 굴절된 전쟁의 기억이 화해와 평화의 역사성을 일소하고 말았다. 대중의 애국심 고양을 위해 제작된 이 영화는 역사를 과장하고 왜곡했으며, 공존의 항구도시 노브고로드를 특정한 목적에 봉사하는 기억의 장소로 만들었다.

최근 러시아에서는 넵스키가 새롭게 주목을 받고 있다. 2022년 2월 24일 새벽 러시아의 우크라이나 침공 당일에 블라디미르 푸틴 러시아 대통령은 대국민 담화를 발표했다. 30여 분간 진행된 연설에서 그가 말하고자 한 핵심 내용은 서방의 지속적 '위협'과 그에 따른 자국의 '희생과 손실'이었다.

그의 마음속에는 러시아가 나토를 필두로 한 서방의 세력 확장에 제대로 대응하지 못하고 당해만 왔다는 피해의식이 짙게 깔린 듯했다. 그는 1941년 소련이 나치 독일의 침공을 당한 사례를 들면서 다시는 외세의 러시아 영토 침입을 허용하지 않겠다고 으름장을 놓았다. 무방비로 침공당해 수천만 명이 희생된 역사적 실수를 반복하지 않으려 방어 차원에서 우크라이나를 침공했다고 강조한 것이다.

푸틴의 이러한 전쟁 옹호론 이면에는 오래전부터 치밀하게 준비한 이데올로기 전쟁이 자리 잡고 있다. 푸틴은 우크라이나 침략을 앞둔 2021년 9월 러시아 프스코프에서 중세 러시아의 구국 영웅인 알렉산드르 넵스키의 기념비 제막식에 참석했다. 프스코프는 노브고로드에서 멀지 않은 곳으로, 넵스키가 외세의 침략을 막아냈던 페이푸스 호수 인근에 위치해 있다. 푸틴은 넵스키를 '조국의 위대한 아들'로 칭송하면서 그에 대한 기억을 소환했다. 이날 기념 연설에서 푸틴은 넵스키를 외세의 침략에 대항해 조국을 지킨 사령관이자 통치자라고 여러 차례 찬양했다. 기념비 건립 구상이 2021년 5월 공론화되고 같은 해 9월 기념비가 세워졌으니 한마디로 모든 절차가 속전속결로 진행됐다고 할 수 있다.

2023년 9월에는 우크라이나에서 빼앗은 마리우폴에 넵스키 동상을 건립했다. 격렬한 전투로 폐허가 된 이 도시에 전후 복구 사업보다 그의 동상을 서둘러 세운 이유는 간단하다. 특수군사작전을 수행 중인 푸틴도 넵스키가 그랬듯이 외세의 침략으로부터 러시아를 수호하고자 했음을 보여주고 싶었던 것이다. 이렇게 푸틴은 스스로 노브고로드의 민중을 이끌었던 넵스키와 더불어 적의 침공으로부터 조국을 지킨 구국 영웅의 반열에 올랐다.

기억 전쟁

"민족적 역사 기억은 '망각의 무덤'에서 다시 태동한다." 이는 문화적 기억의 다양한 양상을 탐구했던 알라이다 아스만(Aleida Assmann)의 말이다. 예이젠시테인은 역사 속에서 주변적인 존재에 불과했던, 그래서 정확한 초상화조차 남아 있지 않았던 알렉산드르 넵스키의 역사적 기억을 영화로 재현했다. 이는 그를 민족적·정치적인 목적으로 수단화하려는 20세기 초반 스탈린 시대의 시대적 상황과 맞물린다.

 최근에는 게르만과 슬라브 사회의 관계를 재해석하고 재정립하려는 시도가 계속되고 있다. 일국사의 관점을 넘어서 게르만 문화와 슬라브 문화의 조우와 충돌, 잡거와 혼종, 융합과 공존 양상들을 초국가적 측면에서 새롭게 주목하기 시작한 것이다. 독일인들의 발트해 진출을 '식민지화'를 통한 슬라브 야만주의의 극복 과정으로 해석하기보다는, 독일과 슬라브 두 문화가 조우·잡거·혼인 등으로 경제·정치·제도·문화의 영역에서 삼투현상이 발생했음을 드러내는 작업이다. 이로써 독일 이주민에 의한 일방적 문화전파의 서사구조가 해체되고 문화 융합 중심으로 '얽힌 역사'가 재서술되기 시작했다.

　때로는 강요된 원치 않은 공존이었지만 서유럽인들과 러시아인들은 접경지대를 정합(整合)하는 실용적 노선을 걸었고, 편견과 배타적 감정은 현실과의 타협으로 풀어나갔다. 현상 유지를 위해 실용적인 노선을 추구하던 접경 지역의 일상은 단절보다 교류가 보편적이었고, 그곳은 분절된 지역이 아니라 조우와 소통의 공간이었다.

　영화가 '악의 제국'으로 묘사했던 독일기사단과의 교역은 1242년의 페이푸스 호수 전투 이후에도 지속되었다. 그만큼 양측 모두에게 교역은 생존의 필수 요건으로 상당한 수준의 상호 간 교류가 활성화되었다. 영화는 러시아가 게르만에 대항했던 '중세 최대의 전투'로 과장해서 기억하려 했지만, 실제로는 문명의 충돌로 비화될 만큼 엄청난 병력이 투입되었던 대규모 전투가 아니었다고 한다. 이보다는 역사에서 종종 벌어지는 '무역 전쟁'이었다. 또한, 이 전투는 노브고로드 공화국과 독일기사단과의 싸움이었지, '독일'과 '러시아'라는 국가 대 국가 간의 전쟁은 아니었다. 13세기에는 20세기의 독일과 러시아/소련이라는 국가가 존재하지도 않았기 때문이다. 더욱이 중세의 전쟁이 그러하듯이 독일기사단은 덴마크와 에스토니아 병력으로 충원된 '연합군'이었고, 노브고로드는 핀란드 지역에서 온 병사들과 한편이 되었다.

　서유럽과의 교역은 노브고로드의 생존에 필수적이었다. 1478년 모스크바 공국의 이반 3세가 노브고로드 공화국을 정벌할 때까지 이곳은 유럽과 아시아 교역의 '중심'으로 성장했다. 최근 노브고로드시 중심가에서 진행된 발굴 조사에서 14세기에 만들어진 중국산 청자 접시가 출토되기도 했다. 13세기에 독일 뤼베크 출신으로 노브고로드에 체류하던 한 상인은

〈노브고로드시의 시장(Novgorod torg)〉. 아폴리나리 바스네초프(Apollinary Vasnetsov), 1909년 작. 사람과 흥정으로 붐비는 모습이 인상적이다. 그림은 중세를 배경으로 20세기 초에 그린 작품이다.

로마가톨릭교회에서 비잔티움 정교로 개종하고 '유로디비(yurodivy)', 즉 바보 행세를 하면서 수행하는 수도자인 '성자 바보'로 살았다. 모스크바를 중심으로 근대 러시아 민족국가가 형성되기 전 중세 노브고로드는, 이처럼 이주자들이 끊임없이 횡단하고 (재)정착과 적응을 반복하면서 언제든 한쪽에서 다른 쪽으로 옮겨가는 삼투현상이 일어나는 접경지대였다.

국경에 대한 일국사적인 '기억정치'가 국경을 단절과 분쟁의 단층선 개념으로 인식하는 오류를 범하고, 국경을 전사(戰史)의 원인으로 재구성·재해석하고 일종의 신화로 변질시킨 결과, '기억의 전쟁(memory war)'은 여전히 지속되고 있다. 민족문화의 순수성, 단일성, 차별성을 강조하는 기존의 국가적 기억 정책은 국경선을 놓고 벌였던 국가 간의 갈등을 대중의 애국심 고양을 위해 과장하고 왜곡했으며, 자가 복제를 통해 사이비 아우라를 만들고 '정치의 심미화'를 추구했던 문화 정책과 언론은 이를 다시 증폭시켜 왔다. 이 과정은 1242년의 '페이푸스 호수 전투'처럼 특정 목적에 봉사하는 기억의 장소를 조성해 부각하곤 했다. 그러나 이제는 일국사적 의미 이상을 지닌 기억의 장소를 발견하는 초국가적 국경 연구가 선행되어야 하며, 이를 위해서 국경 연구와 기억 연구의 협업이 강조된다.

먼저 국경에 대한 상이한 기억과 해석들을 드러냄으로써 타자의 시각을 이해할 필요가 있다. 국경을 다중 정체성이 발현된 초국가적 기억의 장소로 만드는 작업은 차이에 대한 인정과 소통, 상호이해, 흑백논리 지양을 목적으로 한다. 따라서 이는 단순히 인위적인 기억 작업을 통해 지역적 기억을 초국가적 의미로 확장하는 것만이 아니라, 단절되었던 국가적 기억을 비교해 서로를 이해하고, 공통의 기억은 물론 다양성 그 자체를 공유하는 새로운 구도를 만드는 작업이다. 쌍방향적 기억의 복원은 민족적 자부심을 강조하는 대신에 자신의 폭력적인 어두운 역사를 반성하게 한다.

18

공존의 도시, 에스토니아 탈린

공존은 두 가지 이상의 개체나 집단이 시간과 공간을 공유하면서 함께 존재하는 것을 의미한다. 인간은 사회적 동물이기에 공존은 숙명이기도 하다. 공존은 비폭력적 상태가 유지되는 것을 상정하지만 역사적으로 다양한 형태로 나타났다. 권력 공유, 상호 존중과 포용, 이해와 교류, 동질성은 이상적인 공존의 전제 조건이다. 또한, 서로 간 대화 중단의 상태, 거부감, 거리감, 이질감 등 갈등의 요인에도 불구하고 폭력이 없는 비폭력 상태가 유지된다면, 이 역시 공존의 범주에 포함될 수 있다. 이처럼 공존의 방식은 평화적 공존에서부터 경쟁적 공존까지 다양한 스펙트럼을 보인다.

에스토니아의 수도 탈린(Tallinn)은 북유럽 발트해에서 핀란드만으로 들어가는 어귀에 자리 잡았다. 발트해는 사방이 육지로 둘러싸였지만 좁은 해협으로 북해, 대서양과 연결된 내해이자 선사시대부터 다양한 인종과 전통이 공존하는 접경지대다. 탈린은 에스토니아어로 덴마크의 성을 뜻하는 '타니 린나(Taani linna)'에서 그 이름이 유래한다. 덴마크의 왕이

1219년에 에스토니아인들이 거주하던 항구를 정복하고 그곳에 세운 성에 에스토니아 사람들이 붙인 이름이다. 항구도시 탈린은 수륙 교통의 결절점이자 선린과 교류의 접경지대로 주목받았다. 동시에 이곳은 경계 짓기와 경계 허물기가 끊임없이 반복되는 국경 문턱이었다.

1219년 이후 이곳은 발트해 교역의 거점으로 한자 무역동맹의 중심 도시로 번성했다. 12세기부터 발트해 연안에 위치한 도시들은 '한자동맹'이라는 결사체를 구축했다. 100여 도시에 상관을 실핏줄처럼 연계해서 촘촘한 지역 경제권을 개척한 한자동맹은 17세기 중반까지 6세기 이상 존속하면서 초경제적 연대의식과 지역 협력을 강화했다.

특히 러시아 내륙으로부터 유입되는 담비·비버·토끼 모피와 밀랍의 수요가 증가하면서 다양한 지역에서 상인들이 발트해 깊숙이 자리 잡은 한자 도시 탈린으로 모여들면서 여러 인종과 언어, 문화가 병존하기 시작했다. 비록 주민 수는 적었지만 그 교역망은 발트해와 북해를 넘어서 오늘날의 네덜란드, 벨기에, 잉글랜드, 포르투갈에 이르렀다. 에스토니아산 호밀과 같은 곡물에 대한 서유럽의 수요가 증가하면서, 15~16세기의 수출입 물동량이 스톡홀름을 능가할 정도로 탈린은 중계 무역의 거점으로 성장했다.

지금도 원형이 보존되고 있는 중세의 성벽으로 둘러싸인 탈린은 유럽 각지에서 온 상인, 수공업자, 일꾼, 하인들의 일터였다. 이렇게 해서 13세기부터 에스토니아는 다언어 사회가 되었다. 당시 5000~6000명의 주민들 중 절반 정도는 에스토니아인들이었고, 독일 출신 이주자들이 30~40%를 차지했다. 나머지 10~20%는 핀란드 등의 스칸디나비아, 내륙의 러시아에서 온 사람들로 채워졌다. 이러한 종족, 언어와 종교적 다양성, 타 지역에서 들어오는 물품과 정보로 탈린은 바다와 육지가 만나는 항구도시의 모습을 갖추게 되었다.

중세 에스토니아의 역사는 서유럽과 밀접한 관련이 있다. 라트비아와 에스토니아 지역으로의 독일인 이주는 발트해 십자군, 강제 개종, 인종학살 등과 연관되고는 한다. 이른바 가해(독일)-피해(발트인)의 해석 프레임이다. 하지만 역사적 현실은 이와는 달랐다. 리브족(Livs), 라트비아족(Letts) 등 발트해의 소수 종족들은 적대 관계에 있던 리투아니아와 에스토니아족을 견제하기 위해서 서유럽 십자군의 개입을 원했고, 원주민과 '초대된' 십자군 간의 공조가 이루어졌기 때문이다. 따라서 발트해 십자군 원정과 일반인의 이주는 수용국의 입장에서 바라보아야 할 필요가 있다.

또한, 발트해 십자군 원정은 독일 출신들이 주도적인 역할을 수행했지만 덴마크, 스웨덴, 프랑스 등 서유럽 전역에서 군대가 파견되었다. 특히 발트해의 제해권을 장악하고 있던 덴마크 왕실은 신성로마제국의 황제보다도 정치·경제적 정복에 더욱 적극적이어서, 식민 정책을 추진하는 과정에서 독일 십자군 원정대, 독일 이주민들과 불협화음을 일으키기도 했다.

발트해의 기독교화도 독일 이외에 프랑스, 폴란드, 스웨덴, 교황청 등 여타 지역 출신의 선교사와 다양한 교단(시토수도회, 탁발수도회 등)에 의해서 초국가적으로 진행되었다. 이러한 다층위적 접촉은 주변 지역 발트해가 서유럽의 다양한 중심으로부터 받은 상이한 영향력을 의미한다. 변경지대 거주자들은 자신들의 혼종적 공간을 정합(整合)하는 실용 노선과 종교와 언어의 동화 과정을 경험했다. 이주를 가해와 피해의 이분법적 시각이 아닌 현실 타협적 관점, 또 (비록 강요된 것이라 할지라도) 협력과 공조라는 관점에서 접근할 필요가 있다.

따라서 중세 독일인의 발트해 이주에 대해서 독일 정복민 대 리보니아 피정복민이라는 이분법적이고 흑백론적인 해석은 재고되어야 한다. 유럽이라는 초국가적 구도 속에서 진행되었던 분화되고 다원적인 이주와 정주 과정을 지역적으로 좀 더 정교하게 살펴보아야 한다.

중세 후기로 갈수록 한자동맹의 맹주였던 독일에서 이주민들이 지속적으로 유입되고 이들이 정치와 경제 그리고 종교적 권력을 장악하면서 원주민들과의 종족적 불평등, 거부감과 차별이 발생했던 것은 사실이다. 독일 이주민들은 스스로 정직하고 신심이 깊다고 자부하면서, 정교를 믿는 러시아인들은 예의도 없고 부도덕한 무지렁이 촌놈으로 치부했다. 하지만 이러한 정형화된 관념이 늘 현실에 통용되지는 않았다. 가난한 독일 사람들의 생활 태도는 에스토니아인들과 별반 차이가 없었고, 부유한 에스토니아인들과 스칸디나비아 이주민들은 평범한 독일인들보다 훨씬 더 안락한 생활을 했기 때문이다.

이러한 어려움에도 불구하고 탈린은 세계시민적(cosmopolitan) 도시문화를 발전시켰다. 다양한 인종 간의 결혼, 문물의 활발한 교류, 잡거는 일상생활에서 흔히 목격되던 공존의 양상이었다. 비좁은 도시 공간의 잡거는 상호 의존을 통한 생존과 교류를 가능하게 했기 때문이다. 이로써 문화의 쌍방향 소통과 전통의 융화, 제조 기법과 양식의 차용에 의한 기술적 융합, 종족적 경계를 넘나드는 일상적 삶, 모방과 동화가 가능해졌다. 이렇게 해서 발트해 북동부 모퉁이에 위치한 탈린은 더 이상 주변부가 아닌 해양과 대륙의 나들목이 되었다.

교역이 활발해지면서 서유럽의 물자, 자본, 사람, 정보가 탈린에 도달하는 데 필요한 시간은 2~3주면 충분했다. 13세기 후반부터 발이 세 개 달린 주방용 솥이 유행했는데 이는 서유럽과 스칸디나비아에서 수입된 디자인이다. 독일과 스칸디나비아에 유행했던 신발 끈이나 토글(toggle)이 달린 가죽 신발, 동물의 뼈로 만든 빗과 같은 상품들은 직수입되거나 탈린 현지에서 디자인을 본떠 제작하고 판매되었다. 하지만 외래 문물에 대한 에스토니아인들의 태도는 선택적이고 현실적이었다. 농촌의 에스토니아인들은 고유의 전통 복식을 착용했으며 도시에 거주하던 에스토니아 사람들도 고유의 복식을 고수했다. 이는 에스토니아인의 95%가 농촌에 거주하며 고유 언어와 문화를 지키면서 외래문화에 동화되지 않았기 때문이다. 물론 접경지대였던 탈린에서는 독일어와 에스토니아어 모두 통용되었고 상인들은 상대방의 언어를 이해했다. 이는 접경지대에서 자주 목격되는 이중 언어 사용이라는 실용주의적 삶의 한 단면이다.

에스토니아인들은 1219년 이후 덴마크와 독일, 16세기 이후 스웨덴과 제정러시아의 지배를 받으면서 가시밭길을 헤쳐왔지만 자신의 문화적 정체성을 잃지 않았다. 시대별로 독일어·스웨덴어·러시아어가 공용어(lingua franca)가 되었으나 에스토니아인들은 자신의 언어를 계속 사용했다. 하지만 제2차 세계대전 이후 에스토니아가 소비에트 연방에 합병되자 탈린은 사회주의 최전방에 위치한 국경 도시로 변모하면서 차츰 과거의 접경성을 상실했다. 1945년까지만 해도 에스토니아는 이웃 나라인 핀란드와 유사한 생활수준을 누렸으나, 이후 두 나라의 경제적 격차는 크게 벌어졌다.

에스토니아는 마침내 1991년 구소련으로부터 800년 만에 독립을 쟁취할 수 있었다. 에스토니아인들은 외세의 지배를 받았던 이 긴 기간을 '예속적 삶'으로 기억하기도 했다. 에스토니아계 주민들은 오랜 세월에 걸쳐 외래인 귀족과 영주들에 예속된 농노로서 토지를 직접 경작해야만 했다. 그렇지만 오늘날 일부 에스토니아 역사가들은 이러한 역사적 경험과 호미 바바(Homi K. Bhabha)가 말했던 문화 횡단을 통해 에스토니아가 유럽 정치의 일원으로 받아들여졌다고 본다. 종교와 문화적으로도 서유럽에서 유입된 개신교의 영향을 받았고, 20세기에 사회주의 체제로 흡수되기 전까지 독일의 루터파 교회가 다수였다. 사실 탈린과 같은 항구도시를 통한 에스토니아와 서유럽 간 역사적 연결성은 이미 한 세기 전 오스카 할레츠키에 의해 강조되었던 바이다. 단지 냉전 시대의 동서 대치와 단절은 동유럽의 접경성을 망각의 늪에 묻어버렸을 뿐이다.

중세 이래로 탈린의 정치와 경제 그리고 인구 분포에서 주도적인 역할을 했던 집단은 발트해 반대편에 위치한 독일에서 온 정착민들이었다. 1840년대까지 탈린 주민의 40%를 차지했던 독일계가 최대 단일 집단으로서 도시의 주류를 이루었다. 스웨덴 지배의 종식으로 폐쇄되었던 타르투대학교(Tartu)를 1802년에 다시 개교했던 사람들이 바로 법률가, 과학자, 교사, 성직자로 활동했던 독일계 지식인들이었다. 그 이후 이 대학은 발트해 연안의 대표적인 학문 기관으로서 황금기를 맞았다. 실제로 에스토니아를 대표하는 학자, 작가, 항해사, 군인들은 대부분 독일 출신 정착민들의 후손들이었다. 그러나 타르투대학교에서 교육을 받은 에스토니아계의 젊은 세대가 탈린의 정치, 언론 등 사회 전반에서 주도적인 역할을 했다는 사실은 문화 횡단의 또 다른 사례다. 호미 바바의 표현을 빌리자면, 종속적 주변 집단이 지배적 혹은 주류 문화에 의해 그들에 전해진 식민담론을 선별적으로 '흉내 내기'하면서 새로운 사고로 변환했던 접경지대가 바로 탈린이다.

이제 에스토니아는 완전한 독립국의 지위를 차지하면서 발트해의 호랑

〈탈린 항구(Таллиннский порт)〉. 알렉세이 보고류보프(Aleksei Bogoljubov), 1853년 작.

이로 불릴 정도로 급속한 경제 성장을 이뤘다. 탈린도 발트해의 국제 항구 도시로서 옛 모습을 되찾기 시작했다. 러시아의 국경 도시 칼리닌그라드와 노브고로드가 여전히 이웃 국가들에 대해 배타적인 적대 감정을 앞세우고 있다면, 이와는 반대로 국경의 빗장을 풀은 열린 도시 탈린은 세계로 향하고 있다.

외세가 지배하던 시대의 문화유적들을 관광자원으로 활용하면서 탈린은 한자동맹 당시의 중세와 현대가 공존하는 관광 명소로 각광받고 있다. 중세 시대에 세워진 시청사, 고딕 첨탑, 상인들의 길드 건물, 자갈이 깔린 골목길이 잘 보존되어 있어 오늘날 발트해에서 중세의 모습을 가장 잘 간직한 도시로도 유명하다. 1990년대 냉전의 종식과 에스토니아의 독립으로 탈린은 동서를 잇는 접경의 항구도시라는 과거의 국제적인 옛 모습으로 돌아가고 있다.

2024년까지 5년간 에스토니아 수도 탈린의 시장으로 재직했던 미하일 콜바트(Mihhail Kolvart)는 고려인 3세다. 1937년 스탈린의 한인 강제 이주 정책으로 연해주나 간도 등 극동 지역에서 이주 열차에 실려 중앙아시아 지역으로 이주한 고려인의 후손이다. 에스토니아인 아버지와 고려인 어머니 사이에서 태어난 그가 다문화·다민족 역사를 품은 탈린을 이끄는 것은 오히려 자연스러워 보인다. 고려인인 그의 어머니 리이디아 콜바트(Liidia Kõlvart)는 에스토니아의 소수민족연합 회장직을 맡아 소수민족의 언어·문화 보존과 이들의 권익을 위해 다양한 활동을 벌였다고 한다. 미하일 콜바트는 에스토니아인이면서 러시아어를 모국어로 사용하는 소수민족 출신의 시장이었다.• 이 역시 역동적 중간지대인 탈린이 갖는 접경성(接境性)의 한 단면이다.

최근의 러시아-우크라이나 전쟁 기간에 에스토니아 정부는 우크라이나를 위해 국내총생산(GDP) 대비 세계에서 가장 높은 군사지원을 했을 만큼 러시아의 침공에 강경한 태도를 보였다. 하지만 정부의 반(反)러시아 전략에도 불구하고 러시아계 에스토니아인들은 러시아의 입장을 지지한다. 이러한 이유로 에스토니아는 러시아가 우크라이나를 침공하면서 내세웠던 '러시아계 주민 보호'라는 명분이 자국에도 적용될 수 있다는 점을 우려하고 있다. 그렇지만 러시아가 에스토니아를 쉽게 침공하기는 어려울 것이다. 에스토니아는 우크라이나와는 달리 이미 2004년부터 서방 군사

• 전체 탈린 주민의 1/3이 러시아어를 여전히 모국어로 사용한다. 전체적으로 에스토니아 인구의 1/5 정도가 러시아어 구사자다.

동맹인 나토 회원국이기 때문이다. 군사적 충돌의 우려를 해소하기 위해서 서구와 러시아의 접경지대 에스토니아는 그 어느 때보다도 평화적으로 공존하는 방안을 모색해야 할 것이다. 강대국들의 틈바구니에서 편향된 대외 의존도를 낮추고 균형 잡힌 외교 전략을 펼쳐온 에스토니아인들의 역사에 그 답이 있다. 에스토니아는 문화 횡단의 역사를 창조하면서 문화 다양성이 존중되는 사회를 만들어왔다. 그 중심에 바로 탈린이 있다.

19

국경 투표의 비극, 슐레스비히-홀슈타인

덴마크와 독일의 국경선은 일반적으로 국경 문제를 가장 평화적이고 성공적으로 해결한 모범 사례로 평가된다. 새로운 국경선 설정으로 다른 곳에서 흔히 벌어졌던 강제 추방도 이곳에서는 없었다. 폴란드, 인도, 파키스탄과 달리(2부 11장, 5부 26장, 5부 27장 참조), 국경선 설정 이후 학살과 추방은 없었기 때문이다. 무엇보다도 독일과 덴마크 사이를 가로지르는 길이 68km의 국경선 설정 이후 잔류하게 된 소수민 보호 정책은 선진적 사례로 꼽힌다.

1920년부터 오늘날까지 덴마크의 영토인 북부 슐레스비히*에는 여전히 1만 5000명에서 2만 명 정도의 독일계 주민들이 살고 있다. 반면 독일에 속하는 남부 슐레스비히에는 덴마크계 소수민 5만 명 정도가 있다. 이

● 현재 덴마크 행정구역상으로는 남덴마크 레기온 쉬덴마르크(Region Syddanmark)에 속한다.

들은 지금부터 100년 전인 1920년에 시행된 국경 분할 주민투표 이후에도 그들이 살던 곳에 잔류했던 주민의 후손들이다. 당시 투표 참여율이 90%에 달했을 정도로 슐레스비히 주민들은 국경선을 자신의 손으로 결정하고자 했다. 결과는 오늘날의 독일과 덴마크 국경을 경계로 슐레스비히 북부 지역은 75%의 찬성으로 덴마크로 복귀했고, 반대로 남부 지역은 80%의 지지로 독일에 잔류하기로 결의되었다.

접경지대 슐레스비히

문제가 된 슐레스비히는 북유럽에서 대륙으로 진출하는 중요한 교두보이자 발트해와 북해 사이에 있는 유틀란트반도의 길목에 자리한다. 토지가 비옥하고 수산자원이 풍부했던 교역의 중심지인 이곳은 오랜 세월 동안 여러 집단이 스쳐 지나갔고, 지난 수 세기 동안 독일계와 덴마크계가 뒤엉켜 공존했던 접경지대였다.

이곳이 역사적 주목을 받게 된 사건은 9세기로 거슬러 올라간다. 프랑크 제국의 카롤루스 대제는 당시 덴마크 지역을 통치하던 헤밍 1세(Hemming I)와 811년 조약을 체결하고, 양측의 경계를 슐레스비히의 동쪽과 서쪽을 아우르며 흐르던 아이더강으로 설정했다. 그 이후 남부 슐레스비히는 중세 신성로마제국의 영토로 귀속되었으나 12세기 이후부터 아이더강을 경계로 슐레스비히와 홀슈타인 백작령이 들어서면서 점차 접경지대의 특유한 정치 지형을 구성했다. 즉, 종족·언어·정치적 혼종성과 사이 공간이자 회색지대가 취하는 양자병합의 논리가 앞설 수 있었다. 또한, 중세의 국경은 삼투적인 것이어서 독일 출신의 귀족들이 덴마크의 왕으로 등극하기도 했다.

때로는 중심부, 예를 들면 덴마크의 왕이 13세기에 주변부였던 슐레스비히와 홀슈타인을 자신의 세력권에 넣으려 했으나 또 다른 중심, 즉 신성로마제국 제후들의 완강한 저항에 굴복해야만 했다. 1227년의 보른회베드(Bornhöved) 전투는 후자에게 유리하게 끝났다. 신성로마제국의 북부 제후들은 자신들의 경계에까지 덴마크의 강력한 왕권이 미치는 것을 원치 않았다. 그 결과, 중심의 팽창에 대한 주변(슐레스비히와 홀슈타인, 신성로마제국의 북부 제후들)이 합종연횡했던 것이다.

이 전투에서 주도적인 역할을 한 독일계 샤우엔부르크(Schauenburg) 백작 가문이 1386년부터 슐레스비히-홀슈타인을 통합 통치했고, 1460년 가문의 계승자가 덴마크의 왕 크리스티안 1세로 등극했다. 이는 전근대의 경계가 정치적으로 얼마나 유동적이고 삼투되고 있었는지를 잘 보여준다. 크리스티안 1세는 왕으로 등극하면서 슐레스비히-홀슈타인 지역의 귀족들에게 '이 지역이 분단되지 않고 영구히 통일된 영토로 남을 것'임을 확약했다(리펜 협약).

이후 1864년까지 덴마크 왕국의 제후들이 슐레스비히, 홀슈타인 두 지역을 다스렸다. 그러나 19세기까지도 이 두 지역에는 독일어를 사용하는 독일 출신 사람들이 많이 살고 있었다. 지배 엘리트들은 독일어를 평민들은 덴마크어를 사용하는 이중 언어 지역이 된 것이다. 두 지역의 인구는 당시 덴마크 왕국 전체 주민의 1/3에 해당할 정도로 많았다. 무엇보다도 슐레스비히와 홀슈타인은 당시 왕국의 경제에서 그 비중이 50%를 차지할 만큼 부유했던 지역이었다.

슐레스비히-홀슈타인에는 접경 지역의 일반적 특징인 줄타기 외교 전략, 즉 독일과 덴마크 사이에서 양자를 이용하고 이로부터 이득을 취했던 양상이 잘 드러난다. 결국 백작령은 1474년에 공작령으로 승격할 수 있었으며, 이후의 슐레스비히-홀슈타인 공작들은 지역의 이익을 위해 덴마크 왕과 대립각을 세우면서 독립적인 주권을 확보하려 했다. 결국 공작들은 조세권, 화폐 주조권, 사법권을 확보할 수 있었고, 문화와 경제적으로 독자적인 세력으로 성장할 수 있었다. 공작들은 덴마크 왕실의 통제를 벗어나고자 대외적으로도 신성로마제국의 제후들과 결탁하거나 덴마크의 경쟁 세력이었던 스웨덴, 러시아 등과 동맹을 맺으면서 실리를 추구했다.

18세기에 와서야 덴마크 왕실이 슐레스비히의 통치권을 겨우 되찾았고(1713), 1773년에는 홀슈타인 지역도 덴마크 왕의 수중에 들어왔다. 그러나 이곳은 여전히 홀슈타인과 덴마크 사람들이 다른 여러 종족과 함께 혼거하던 지역으로, 이중 혹은 삼중 언어(독일어, 덴마크어, 북부 프리슬란트어) 사용을 꺼리지 않는 얽힌 역사가 전개되던 공간이었다. 19세기 중반 덴마크가 플렌스부르크(Flensburg) 아래에 위치한 남부 슐레스비히에서 독일어를 금지하려는 시도나, 1880년대에 북부 슐레스비히를 프로이센화하려는 것 모두 해당 지역민들의 반발을 초래하기만 했다. 또한, 슐레스비히는 여전히 고유한 통화와 독자적인 관세 국경을 유지할 만큼 지역적 독립성을 강화했다. 자영농들은 자신이 생산한 농작물을 남쪽에 있는 함부르크 등 독일 대도시에 판매하고자 했고, 지역 상인들은 카리브해의 덴마크령 서인도 제도에서 수입되는 설탕 등을 교역하기 원했다. 그래서 슐레스비히는 어느 한편에게도 속하지 않으면서 모두와 관련을 맺고 있던 공간, 즉 접경지대였다.

19세기의 반역, 접경의 비애

19세기까지 슐레스비히 사람들은 비록 1세기 이상 덴마크 왕국의 정치적 지배를 받아왔으나, 덴마크나 독일인이 아닌 '슐레스비히인'으로서 자신의 지역 정체성을 지켜왔다. 물론 이는 독일-덴마크-프리슬란트의 혼종적 지역 정체성이었다. 접경 지역의 이러한 혼종성은 중심, 즉 코펜하겐과 베를린과 일정한 거리를 두고 홀로서기를 시도하는 지역적 민족주의(regional nationalism)를 싹트게 했다. 슐레스비히인들에게 두 나라의 수도는 그저 멀리 떨어진 곳이었다. 그러나 프로이센과 덴마크라는 국가주의적 민족 담론이 전파되고 민족국가 만들기 작업이 진행되면서 더는 국가와 국가 간의 사이 공간은 용납되지 않았다.

혼종적 문화는 배척되고 순수한 문화만 고수하기 시작했다. 고고학자를 포함해 학자들은 유틀란트반도가 본래 선사시대부터 독일인들이 거주하던 지역이라는 역사 주권을 내세웠고, 지역의 엘리트들도 부화뇌동해 베를린 혹은 코펜하겐 같은 중앙으로 쏠리기 시작했다. 결국, 3년간의 제1차 슐레스비히 전쟁(슐레스비히-홀슈타인 전쟁, 1848~1851)으로 슐레스비히 분리운동이 실패로 돌아갔고, 이후 이 지역에 대한 덴마크화가 강화되면서 공공장소에서 독일어 사용을 금지하도록 했다.

이에 프로이센의 비스마르크가 1864년에 슐레스비히를 놓고 덴마크와의 제2차 슐레스비히 전쟁에서 승리함으로써 슐레스비히는 독일 제2제국의 영토가 되었다. 1864년 4월 18일 디볼(Dybbøl, 독일어로는 Düppel) 전투에서만 독일군 1000명, 덴마크 병사 1600명이 전사했다. 비록 전쟁에서 패하고 영토를 상실했지만 덴마크의 민족주의자들은 아이더강이 독일어와 덴마크어의 경계이고 슐레스비히가 덴마크 왕국의 일부였다는 사실을 잊지 않으려 했다.

1920년 주민투표의 비극

제1차 세계대전에서 중립을 지킨 공로로 덴마크는 승전국들로부터 국경선 획정 주민투표를 승인받았다. 윌슨(Woodrow Wilson)의 민족자결주의 원칙에 근거하여 슐레스비히는 주민투표를 통해 국경선을 획정한 것이다. 슐레스비히를 두 지역으로 나누어 북쪽 지역은 단일 선거구로 구성해 일괄적으로(en bloc) 투표하고 남쪽은 마을 단위로 투표했다. 1920년 주민투표 결과 북부 슐레스비히에서는 유권자의 75%가 덴마크로의 귀속을 찬성했다. 북부 슐레스비히와의 통합을 덴마크는 재통일(reunification)로 부른다. 반대로 남부의 주민들은 80%가 독일에 남기를 희망했다. 1920년의 투표로 오늘날 덴마크와 독일 간의 국경선이 확정되었다. 하지만 덴마크에서 슐레스비히 전체 통일에 대한 염원은 사라지지 않았고, 제2차 세계대전에서 독일이 패망하자 "아이더강까지 덴마크로"라는 민족주의 구호가 다시 등장했다.

1920년 주민투표 국경선 확정은 모범사례로 평가되지만, 전체 주민의 20~25%는 자신이 원하던 지역으로 돌아가지 못하고 결과에 승복해야만 했다. 그 이후에도 북부 슐레스비히에 남은 독일인 소수민들은 지속해서 국경선 수정을 요구했다. 남부 슐레스비히의 덴마크계 소수민들도 국경선 수정을 원했다. 슐레스비히는 19세기 후반까지도 부유한 지역이었으

〈1920년 덴마크의 왕 크리스티안 10세가 주민투표를 통해 덴마크 영토로 재통일된 슐레스비히로 백마를 타고 들어오고 있다(Genforeningen den 10. juli 1920. Kong Christian X rider igennem æresporten ved Frederikhøj)〉. 하인리히 돔(Heinrich Dohm), 1921년 작.

나 1920~1930년대에 심각한 경제 위기를 맞았다. 독일로 귀속된 플렌스부르크는 슐레스비히의 중앙에 자리 잡고 주변 상권의 중심지이자 대도시로 성장했으나 1920년 이후에는 작은 마을로 그 위상이 추락했다. 새로운 국경선 설정으로 독일로 귀속된 남부 슐레스비히는 1990년대까지 서독에서 가장 가난한 지역으로 남았다. 1920년 슐레지엔 주민투표와 분단은 접경 지역의 비애를 고스란히 보여준다. 덴마크-독일의 국경선 설정과 슐레스비히의 분단은 유럽을 남북으로 잇는 유틀란트반도의 맥을 끊기에 충분했다. 그로 인한 경제·심리적 피해는 모두 슐레스비히 지역 주민들에게 돌아갔다.

코펜하겐과 베를린의 중앙정부는 강력한 중앙집권적 국가 건립을 추진하면서 영토를 확장했지만, 찢기고 갈라져서 새로운 국가에 소속된 슐레스비히 지역 주민들에게 이는 축복만이 아니었다. 이들은 '독일'과 '덴마크'가 아니라 자신이 대대로 살아온 고향 '슐레스비히'에서 살고자 했기 때문이다. 하지만 이들은 본인의 의사와 관계없이 프로이센과 덴마크 중 양자택일하도록 강요되었을 때 선택의 갈림길에 설 수밖에 없었다. 과연 누구를 위한 국경 투표였는가?

4부

지중해의 항구도시

이슬람과 그리스도교 문명의 단층선이라 불리는 지중해에서 두 문명은 경우에 따라 부침이 있기는 했지만 끊임없이 교류했다. 그리스도교인이 이슬람으로 개종하는 것도, 그 반대의 사례도 얼마든지 있다. 상호 이해와 공존, 환대와 화해의 콘비벤시아(convivencia)는 일시적인 예외 상태가 아니라 반복적이고 일상적인 것이었다.

지중해의 광범위한 조우와 공존이 점차 일상이 되자 안달루시아, 시칠리아, 예루살렘 등 경계 속에서 치열하게 '사이 공간'을 사유했던 경계인들은 현실과의 타협에 익숙해졌다. 비록 그들이 마주한 현재가 복잡다단해서 모순의 장소이기는 했지만, 그곳은 사람들이 스스로 삶의 가치를 창조하며 조화롭게 사는 것을 목표로 하는 공간이었다.

역사적으로 경계지대의 사람들은 초경계적 연대를 구축하면서 지역 간 협력 공간을 확충했고, 혼종화된 지역 정체성을 발판으로 위기 상황에 대처했다. 경계는 중심부에서 멀리 떨어진 낙후된 주변부가 아니라 새로운 중심이 되는 해방의 공간, 창조의 공간, 생명의 공간이었음을 역사는 보여준다.

지중해 연안의 국가들은 서구 그리스도교·비잔티움·이슬람 문명의 경계이자 중개자 역할을 수행했다고 한다. 유럽과 아시아 그리고 아프리카를 잇는 이들은 중심의 단순한 종속적 존재가 아닌 창조적 주체였다. 이러한 관점은 중심에 종속된 주변이라는 오래된 지배 담론에 균열을 내고 틈새 읽기를 시도하게 한다.

항구도시는 문자 그대로 항구가 있는 도시다. 바다와 육지가 만나는 접점인 이곳은 항구의 혼돈과 도시의 질서가 만나는 '혼돈의 가장자리' 혹은 '질서의 가장자리'다. 이곳은 혼돈과 질서의 경계에 서서 서로를 인정하며 균형을 찾아가고 유지하는 곳이다. 안정된 혼돈계인 항구도시는 나름의 규칙성과 질서가 존재했다. 경계 연구자들은 선린과 교류의 접경지대로서 항구도시에 주목하기 시작했다. 역동적인 중간지대인 항구도시가 갖는 항구성과 삼투성은 역사 연구를 경계 짓기와 경계 횡단이 끊임없이 반복되는 '변화와 이행'의 역사로 전환시킨다.

20

망명객·예술가·커피의 항구도시, 트리에스테

잊혀버린 국경 도시

제임스 조이스(James Joyce)는 아일랜드 출신이지만 젊은 시절 방랑객으로 살면서 이탈리아의 동북쪽 끝자락에 있는 항구도시 트리에스테(Trieste)에 1905년부터 1915년까지 십여 년을 머물렀다. 이때의 경험을 바탕으로 그는 자신의 고향이자 유럽 반대편에 있는 또 다른 항구도시인 아일랜드의 더블린을 배경으로 한 대표작 『율리시스(Ulysses)』와 『더블린 사람들(Dubliners)』을 집필했다. 조이스는 트리에스테에서 소설가 이탈로 스베보(Italo Svevo), 시인 움베르토 사바(Umberto Saba) 등과 교유하며 지냈다. 제임스 조이스에게 작가로서 큰 영감을 준 가브리엘레 단눈치오(Gabriele D'Annunzio)의 동상도 최근에 이곳에 세워졌다(단눈치오에 대해서는 4부 21장 참조). 지금도 트리에스테에는 조이스의 동상이 있는데, 동상 아래 바닥 동판에는 "내 영혼은 트리에스테에 있다"라는 글귀가 새겨져 있다. 이처럼 유서 깊고 숨겨진 이야기가 많이 있는 트리에스테는 로마와 피렌체 등의 이탈리아 다른 도시들에 비해서 잘 알려지지 않은 국경도시로 남았다.

커피와 환대의 도시

트리에스테만은 이탈리아, 슬로베니아, 크로아티아와 접하고 있어서 항구에서는 세 나라를 이어주는 크고 작은 배들이 오간다. 트리에스테의 역사는 커피와 밀접한 관련이 있다. 먼저 부둣가에는 커피 전문점들이 즐비한데, 이중 카페 델리 스페키(Caffè degli Specchi), 카페 토마세오(Caffè Tommaseo)는 1830년대부터 운영 중이라 한다. 이곳에서 스베보는 작품을 집필하기도 했고, 이곳의 또 다른 단골손님 사바는 피스타치오 아이스크림을 즐겼다고 한다. 조이스가 즐겨 찾았던 카페도 여전히 영업 중이다.

    카페인의 도시로 불리는 트리에스테는 18세기부터 해외에서 수입된 커피를 중부 유럽에 독점적으로 공급하기 시작했다. 이집트, 튀르키예, 브라질산 커피는 오늘날까지 트리에스테를 지중해 최대의 커피 항구로 만들었다. 이탈리아의 대표적인 일리(illy) 커피도 90년 전 트리에스테에서 설립되었다. 그러나 이곳을 부유하고 활력이 넘치는 항구도시로 만든 의외의 인물은 18세기 합스부르크 제국의 황후 마리아 테레지아다. 그녀는 경제 활성화를 위해 이 도시를 모든 종교와 인종에게 개방하는 포용과 관용의 정책을 펼쳤다.

    그래서 트리에스테에는 유럽에서 두 번째로 큰 유대교 회당, 1756년에 건설된(19세기에 다시 세워지기는 했지만) 세르비아 정교회가 가톨릭 성당들과 공존하고 있다. 조이스와 교류했던 이탈로 스베보와 움베르토 사바도 유대인 작가들이었다. 이탈리아, 그리스, 아르메니아 등 각지에서 모여든 도시민들도 비록 출신지는 다양했지만 이탈리아어를 공용어로 사용했으며, 이 혼종적 상업 부르주아들은 빈의 중앙정부에 맞서 중세 이래의 도시 자치권을 고수하면서 줄곧 도시의 정치와 경제를 주도했다.

합스부르크 제국의 세계시민적 자치 도시

1382년, 트리에스테의 대표단이 합스부르크의 공작 레오폴트 3세를 방문하고자 오스트리아의 그라츠를 찾았다. 이들은 이웃의 경쟁국인 베네치아의 지속적인 위협으로부터 도시의 자유를 보장받기 위해 강력한 군주의 도움이 절실했다. 이렇게 해서 트리에스테는 1382년의 자발적인 복속 이후 1918년까지 500년을 합스부르크 제국의 지배 아래에 있게 된다. 그러나 막강한 경제력을 바탕으로 이곳의 주민들은 도시 자치권을 수호하고자 했으며, 내륙에 있는 오스트리아 빈을 수도로 삼았던 제국도 16세기 이후 대항해의 시대를 맞아 항구도시의 잠재적 가능성을 무시할 수 없었다. 현실적으로 트리에스테는 빈 정부가 바다로 진출할 수 있는 유일한 항구였기 때문이다.

 무엇보다도 프랑스와 잉글랜드 등 서유럽의 경쟁국들이 해양 진출을 서두르던 상황이라 트리에스테의 중요성은 더욱 커졌다. 합스부르크 제국과 트리에스테 양측의 이러한 이해관계로 통치성과 자율성은 서로 조화를

⟨트리에스테 자유항 선언(La proclamazione del Portofranco di Trieste)⟩, 체사레 델라쿠아(Cesare Dell'Acqua), 1855년 작. 트리에스테가 1719년 자유항으로 선포되는 장면을 그린 그림.

잘 이루면서 공존할 수 있었다. 트리에스테는 마침내 1719년 인근의 피우메/리예카(Fiume/Rijeka)와 더불어 자유항(free port)으로 선포되어 도시 자치권을 유지하면서 국제 중개항으로 빠르게 성장할 수 있게 되었다. 대서양과 인도양 교역권과 연결되어 중국, 인도, 오스만튀르크 제국, 아프리카, 미국, 브라질 등에서도 상품이 수입되면서, 1800년 전후로 항구의 교역량도 2~4배가 증가했다. 중부 유럽과 헝가리의 곡물과 염장 고기는 대서양과 발트해 연안 지역은 물론 대서양을 건너 아메리카 대륙으로 수출되었다.

관세 특권, 종교적 자유 등 다양한 특혜가 보장되자, 세계 곳곳에서 전문 지식과 기술을 보유한 이주민들이 유입되는 계기가 되었다. 18세기 초 3000~5000명이던 인구도 100년 만에 5~6배로 늘어났다. 19세기에도 성장세를 멈추지 않으면서 1819년에 4만 4000명이었던 주민 수가 1890년에는 17만 6000명으로 늘어났다. 그 이후에도 인구 증가는 수그러들지 않았고 1910년에는 22만 9510명으로 증가했다.

19세기의 반전

합스부르크 제국의 유일한 국제항 트리에스테는 이곳과 수도 빈을 연결하는 오스트리아 남부 철도가 부설되면서(1857), 새로운 성장의 기회를 맞는다. 지중해와 유럽 내륙을 연결하는 철도 건설로 트리에스테는 세계 교역의 중심지로 자리 잡는다. 그러나 19세기 이탈리아의 독립과 통일은 트리에스테에 큰 변화를 초래했다. 1859년의 2차 이탈리아 독립전쟁에서 오스트리아가 패하고, 1866년 3차 이탈리아 독립전쟁으로 베네토(Veneto)주까지를 포함한 새로운 국경선이 확정되었다. 그 이후 이탈리아반도 출신의 이주민은 합스부르크 제국이 통치하던 트리에스테에서 '왕국민(regnicoli)' 혹은 '본토인'으로 외국인과 같이 취급되었다.

트리에스테 내부에서도 이탈리아인과 슬로베니아인 사이의 민족 갈등이 심화했다. 슬로베니아인들은 수 세기 동안 트리에스테 주변의 농촌에 거주했으나 18세기 중반 이후 도시 확장 과정에서 도시 노동자로 이주한 사람들이었다. 이들은 생계를 위해 이탈리아어를 사용했으나 1849년에는 슬로베니아어로 신문을 발행할 만큼 문화와 민족 정체성을 가지고 있었다. 정치적으로는 합스부르크 왕가에 충성했던 신민들이었다. 시간이 갈수록 슬로베니아인들은 '외국인' 이주민인 이탈리아 본토 출신 사람들보다 나은 일자리와 혜택을 요구하면서 정치적 참정권 확대를 요구했다.

통일 이탈리아 왕국이 이탈리아반도로 국한되면서 이탈리아어가 사용되는 반도 이외의 지역을 이레덴티스타(Irredentista), 즉 미수복 영토로 규정하고 이를 회복하려는 운동이 전개되었다. 이레덴티스모(Irredentismo)로 불리던 실지회복주의 동조자들은 단체를 조직하고 전시회를 개최하면서 민족주의 잡지를 발행했다. 특히 통일 이후 처음으로 참여한 전쟁인 제1차 세계대전에서 합스부르크 제국과의 싸움에 승리하면서 실지 회복에 대한 희망은 더욱 커갔다. 이 과정에서 트리에스테는 야만적인 슬라브인들에 의해 점령된 이탈리아의 영토로 선전되었다.

트리에스테, 유럽의 홍콩?

제1차 세계대전 종전 이후 이탈리아 민간인들과 제대 군인들이 트리에스테로 대거 몰려들면서 밀라노 다음으로 가장 먼저 무솔리니가 조직한 파시스트당 파쇼가 생겨났다. '변경의 파시즘'이라 할 수 있겠다. 1910년 트리에스테 전체 인구 22만 9510명 중에 이탈리아어 사용자는 14만 8396명(51.83%)으로, 그 외는 슬로베니아어 사용자 5만 6916명(24.79%), 독일어 사용자 1만 1860명(5.04%), 세르비아-크로아티아어 사용자 6920명(1%) 등의 순이었다. 그러나 1936년에는 주민 25만 2437명 중 이탈리아어 사용자가 22만 2996명(88.3%), 슬로베니아어 사용자 2만 7915명(11.1%),

독일어 사용자 1122명(0.5%)으로, 1920년대와 1930년대에 인구 구성이 압도적으로 이탈리아인 위주로 변화하면서 트리에스테의 '이탈리아화(Italianizzazione)'가 급속히 진행되었다.

반면 다른 국적의 사람들이 유출되면서 트리에스테는 급속히 '가장 이탈리아적인 도시(città italianissima)'가 되었다. 이로써 전통적으로 코스모폴리탄 경향성을 보였던 국제항 트리에스테는 이탈리아의 항구도시로 변모했다. 트리에스테 '수복'은 단순한 고토 회복 이상의 의미가 있는데, 이는 곧 아드리아해에 대한 제해권을 의미했기 때문이다. 이렇게 해서 냉전 시대에는 유고슬라비아 연방과 이탈리아 사이의 트리에스테 문제(Trieste Question)가 국제적 이슈로 떠올랐다.

제2차 세계대전 이후 동유럽이 공산화되자 트리에스테는 자본주의 최전방에 있는 국경 도시로 변모하면서 차츰 변두리 지역으로 잊혀버렸다. 항만의 물동량도 계속 감소해 이탈리아 정부의 정책에 대한 주민들의 불만은 날로 더해 갔다. 도시의 정치·경제적 고립과 주변화(marginalization)는 결국 무력시위로까지 번져 시위대 수십 명이 구금되거나 부상을 입기도 했다. 중앙정부는 국경지대에서 이탈리아성(italianità)과 같은 민족 감정을 부추기고 구축하려 했으나, 자치권 강화를 요구하는 트리에스테 지역주의를 억누를 수는 없었다.

이곳이 고향인 이탈리아와 슬로베니아 출신의 일반 주민 대부분은 트리에스테가 이탈리아 혹은 유고슬라비아라는 특정 국가에 귀속되기보다는 주민 자치 도시로 남기를 원했기 때문이다. 이들에게 동서의 대립, 자본주의나 공산주의와 같은 진영논리는 부차적이었고, 트리에스테가 이탈리아 문화의 수호자이자 공산주의 침략에 대항할 보루라는 중앙정부의 정치 엘리트가 만들어낸 주장은 허구적 논리였을 뿐이다.

그러나 1990년대 냉전의 종식과 더불어 '아드리아해의 베를린' 트리에스테는 동서를 잇는 접경의 항구도시로서 과거의 국제적인 모습을 되찾고 있다. 특히, 중국이 일대일로(육·해상 실크로드) 정책을 추진하면서 중부 유럽과 동유럽을 잇는 전략적 요충지인 트리에스테에 관심을 보이며 항구의 개발과 투자에 적극적으로 참여 중이다. 과거 커피가 수입되던 항구에는 중국산 물품들이 이집트 수에즈 운하를 통해 아드리아해를 거쳐 유입되고, 트리에스테에서부터 유럽 전역으로 판매된다. 트리에스테가 다시 유럽의 관문으로 부상하고 있다. 과거로의 회귀인가? 그렇다면 국경은 열림과 닫힘을 선택적으로 반복하는 다중적 공간이자 모래 위의 선(line in the sand)처럼 가변적인 실체다.

21

끝나지 않는 기억 전쟁, 리예카/피우메

리예카(Rijeka)는 아드리아 해안에 있는 크로아티아 서북부의 항구도시다. 이곳은 크로아티아의 최대 항구도시로, 지중해와 동유럽을 연결하는 길목이자 아드리아해를 두고 이탈리아와 맞대고 있으며 슬로베니아와 국경을 접한 국경 도시다. 최근 유럽연합 기금으로 도시재생 사업이 진행되면서 오랜 사회주의 경제의 그늘에서 서서히 벗어나고 있다. 한때는 유고슬라비아 연방의 항구로 냉전의 최전방에 놓여 있었으나 지금은 동서를 잇는 협력의 공간으로 거듭나는 중이다.

이탈리아어로 피우메(Fiume)라 불리던 이 도시는 제2차 세계대전 직전에는 이탈리아에 의해 잠시 점령되기도 했으며, 제1차 세계대전까지는 500년간 합스부르크 제국의 영토였다. 1466년 이전에는 베네치아의 소유였다. 즉, 역사적으로 중세 베네치아, 근대 합스부르크 제국, 현대 이탈리아, 유고슬라비아 연방, 크로아티아에 차례로 속했지만, 리예카는 항상 영토 외곽에 머물렀던 변경 도시였다. 그래서 이곳은 국경지대 특유의 다종족·다언어·다문화의 역사를 간직한다.

리예카는 트리에스테처럼 발칸반도의 농산물을 지중해를 통해 서유럽으로 운송하는 항구이자 해양에서 내륙으로 진출하기 위해 반드시 거쳐야 했던 전략적 거점으로 매우 중요했다. 1900년경 인구분포를 보면 이탈리아인 45.6%, 크로아티아와 세르비아인 32.5%, 슬로베니아인 9%, 헝가리인 7.4%, 독일인 5%, 기타 1.5%이다. 약 1300만 평의 이 항구도시는 제1차 세계대전이 벌어지기 전까지 지속해서 주변 강대국들의 표적이 되기는 했으나 누구도 완벽하게 자신의 세력권 속으로 끌어들일 수 없었다.

그래서 이곳은 수 세기 동안 합스부르크 제국이 임명한 행정관이 통치했음에도 전통적으로 주민대표인 시장을 중심으로 자치권을 행사하면서 중앙정부와 협력과 대립을 해왔다. 19세기에 들어서 이탈리아의 이레덴티스모, 즉 '실지 회복 운동' 주창자들은 역사적으로 그리고 언어·문화적으로 이곳이 이탈리아의 영토였음을 주장하기 시작했다. 그러나 이 지역 주민들이 이탈리아어를 사용했다고 해서 이것이 이탈리아 문화에 동화되었음을 의미하지는 않는다. 이탈리아는 1861년에 통일되기 전까지 수 세기 동안 외세의 지배를 받으면서 지역적으로 분열되었기 때문에 정작 '이탈리아'의 문화는 존재하지 않았기 때문이다.

언어는 소통의 수단이지 문화적 동질성을 의미하지 않는다. 종족적·종교적 다양성과 언어적 혼종성은 도시 자치를 보호하기 위한 노력의 결과물이었다. 획일적인 중앙집권 체제에서 벗어나 다양성을 지향하고 수렴하려는 정책은 풀뿌리 민주주의의 시작이다. 합스부르크 제국은 피우메를 제국 일부였던 헝가리 왕국에 귀속시켰고, 이렇게 해서 내륙 국가인 헝가리는 항구도시 피우메를 차지할 수 있었다. 그러나 왕국의 수도 부다페스트에서 500km나 떨어져 있고 슬라브인들로 둘러싸인 이곳을 효율적으로 통치하기 어려워지자, 이탈리아인들의 이주가 진행되었다. 한 세력을 이용해 다른 세력을 통제하는 이이제이의 방법을 썼던 것이다.

이탈리아는 제1차 세계대전에 참전하여 60만 명의 희생자를 내었다. 연합국은 전쟁 기간 이탈리아에 이스트라반도와 달마티아 연안 등 통일 이후에도 미수복된 영토를 반환하겠다고 약속했다. 이탈리아반도 외부에 놓인 이 지역에는 이탈리아인들이 거주했었고, 이곳에 대한 역사 주권을 내세워 수복을 주장하던 터였다. 그러나 막상 전쟁이 끝났으나 약속한 달마티아 연안을 돌려받지 못하자 이탈리아의 급진적 민족주의자 가브리엘레 단눈치오(Gabriele D'Annunzio)는 1919년에 퇴역 군인들과 민족주의자들로 구성된 의용군을 이끌고 무력으로 피우메를 기습 점령했다. 독자적으로 '미수복 영토 귀속 운동' 혹은 '실지 회복 운동'을 전개한 것이다. 물론 배후에서 다른 정치가들과 이 지역의 이권을 챙기려는 산업자본가들의 지원이 있었다.

피우메 점령 사건은 이탈리아 전역에 이전에는 존재하지 않았던 애국심을 고취했다. 이는 주변부의 변화가 멀리 떨어진 중심부에 영향을 끼친 사례로, 그래서 주변은 변화와 창조의 공간이기도 하다. 한 군사 모험가가 피우메에 세운 정부는 미국 등 연합군의 압력으로 다음 해에 강제로 해산되었지만, 이 과정에서 보여준 단눈치오의 우익 성향의 사상과 통치 유형은 뒤에 아르날도 무솔리니(Arnaldo Mussolini)에 의해서 답습되었다. 무솔리니 역시 자신을 두체(Duce)로 부르고, 이익 단체들로 국가를 구성하는 파시스트 조합주의 국가(corporatist state) 이론을 채택했다.

〈가브리엘레 단눈치오와 그의 추종자들(D'Annunzio con alcuni legionari a Fiume)〉, 작가 미상, 1919년 작. 가운데 지팡이를 짚고 있는 인물이 단눈치오다.

호모 아드리아티쿠스

고대 로마인들은 지중해를 '우리들의 바다(mare nostrum)'로 불렀다. 이탈리아 파시스트들은 고대 로마 문명의 본질, 즉 '로마성(Romanità)'을 추구했다. 무솔리니는 1922년 로마 건국 기념일(4월 21일)에 행한 연설에서 스스로 로마 시민으로 지칭하고 "로마는 우리의 출발점이자 준거"라고 천명했다. 이렇게 무솔리니는 고대 로마가 지배했던 지중해에서 이탈리아의 패권을 다시 확보하려는 의도를 명확히 드러냈다. 무솔리니는 1922년에 중앙 권력을 쟁취하자마자 바로 이탈리아 군대를 투입해 피우메를 다시 점령했다. 이때는 이탈리아의 팽창을 견제하기 위해 세르비아-크로아티아-슬로베니아 왕국(1929년 유고슬라비아 왕국으로 국호 변경)이 급조돼 건국되던 시기였다. 이 모자이크 왕국은 지역의 지정학적 가치를 중요시하고 자국의 안보와 실리에 활용하고자 했던 영국과 프랑스 등 서유럽 승전국들의 전략적 의도와 맞물린 결과였다. 이탈리아와 세르비아-크로아티아-슬로베니아 왕국은 도심 한복판의 강을 경계로 도시를 분할 점령하는 것에 합의했다(1924). 도시의 역사적 경험을 반영하지 못한 모호하고 부자연스러운 국경 협정이었다.

트리에스테와 피우메/리예카 같은 항구도시는 문자 그대로 항구가 있는 도시다. 바다와 육지가 만나는 접점인 이곳은 조우의 역사를 품고 있다. 항구는 사람과 물자가 유입·하역되고 재분산되는 역사의 나들목이며, 수륙 교통의 결절점으로 타 문화가 이곳으로부터 내륙으로 전파된다. 항구는 전이지대로서 변화가 들어오는 문지방이기도 하다. 이곳은 혼돈과 질서의 경계에 서서 서로를 인정하며 균형을 찾아가고 유지하는 곳이다.

수천 년간 아드리아해 해안에 살던 사람(Adriatic man)은 바다와 육지가 만나는 접경에 살면서 환대의 윤리를 설파했다. 자신의 현실적 이익에 맞으면 종족과 언어 그리고 문화는 부수적이었다. 이렇게 해서 혼종적 지역 정체성이 형성되고 양자택일이 아닌 양자병합의 논리가 우선시되었다. 그러나 20세기의 아드리아해에 불어닥친 폐쇄적 민족주의는 이 모든 것을 파괴했다. 단눈치오와 무솔리니가 피우메를 강제 점령했던 것에 복수라도 하듯이, 제2차 세계대전이 끝나자마자 이 지역을 점령한 유고슬라비아 연방은 수많은 이탈리아인을 학살하고 추방했다. 그 이후 이곳으로 유고슬라비아인들의 재이주가 시작되었다. 리예카는 유고슬라비아의 최대이자 사회주의 최전방의 항구로 변모했다.

유고슬라비아 연방의 역사 기억 지우기도 병행되었다. 구도심 중앙의 시계탑 꼭대기에 있었던 독수리상이 파괴되었는데, 이것이 합스부르크 제국과 이탈리아 파시즘의 상징물이었다는 이유였다. 이탈리아의 점령 기간에 세워졌던 몇 년 되지 않았던 건축물도 역시 파괴되었다. 군주제, 파시즘, 사회주의, 자본주의를 차례로 경험했던 이 국경 도시는 경계 짓기와 경계 횡단을 끊임없이 반복했다.

그러나 이곳은 이탈리아인, 슬라브인, 합스부르크 제국민들의 역동적인 삶터였다. 피우메와 리예카는 모두 이탈리아어와 크로아티아어로 강이라는 뜻이다. 강이 바다로 흘러들어 가듯이 다양한 인종과 언어, 문화가 피우메/리예카 항구로 모여들었다. 도시의 대표적인 건축물인 국립극장과 대성당은 이탈리아 르네상스 양식으로 건축되었고 지역 예술가들에게도 많은 영감을 주었다. 항구를 통한 교역도 활성화되어 19세기에는 종이·설탕 가공·담배 공장이 설립되고 여기서 생산되는 제품들은 전 세계로 수출될 수 있었다. 유고슬라비아가 냉전 시대에도 미소 양대 진영에 편입되기를 거부하고 비동맹주의를 추구하며 서방 세계와 경제협력을 추진하면서, 리예카는 동서를 연결하는 관문으로 남을 수 있었다. 하지만 유고슬라비아 연방의 해체와 크로아티아의 독립(1991) 과정 중 발생한 유고슬라비아 전쟁으로 리예카의 경제는 깊은 불황에 빠졌고 인구도 감소했다. 한때 이곳의 자부심이었던 공장들은 재가동되지 못하고 흉물로 남았다.

항구도시는 문지방과 같이 넘어갈 때는 어정쩡하지만 서로 다른 세계들이 만나고 새로운 세상으로 넘어가는 공간이기도 하다. 이러한 이유로 발터 베냐민은 문지방을 "변화와 이행의 영역"이요, "역동적인 중간지대"라 불렀다. 수천 년간 수렴과 확산의 접경지였던 피우메/리예카가 선린과 교류의 공간이자 평화로운 항구도시로서 옛 모습을 이어나갔으면 한다. 다행히 변화의 모습도 서서히 드러났다. 2020년에 '유럽 문화 수도(European Capital of Culture)'로 선정되면서 유럽연합 기금의 지원으로 다양한 도시 재생 프로젝트가 진행되었다. 그 결과, 담배를 생산하던 공장과 목재 건조 창고 등이 문화예술 공간으로 탈바꿈하면서 도시 경관도 점차 개선되고 있다.

2019년 9월 12일, 즉 가브리엘레 단눈치오의 1919년 9월 12일 피우메 점령 100주년이 되던 날 트리에스테시는 단눈치오의 동상 제막식을 거행했다. 당시 극우 성향의 이탈리아 정치인 조르자 멜로니는 그녀의 페이스북에서 "큰 용기와 결단을 필요로 했던 단눈치오의 행동은 정당한 평가를 받아야 한다"고 했다. 그로부터 3년 뒤인 2022년, 조르자 멜라니는 그녀가 이끄는 정당 '이탈리아의 형제들(Fratelli d'Italia)'이 총선에서 압승을 거두면서 총리로 취임했다. 크로아티아 정부에서는 단눈치오의 동상 설치를 양국 관계 개선에 도움이 되지 않은 행동으로 강력하게 비난했다. 100년이 지났지만 피우메/리예카 점령에 대한 기억 전쟁은 여전히 지속 중이다.

22

중세의 항구도시, 팔레르모

가장자리가 중심이다

지중해는 상품, 정보, 지식을 역동적으로 교환하는 문명의 고속도로이자, 경계를 횡단하고 연결했던, 그래서 새로운 지식을 유럽에 전파했던 통로였다. 이곳은 서양 중세의 주변부였지만 혼종화된 지역 정체성을 발판으로 위기 상황에서도 새로운 중심으로 도약했다. 메리 루이스 프랫이『제국의 시선(Imperial Eyes)』에서 지적했듯이, 중심과 주변은 서로 많은 영향을 주고받으며 동시에 주변은 중심을 활용한다. 문화 횡단을 통해서 주변으로 유입된 중심의 담론은 여기서 변형과 재창조되면서, 더는 중심적이지도 주변적이지도 않은 혼종적이며 이질적인 담론이 파생된다. 요컨대 중심이 주변에 형성한 문명의 단층선을 충돌의 공간으로만 규정할 것이 아니라 창조적 장소에 가까웠던 역동적인 공간으로 규정할 필요가 있다.

오늘날에는 매년 15만 명 이상의 불법 이민자들이 국경을 넘어 시칠리아로 들어온다고 한다. 이들은 대부분 이곳을 거쳐 유럽으로 가려는 사람들이다. 이처럼 지금은 유럽과 아프리카를 분리하고 있지만, 역사 속의 시칠리아는 두 대륙의 모서리가 아니라 연결 통로이자 중심이었다. 이 섬은 북아프리카로부터 이슬람의 선진 문물을 받아들이는 창구이자 유럽인들의 지중해 진출을 위한 교두보였다. 그래서 수천 년 이주와 정복의 역사를 살아온 현대 시칠리아인의 DNA에는 그리스, 북아프리카, 노르만족, 아랍인의 유전자가 새겨져 있다고 한다. 역사적 시칠리아는 이슬람과 그리스도교를 분리하는 장소가 아니라 두 문화를 연결 짓는, 그렇게 해서 이들이 공생하는 접경지대였다. 지금은 시칠리아가 분단의 장소이지만 역사적으로 이 섬은 접경성을 보듬고 있다.

지중해의 시칠리아를 생각하면 대체로 섬과 바다, 에트나 화산, 고대 그리스 신전, 영화 〈대부(The Godfather)〉의 마피아를 떠올린다. 지중해 한복판에 자리 잡은 시칠리아는 남북으로는 '그리스도교' 유럽과 '이슬람' 아프리카의 경계이자 동·서 지중해의 교차점으로서 선사시대부터 지중해의 정치·경제·문화적 허브였다. 이 섬에 대해서 잘 알려지지 않은 사실 하나는 이곳이 중세에는 유럽 그리스도교, 비잔티움 정교, 북아프리카 이슬람이라는 세 개의 거대한 문명권에 속해 있었다는 점이다. 제주도보다 14배나 큰 시칠리아는 이러한 지정학적인 이유로, 비잔티움 제국의 행정 구역으로서 비잔티움 정교 문화가 뿌리내렸고(535~827), 이슬람 통치 기간(827~1061)을 거쳤으며, 12세기 말까지는 노르만족의 통치를 받으면서 서유럽 로마가톨릭교회의 영향권으로 들어왔다.

세 문화권의 중심인 로마/아헨, 콘스탄티노플(오늘날의 이스탄불), 카이로(10~11세기에 번성했던 이집트 파티마 왕조의 수도)의 관점에서 관찰하면,

시칠리아는 각각의 중앙정부로부터 멀리 떨어진 제국의 변방이자 이곳에 배치된 말단 하수인들이 이합집산하는 변방에 불과했다. 10세기 중반부터 파티마 왕조가 시칠리아의 실질적인 통치자가 되었으나 북아프리카 통치에 몰두하던 이들에게 시칠리아는 관심 밖의 한 모퉁이에 불과했다. 그래서 주변은 때로는 중앙정부의 통제를 견디면서 때로는 중앙에 저항하며 독자 생존의 길을 모색해야만 했다. 직면한 현실 문제를 해결하기에 중심은 아득한 미래였다. 하지만 주변에서 거듭되는 이주와 이합집산의 과정에서 융합적이고 혁신적인 사회질서가 수립되어 가는 경향은 접경지대의 특징적인 현상이기도 하다. 현실 지향적인 경계는 이질적인 요소들을 배제하면서도 거꾸로 통섭하는 사이 공간이기 때문이다.

경계의 삼투성

삼투는 반투막을 경계로 분리되어 있던 용액이 농도가 낮은 쪽에서 농도가 높은 쪽으로 용매가 옮겨 가는 현상으로, 그 결과 두 용액의 농도는 서로 비슷해진다. 이 같은 삼투압 작용을 외부에서 들어온 힘의 전이로 생각할 수 있지만, 이는 삼투하려는 힘의 균형으로서 양측이 평형에 도달했음을 의미한다. 이처럼 경계를 둘러싼 세력 간의 힘겨루기는 힘의 평형을 이루려는 속성이 있다. 중세의 시칠리아는 마치 서로 다른 농도를 가진 두 용액 사이에서 용매만을 선정해 선택적으로 통과시키는 반투과성막과 같았다. 아브라함의 종교로서 뿌리가 같은 유대교, 이슬람, 비잔티움 정교, 그리스도교는 시칠리아에서 이해의 '농도' 조절을 통해 상호 간의 차이를 줄일 수 있었다.

시칠리아는 농업과 목축에 적합한 기후와 자연환경 덕분에, 그 통치자가 '밀을 키우는 자'로 불릴 정도로 풍요로운 곡창지대였다. 지중해의 다른 지역에서는 대체로 밀 수확량이 부족했기 때문에 북아프리카와 유럽·비잔티움의 국가들은 시칠리아에서 생산되는 양질의 밀을 경쟁적으로 탐냈다. 일반 밀보다 글루텐 함량이 높은 듀럼(durum, 라틴어로 단단하다는 뜻) 밀이었기 때문에 보관과 운송 및 수출에도 적합해, 지중해의 가장 큰 섬인 시칠리아는 정치적 변동과 관계없이 경제와 문화 분야에서 번영을 누렸다. 그래서 수도인 팔레르모는 인구 35만 명으로 중세 시대에 유럽 최대이자 가장 부유한 도시로 번성할 수 있었다.

본래 시칠리아섬의 정치적 중심은 동남부 해안가의 시라쿠사(Siracusa)였으나, 섬을 차지한 이슬람 세력은 북서부에 있는 팔레르모로 수도를 옮겼다(831). 섬의 동부에 비잔티움 제국의 유민들이 남아 있었고, 팔레르모가 북부 아프리카와 남부 이탈리아의 중간 지점이라는 사실이 이곳을 수도로 선정하는 전략적 요인이 되었다. 그 이후 팔레르모는 노르만 세력에 의해 점령되던 1072년까지 지중해를 둘러싼 찬란한 중세 이슬람 문명의 중심지가 되었다. 이슬람 전역에서 유대인을 포함한 다양한 사람들이 모여들면서 도시의 인구와 규모는 날로 증가했다.

시칠리아가 이슬람 세계의 일원으로 받아들여졌지만, 비잔티움 제국 그리고 서유럽과 경계를 맞닿고 있던 접경 지역으로 그리스도교 세계에 비교적 덜 적대적이었다. 무슬림 통치 시대에도 비잔티움인들이 사용했던 그리스어는 아랍어와 더불어 여전히 공용어로 사용되었고, 특히 시칠리아 동북부 지역에는 그리스어를 사용하던 비잔티움 제국의 유민들이 지속적으로 거주하면서 무슬림과 비잔티움인들은 시칠리아의 독특한 공존 문화를 만들어냈다. 유대인 상인들은 시칠리아의 이슬람화 이후에도 행정과 법적 자율성이 보장된 공동체에 거주하면서 북아프리카-팔레르모-서유럽 중계 교역을 주도했다.

노르만족 정복 이후에 시칠리아의 무슬림은 유대인들과 마찬가지로 비록 공식적인 종교 활동도 제한되고 별도의 인두세를 납부해야 했으나, 여전히 많은 무슬림들이 모스크를 중심으로 신앙생활을 지속할 수 있었다. 학생들은 학교에서 이슬람 교리를 습득했고 무슬림들은 지역 공동체를 활성화해 나갔다. 시칠리아는 수천 년 동안 유럽, 아프리카, 중동에서 축적된 다양한 지식을 끌어모으는 배수로이자 저장소였다.

물론 대부분 주민이 라틴어를 이해하지 못했으므로, 원주민들의 언어인 아랍어와 그리스어는 계속 공식 행정용어로 인정되었다. 이렇게 되자 1062년부터 아랍어·그리스어·라틴어 삼중 언어의 공식 사용은 노르만 왕국의 다문화적 현실을 인정하는 것이자 이것의 대내외적 천명이라 할 것이다. 왕의 호칭을 '그리스도교의 수호자'로 표기한 아랍어 문서는 시칠리아 왕국 내의 무슬림을 인식한 정치적 제스처였다. 피지배 세력의 무시할 수 없는 역할과 힘에 직면한 신흥 그리스도교 왕국은 현실적인 이유로 조화와 관용의 가치를 추구할 수밖에 없었다.

희미해져 가는 경계들

정치적 변화에도 불구하고 종교 간의 전통적 공간 구분과 경계는 유지되었다. 하지만 경계를 짓되 분리하지 않고 그래서 넘나듦이 가능했던 공생의 가치, 즉 콘비벤시아 정신은 실천에 옮겨졌다. 특히 시칠리아 왕국의 중심인 팔레르모 왕궁은 그리스도교와 이슬람 문화가 만나 서로 혼종되어 새로운 활력적인 문화를 만들어냈다. 노르만족 정복 이후에도 북아프리카의 이슬람 세계와 단절되지 않았으며 팔레르모를 방문하거나 순례하던 이슬람 학자들은 노르만 왕실의 궁정으로 초빙되곤 했는데, 이는 다른 곳에서는 경험할 수 없는 특별한 모습이었기에 궁정을 방문했던 사람들은 그저 경이롭다는 감탄사를 터뜨렸다. 그리스도교 노르만족 통치자들이 아랍-비잔티움 문화의 후원자이자 계승자로서 당시까지는 어느 지역에서도 경험할 수 없었던 모방, 차용, 전유를 넘어선 혼합 문화를 만들어냈기 때문이다. 기존의 문화를 주춧돌로 놓고 혁신적인 방법으로 종교와 기술을 결합해 새로운 사유가 시작되었던 것이다.

그래서 노르만족의 왕들이 아랍어를 읽고 쓸 줄 안다는 소문은 파다했다. 노르만족 정복 이후에도 팔레르모 왕실에서 생산되는 문서는 여전히 아랍어로 작성되었기 때문이다. 그리스도교로 개종하고서 노르만족 왕실에 근무했던 '궁정 사라센인들(palace Saracens)'은 비록 라틴식 이름이나 세례명을 사용했지만. 이들이 여전히 이슬람 신앙을 포기하지 않았던 거짓 배교자라는 것은 공공연한 비밀이었다. 종교 집단들 간의 밀접 접촉은 언어와 문화적 경계를 넘나들며 이중 언어(아랍어-그리스어) 혹은 삼중 언어(아랍어-그리스어-라틴어)에 능통한 다중 언어 구사자들을 배출했다. 이들은 양자택일하는 이분법적 사고의 틀을 벗어나 상충적인 가치들을 끌어안는 가변적이고 유동적인 정체성을 얻었다. 이러한 문화적 분위기 속에서 노르만족 왕들은 아랍 학자들의 후원자로서 서적 집필과 세계지도 제작을 적극적으로 후원했다. 지식이 유용하고 서로 간에 이익이 된다면 그 지식이 어떤 문화에서 유래했는지는 부차적인 것이었다. 이는 또한 접경지대의 실용적이고 현실적인 단면을 보여준다.

경계에 건설된 다문화적 팔레르모

노르만족 정복 이후에도 한 세기 이상 모스크가 여러 지역에 존속했다. 국가적 차원의 조직적인 강제 개종도 없었고, 무슬림들은 별도의 인두세만 내도 되어서 개종으로 굳이 국가 재정수입을 무리하게 감소시킬 이유도 없었다. 국가 입장에서는 이들의 노동과 조세에서 거두어지는 안정적인 재정수입 확보가 급선무였기 때문이다. 대서양 연안 프랑스 북부 출신으로 지중해 지역에서 활약했던 노르만족들은 태생이 탈경계적 사유에 익숙한 방랑자이자 침입자였다. 이들은 시칠리아섬 침공 전부터 이탈리아 남부에서 용병으로 활동했고, 시칠리아섬을 정복한 노르만족 왕들은 대부분 지중해에서 태어난 '재외' 노르만족들이었다. 비잔티움 제국 출신의 원주민들은 오래전부터 아랍인들이나 베르베르인들과 혼인 관계로 얽혀 있었고, 시칠리아섬으로 들어온 노르만족들과도 결혼하면서 종족적 정체성은 해체되었으며, 그 경계는 더욱 모호해졌다. 아랍, 베르베르, 노르만족, 유대인이라는 종족적 구분 자체도 그다지 명확하지 않아 보였다.

12세기 루제루 2세(Ruggeru II)의 팔레르모 궁정에서는 그리스어로 설교가 진행되었고, 아랍어에 능통했던 그는 튀니지 출신의 학자 무함마드 알이드리시(Muhammad al-Idrisi)와 같은 다양한 인물을 초빙해 후원했다. 알이드리시가 작성한 일명 『로제르의 책(Kitāb al-Rujārī)』과 같은 지리적 지식은 왕국 운영에 실질적인 도움을 주었다. 왕국의 칙령은 라틴어·아랍어·히브리어로 작성되었다. 플라톤과 아리스토텔레스, 프톨레마이오스의 고대 그리스 저작들도 라틴어로 번역되었다. 이처럼 시칠리아는 그리스어에 기반을 둔 고전 문화와 비잔티움 정교 문화를 유럽 문화권에 소개하는 창구 기능을 했다. 신성로마제국의 황제에 오른 프리드리히 2세(Friedrich II)가 1198년부터 시칠리아의 왕이 되면서 다문화성은 더욱 강화되었다. 그의 어머니는 시칠리아의 왕 루제루 2세의 딸이었고 아버지는 신성로마제국 출신으로, 시칠리아 왕국에서 태어난 그 역시 그리스어와 아랍어를 구사했다. 세계의 경이(stupor mundi)로 불릴 정도로 탁월한 업적을 남긴 프리드리히 2세를 후대의 학자들이 '절반의 무슬림'으로 부르는 또 다른 이유다.

팔레르모는 13세기 후반부터 프랑스와 이베리아반도 아라곤 왕국의 지배를 차례로 받는다. 그 이후 이곳은 더는 문명의 용광로가 아닌 서유럽 그리스도교 세계의 문화 순혈주의에 빠져들었다. 무슬림들의 수는 점차 감소했고, 1000년간 팔레르모의 경제와 문화 발전에 이바지했던 유대인들도 1492년의 추방령으로 섬을 떠나야만 했다.

전근대 접경 지역의 거주자들은 접경지대를 정합하는 실용적인 노선을 걸었고, 종교와 언어의 동화 역시 실용적 이유가 더 많이 작용했다. 때로는 강요된 원치 않는 공존이었지만, 편견과 배타적 감정은 현실과의 타협으로 풀어야 했다. 현상 유지를 위해 실용적인 노선을 추구했던 접경 지역의 일상은 단절보다 교류가 보편적이고, 그곳은 분절된 지역이 아니라 조우와 소통의 공간이었다.

노르만의 가톨릭 사제가 자신의 어머니를 기억하기 위해 1148년 제작한 묘비에는 히브리어, 그리스어, 아랍어, 라틴어로 글이 새겨져 있는데(윗부분부터 시계 방향), 당시 팔레르모의 혼종 문화를 잘 보여준다.

자료: CC BY 3.0 | Giovanni Dall'Orto(2006년경).

접경지대에서 형성된 복합적이고 다중적인 정체성은 어쩌면 불가피한 현상이었을지도 모른다. 지역민들은 서로가 필요한 존재임을 인정하면서, 광범위한 조우와 공존이 점차 일상이 되자 이곳의 주민들은 현실과의 타협에 익숙해졌다. 이러한 아슬아슬하면서도 기묘한 전근대적 공존은 단종론, 균질론이나 통합론 등으로 규정되는 근대 민족국가가 대두될 때까지 면면히 이어졌다.

2000년대에 들어서 팔레르모의 거리에는 이탈리아어-히브리어-아랍어 3개 국어로 쓰인 10여 개의 도로명 주소판이 등장했다. 대부분 중세 유대인 거주지의 벽에 부착된 것들로 팔레르모시는 이를 통해 도시의 다중적 역사 정체성을 새롭게 부각하려 했다. 불법 이주민과 난민의 유입으로 반유대주의(antisemitism)와 이슬람 혐오증(islamophobia)이 퍼지자 이를 우려한 시민단체가 나선 결과였다. 노르만족의 가톨릭 사제(!)가 자신의 어머니를 기억하기 위해 1148년에 만든 묘비에는 히브리어, 그리스어, 아랍어, 라틴어로 글이 새겨져 있는데 이는 중세 시칠리아가 관용적인 공존의 사회였음을 보여준다. 중세의 4개 국어 묘비명과 21세기의 3개 국어 도로명 주소판! 21세기의 팔레르모는 새로운 중세(Nuovo Medioevo)에 접어들 것으로 전망된다.

23

십자군 왕국의 항구도시 아크레

죽음의 바다 지중해

지중해(地中海)는 말 그대로 '땅 한가운데 있는 바다'다. 유럽, 아프리카, 중동으로 둘러싸인 이 바다는 선사시대부터 세 대륙의 문물을 전파하는 연결 통로였다. 이렇게 해서 그리스도교, 비잔티움 정교, 이슬람이라는 세 개의 거대 문명권이 지중해를 매개로 갈등과 공존의 파노라마를 보여줄 수 있었다. 지중해가 역사적으로 수많은 사람의 생활 터전이었다면 오늘날 이곳은 세계에서 가장 위험한 죽음의 바다로 변했다. 매년 수십만 명의 불법 이민자들이 아프리카와 중동에서 지중해를 넘어 유럽으로 유입된다고 한다. 여전히 목숨을 건 밀입국 과정에서 많은 사람이 사고로 숨지고 있다.

지금은 지중해가 분단과 배제의 장소이지만 역사적으로 이곳은 접경성을 보듬어왔다. 지중해의 동쪽 끝자락은 레반트와 맞닿는다. 지중해와 서

아시아가 접경하는 레반트는 태양이 떠오르는 동쪽 땅을 의미한다. 오늘날 이스라엘·팔레스타인, 레바논, 시리아가 위치한 레반트는 실크로드의 종착점이자 튀르키예가 있는 아나톨리아 고원과 이집트의 사이 공간으로, 역사적으로 해양과 대륙의 세력이 이곳을 차지하기 위해 치열한 경쟁을 벌였다. 기원전 6세기부터 기원후 20세기 초까지 바빌로니아-페르시아-알렉산드로스-로마-우마이야-오스만튀르크-영국 등 일련의 제국들이 이 지역을 번갈아 장악했다.

유럽 사회도 중세 십자군 원정을 계기로 이 지역에 본격적으로 진출했다. 십자군 전쟁은 1096년부터 200여 년간 진행된 서구의 팽창 전쟁이자 정복 전쟁이었다. 1291년 십자군 왕국의 최후 보루였던 아크레(Acre)가 이슬람 세력에 의해 함락되면서 십자군 시대는 막을 내렸다. 십자군 원정대가 근동 지역에 건설한 나라들은 '바다 건너의 땅'이라는 의미의 우트르메르(Outremer)로 불린다. 이집트의 살라딘이 1187년에 예루살렘을 정복하면서 십자군 원정대는 해안가에 위치한 항구도시 아크레로 수도를 옮겼다. 아크레는 이때부터 1291년까지 100여 년간 십자군 왕국의 수도 역할을 했다. 항구로서 매우 좋은 입지 요건을 갖추었기에 고대부터 활기가 넘쳤던 도시였지만, 그중에서도 아크레가 가장 번영을 누렸던 때는 바로 이 시기였다.

항구도시 아크레

십자군 전쟁은 일반적으로 알려진 것과는 달리 폭력적인 문명의 충돌로 단순하게 이해해서는 안 된다. 때로는 종교적 명분을 내세운 광적인 폭력이 난무했지만, 상당 기간 평화적인 공존과 교류가 지속했기 때문이다. 무엇보다도 아크레는 사방이 이슬람 세력에 의해 둘러싸여 있어서 군사적 행동보다는 외교적 관계를 통한 생존을 모색해야만 했다. 십자군 왕국과 이슬람 세력 간의 상업적 교류도 활발했고 유럽과 비잔티움 제국으로부터 예루살렘 순례도 지속했다. 무엇보다도 제노바, 베네치아, 피사 출신의 상인들은 이슬람 영토에서의 상업 활동에 적극적이었다. 이들은 아크레 항구 주변에 각자의 거주 공간을 별도로 확보하고 이를 방어벽으로 둘러쌓을 정도로 치열한 시장 쟁탈전을 벌였다.

외부에서 항구로 들어오는 진입로에는 신전기사단, 독일기사단, 구호기사단이 주둔했다. 이들은 예루살렘 함락 이후 이곳에 새로운 주둔지를 마련한 것이다. 계절풍을 타고 4~5월과 10월 1년에 두 차례 유럽의 순례자, 상인, 방랑기사들, 비록 그 규모는 유럽 순례자들에 비해 적었지만, 비잔티움 제국에서 오는 순례자들도 비좁은 도시에 몰려들었다. 일부는 아크레를 거쳐서 다른 곳으로 갔으나 프랑스, 이탈리아, 독일, 잉글랜드에서 온 다양한 부류의 사람들이 잡거하며 항구도시 아크레는 역동적인 중간지대로서 변화가 들어오는 문지방 역할을 했다.

레반트의 원주민격인 동방 그리스도교 신자들도 해상과 내륙을 잇는 교역에 적극적으로 참여했다. 특히 모술(Mosul) 출신의 네스토리우스파 신자들은 다마스쿠스 등 이슬람 도시들과의 무역을 중개했다. 이슬람 지배와 1260년 이후부터 이 지역에 출몰한 몽골족을 피해 도망 온 난민들도 아크레의 주민이 되었다. 아나톨리아와 이집트 교역을 중계했던 비잔티움 상인들도 빈번히 목격되었고, 이집트에서는 콥트교 신자 순례자들이 이곳을 거쳐 예루살렘으로 향했다. 이렇게 아크레는 다양한 인종과 언어, 문화가 공존하는 국제도시로 성장할 수 있었다.

아크레는 상이한 종교 집단이 만나는 접점이었다. 1104년에 십자군의 점령 이후에도 아크레에는 유대인들이 계속해서 머물렀고 그 수는 12세기 중반에 200여 명에 달했으며 시간이 갈수록 늘어났다. 무슬림 주민에 대한 기록이 많이 남아 있지는 않으나, 여러 이유로 무슬림들이 아크레를 주기적으로 방문했던 것으로 보인다. 1184년에는 무슬림 상인이 가게를 임차해서 아마(亞麻)를 판매했고, 성 십자가 성당 귀퉁이에 무슬림들을 위한 예배 공간이 별도로 마련되어 있었다는 사실은 두 종교 집단의 원만한 관계를 보여준다.

이베리아반도 출신의 무슬림 순례자였던 이븐 주바이르(Ibn Jubayr)는 1184년 10월에 메카 순례를 마치고 아크레 항구에서 제노바 소유의 선박을 타고서 50명의 다른 무슬림 순례객들과 함께 귀향했다. 제노바와 베네치아가 지중해 수송을 독점하던 상황이라 마지못해 그리스도교인들과 같은 배에 탈 수밖에 없었지만, 그가 목격했던 아크레 주변의 상황은 평화로움 그 자체였다. 상인과 순례자들의 안전은 보장되었고 무슬림들의 그리스도교 개종을 우려할 정도로 두 종교 집단의 관계는 무척 긴밀했다고 한다. 이븐 주바이르는 무엇보다도 현지 그리스도교 신자들의 능수능란한 아랍어 실력에 놀라움을 금치 못했다. 하지만 이중 언어 사용은 항구도시와 같은 접경지대에서는 일상적인 모습이었다.

바다를 향한 항구를 제외하고는 이슬람 세력에 의해 둘러싸여 있었던 상황에 인근 농촌 지역에서 무슬림 농부들이 경작한 농산물의 수요는 절대적이었다. 비록 유대인들과 무슬림들은 수염을 기르고 반면에 유럽인들은 그렇지 않아서 외모의 차이가 있기는 했지만, 시리아 다마스쿠스 등지에서 면과 비단으로 제조된 고급 직물들은 아크레의 인기 수입 품목이었다. 그 외에도 설탕, 소금, 가죽 제품, 유리 제조에 필요했던 소다회(灰) 역시 주요 교역 상품이었다. 무엇보다도 인도양에서 유입되었던 후추, 생강, 계피 등의 향신료는 거부할 수 없는 강한 유혹이었다. 1291년 아크레가 이슬람 수중에 떨어진 이후에도 이탈리아 상인들은 이들 물품을 사기 위해서 지속적으로 아크레를 찾아야만 했다. 이슬람 세계도 재정 수익을 고려해 서방 세계와 교역을 지속하고자 하는 열망이 강했다.

중세 아크레는 항구도시로서 교류와 선린의 공간이었다. 경계 짓기와 경계 횡단이 반복되었지만 다양한 인종과 종교 집단의 역동적인 삶의 터전이기도 했다. 항구는 경계이자 동시에 세계들이 서로 만나고 소통하는 접경지대다. 이곳은 새로운 정보와 지식이 유입되는 문지방이고 떠났다가 돌아오는 사람들에게는 환대의 광장이기도 하다. 항구도시 아크레는 사람과 물자가 유입·하역되고 재분산되는 역사의 나들목이며, 수륙 교통의 결절점으로, 혼돈과 질서의 경계에 서서 서로를 인정하면서 균형을 찾고 카오스에서 진화가 시작되는 곳이었다.

아크레는 1916년 사이크스-피코 비밀협정으로 영국의 지배 아래에 있다가 이후에는 신흥국가 이스라엘의 영토가 되었다. 최근에는 이스라엘-헤즈볼라 분쟁으로 레바논 국경에서 불과 36km 떨어진 아크레가 극심한 피해를 입었다. 국경 너머 레바논 남부에 주둔한 이슬람 무장단체 헤즈볼라가 이곳을 로켓과 드론으로 공격하면서 인적·물적 피해만이 아니라 서로에 대한 분노와 증오의 블랙홀이 생성되었다. 하지만 아크레에는 영국의 팔레스타인 위임통치기(1920~1948)에 80%의 무슬림과 20%의 그리

⟨기욤 드 클레르몽이 프톨레마이스를 방어하다(Guillaume de Clermont défend Ptolémaïs), 도미니크 파페티(Dominique Papety)⟩, 1845년 작. 1291년 아크레 함락의 순간. 제1차 십자군 원정(1096~1099) 이후 근동에 세워진 십자군 왕국의 수도는 본래 예루살렘이었으나 1187년 살라딘에 의해 함락되면서 동지중해 해안가의 아크레로 이전했다. 항구 주변에는 제노바, 베네치아, 피사인들의 집단 거주지가 있었고, 도시 성벽 주위에는 기사단이 배치되었다.

스도교인들이 함께 살고 있었다. 아랍계인 주민들은 다른 도시에서와 마찬가지로 무슬림-그리스도교인 협회(Muslim-Christian Associations)를 구성하고 아랍 민족정부 설립을 추진했다. 1948년 이후 유대인 이주민 수가 대거 증가했지만 지금도 아크레 거주민의 30%는 아랍인으로 구성된 이스라엘의 대표적인 혼합도시(mixed city)다. 십자군 시대 이래 평화의 항구도시요 공존의 접경도시였던 아크레는 이제 죽음의 국경 도시로 몰락하고 있다.

5부

유럽이 만든 세계의 국경들

서구의 통치 이념이 만들어낸 선형적 경계선에 관한 연구는 국경이 얼마나 강대국의 논리에 의해 임의적으로 만들어졌는지, (그런데도) 피지배자가 경계 횡단을 통해서 지배 질서를 어떻게 우회적으로 비껴가고 전유했는지를 드러낼 것이다. 동시에 베스트팔렌 체제와 제국주의가 등장시킨 국경의 전 지구화라는 스펙트럼에서 고찰이 필요하다. 특히, 19세기와 20세기의 제국주의가 구축한 강제적 세계화는 영토 분할과 국경선의 확산과 증식을 야기했다. 서구의 세계화 정책은 경계 없는 세상이 아니라, 오히려 다양한 차별적이고 배타적인 국경을 양산했다. 산드로 메자드라(Sandro Mezzadra)와 브렛 닐슨(Brett Neilson)의 지적처럼 경계는 서구 자본주의 확산의 '핵심적 역할'을 맡았고, 합리적 사고와 기하학적 공간 개념을 앞세운 서구 열강들의 자의적인 국경선 획정은 오히려 전 지구적 공존 공간의 안정성을 훼손하고 말았다.

근대 서구의 주권과 정치적 국경선은 비서구 사회에 차별적이고 불평등하게 적용된 셈이다. "베스트팔렌 조약에서부터 현재까지 8개 정도의 강대국들이 평화롭게 공존하기 위해 노력하거나 지배를 위해 다투었다"라는 왈츠(Kenneth N. Waltz)의 분석은 세계 통치의 수단으로서 국경의 의미를 더욱 설득력 있게 제시한다. 국경은 발달한 문명의 이기이자 야만과 대비되는 보편적 척도로서, 비유럽 지역 주민들의 의사는 고려하지 않고 무차별적으로 획정되었다. 국경은 서양 민족주의의 역사적 산물이며 제국주의 시대 서구 패권적 문명 담론의 유산이었다.

자본주의의 전 지구적 확산은 고대 로마 제국의 '분리 통치(divide and rule)'라는 원리를 식민지 변방까지 밀어붙이면서 세계의 지리적 구획화를 가속화했다. 날카롭고 엄격한 선으로 구분되는 선형적 경계선은 18세기와 19세기 근대 유럽 국가들의 식민지 정복 활동으로 전 세계에 수출되었다. 1648년 베스트팔렌 체제가 성문화한 국경이 세계를 뒤덮어 버린 셈이다. 19세기의 서구 민족주의는 내적으로는 국민국가와 명확한 국경선의 존재를 만들어내고 외적으로는 자본주의·제국주의와 결합해서 비서구의 영토에 분할선을 멋대로 획정했다. 이러한 이유로 지난 150년간 지정학의 주요한 특징 중 하나는 전 지구적 국경선의 획정이라 할 수 있다. 경계 짓기와 경계적 사고가 관행화하여 제도화되다시피 한 것이다.

정작 국경을 만들어낸 유럽은 유럽연합의 출범으로 초국경적 통합을 이루었으나, 한반도를 포함한 비서구 사회는 서구 열강이 임시적이고 자의적으로 그은 분계선으로 지금껏 아픔과 슬픔을 안고 산다. 식민주의 시대가 끝난 이후에도 여전히 제국주의가 만든 국경이라는 유산은 청산되지 못했다. 국경과 같은 경계는 사회적 생산물이자 가변적 구조물이기 때문에, 경계에 대한 대안적 상상을 현실화하는 새로운 재현 방식이 요구된다. 국경을 고정적인 선이라는 1차원적 시각에서 벗어나 다의적이고 다중적 시각에서 접근하는 국경경관(borderscape) 개념이 필요하다. 이러한 인식의 비약적 전환을 통해 세계화의 폭력이 그대로 남아 있는 국경선이 평화와 생명의 공간으로 현전했으면 한다.

지배 세력이 관철한 국경은 횡단과 통제, 삶과 죽음을 가르는 경계 투쟁의 장으로서 지구상 곳곳에서 분쟁을 일으켰지만, 동시에 경계를 가로지르려는 부단한 노력이 진행되는 가변적 공간이기도 하다. 중미 이스파뇰라섬의 국경선에서 아프가니스탄 국경선, 인도와 파키스탄 국경선, 독일과 폴란드의 오데르-나이세 국경선, 한반도의 38선까지 모두 근대 서구 제국주의 세력이 힘으로 획정한 배제와 분단의 장소들이다. 제국주의 세력의 이해관계에 따라 그어진 국경의 역사와 비극이 오늘날에도 이어진다는 점에서, 국경의 역사는 과거이자 현재이며 미래이다.

국경이 갖는 공간적 포용성·다자성·초국가성에 주목한 '국경 경관' 개념은 국경이 갖는 다의성과 창조성을 밝힐 수 있을 것이다. 앞서 살펴보았던 중세 경계의 접경성은 근대 국경이 얼마든지 공존과 협력의 공간이 될 수 있음을 역사적으로 입증한다.

24

설탕섬의 눈물, 아이티와 도미니카

경계 짓기가 인류의 보편적인 행위이기는 하지만, 유독 16세기 이후에 근대 서구 국가들은 자신의 이익을 위해 세계지도에 경쟁적으로 경계선을 그었다. 자본도 동전의 양면과 같이 국가와 공모해서 경계를 구획하고 구분했다. 서구 자본주의는 해외 시장 개척을 추진하면서 비서구의 영토를 식민지화했고, 이렇게 해서 서구 근대성과 식민주의는 한 몸에 여러 동물이 뭉쳐 있는 그리스 신화의 키메라와 같은 존재가 되었다. 키메라가 내뿜는 불처럼, 서구의 문명 담론은 비서구 사회를 야만으로 규정하고 이른바 인류의 보편적 발전과 세계 문명화라는 명목하에 무자비하게 정복했다. 이 과정에서 서구의 식민주의적 경계 짓기는 전 지구적인 지배 장치로서 공간의 자의적인 분할과 재조직을 힘으로 밀어붙여 세계사적인 파국을 몰고 왔다.

특히 1648년의 베스트팔렌 조약을 기점으로 유럽의 선형적 경계 짓기는 전 지구적 차원으로 확대해 나갔다. 근대 서구의 식민주의적 팽창이 통치의 수단으로 세계의 영토를 자의적으로 나누고 재조직하기 시작한 것이다. 19세기에 들어서 서구 제국주의는 세계의 지리적 구획화를 가속했고 중미, 중앙아시아, 인도, 한반도 등의 식민지 변방까지 확대되면서 베스트팔렌 체제가 세계를 뒤덮어 버렸다. 지배 세력이 관철한 국경은 횡단과 통제, 삶과 죽음을 가르는 경계 투쟁의 장으로서 지구상 곳곳에 분쟁을 일으켰다. 제국주의 세력의 이해관계에 따라 그어진 국경의 역사와 비극이 오늘날에도 이어진다는 점에서, 국경의 역사는 과거이자 현재이며 미래이다.

아이티와 도미니카 공화국이 위치한 이스파뇰라섬은 카리브해에서 쿠바 다음으로 큰 섬이다. 이곳은 콜럼버스(Christopher Columbus)의 신대륙 탐사 이후 유럽 열강의 활발한 교역 중심지로 성장했다. 서구의 제국들은 카리브해의 도서를 식민지로도 활용했다. 중미 이스파뇰라섬의 국경선은 근대 서구 제국주의 세력이 힘으로 획정한 배제와 분단의 장소이다. 이곳은 서구 식민주의 시대의 역사적 산물이며 강대국 힘의 논리가 작동하는 공간이 되었다. 앙리 르페브르의 지적처럼, 이스파뇰라섬의 국경선은 '전 지구적 자본주의'와 '개별 국가' 간의 상호 침투, 포개짐, 엇갈림의 변증법적 메커니즘이 작동하는 그물망 성격의 공간이다.

이스파뇰라섬

섬의 왼편에 있는 아이티는 물가 인상과 치안 불안 등으로 서반구 최빈국으로 알려졌지만, 이곳은 한때 세계 최대 설탕 생산국으로서 카리브해의 진주라 불릴 정도로 황금기를 누렸다. 아이티가 위치한 이스파뇰라섬은 남한보다도 작은 섬이지만, 360km의 국경을 사이에 두고 아이티와 도미니카 공화국이 접하고 있다. 도미니카 공화국은 아이티와는 달리 경제 발전과 정치 안정을 이루며 코로나19 발생 이전에 연간 650만 명의 해외 관광객이 찾는 인기 휴양지이기도 하다.

1492년 콜럼버스의 상륙 당시, 이스파뇰라섬에는 50만 명 정도의 원주민들이 살았다고 한다. 그러나 이들 대부분이 스페인에서 전파된 전염병, 강제 노동, 집단 학살에 잔인하게 희생되었다. 그런데도 비옥했던 땅과 천혜의 기후 조건이 유럽의 또 다른 제국 프랑스의 입맛을 돋웠고 1697년의 조약으로 프랑스가 섬의 1/3에 해당하는 서쪽 영토를 차지하면서 이 섬은 프랑스와 스페인에 의해 분할 점령된다. 유럽 열강들의 식민지 쟁탈과 자의적인 국경선 획정이라는 세계사적 의미를 지니는 이 조약으로 오늘날까지 아이티와 도미니카는 국경을 접하고 섬을 공유하게 된다.

선형적 경계가 만들어낸 아이티와 도미니카의 분할은 제국주의 열강들이 행했던 공간적 전유의 대표적인 사례라 할 수 있다. 초기 자본주의적 중상주의가 전 지구적으로 확장하면서 국경선은 자본주의 체제 강화에 적극 이바지했다. 자본주의 생산의 영토적 전문화와 수직적 국제 분업 구조에 근간한 서구 열강의 전 지구적 선 긋기가 시작되면서 세계는 산산조각이 났다. 이는 자본주의 논리가 국경선 획정 과정에 침투한 결과이다.

베스트팔렌 체제의 선형적 경계선 개념이 전 지구적 무역 통로를 통해서 점차 세계지도에 각인되고 이른바 세계의 제작(fabrica mundi)이 본격화되었다. 국경의 지도화(Mapping)는 자본주의 팽창과 그 궤를 같이한다고 할 수 있다. 자본주의의 팽창은 국경의 증식을 가져왔으며 공간의 조직화와 공간적 분배를 지도화했다. 지도상의 국경선 증식은 1648년 이후 제작된 유럽의 지도들에서 확인되지만, 세계지도에서는 19세기 중후반 이후에야 본격적으로 두드러지기 시작했다. 서구의 식민주의적 국경 형성사는 근현대 세계사를 이해하기 위해서는 결코 간과할 수 없는 부분이다.

설탕 섬의 눈물

카리브해의 아름다운 섬을 식민지로 만들었던 프랑스는 이곳에 아프리카로부터 강제로 끌려온 노예들을 가둬놓고 사탕수수 농장을 만들었다. '흰' 설탕 수요의 세계적인 급증으로 '검은' 노예 노동에 근거한 아이티의 설탕 산업은 호황을 누리면서 세계 최대 설탕 생산국이 되었지만, 이는 역설적으로 극복할 수 없는 어두운 유산을 남겼다. 프랑스령 아이티는 부두교와 흑인 민족주의가, 스페인령 도미니카는 백인과 흑인의 혼혈·가톨릭이 주류를 이루면서 국경선이 문화적 단층선으로 변질되어 두 국가를 구분하는 심각한 문제를 일으켰기 때문이다.

서구 제국의 폭력으로 강요된 분할 점령은 역설적으로 독립을 쟁취한 세력에 의해서 영구 고착화로 치닫게 되었다. 아이티는 1804년 식민 세력의 강압과 수탈에 대항한 노예 혁명으로 식민지 모국 프랑스를 쫓아내고 세계 최초의 흑인 주권 국가를 세웠다. 이러한 역사에 길이 남을 만한 자랑스러운 건국사에도 불구하고, 제국주의적인 힘의 논리를 과시하면서 군함을 동원하며 진격하는 프랑스 앞에서 또다시 좌절과 허탈이라는 고통을 겪었다. 결국 프랑스가 근대화 보상금이라는 명목으로 부과한 막대한 '독

아이티와 도미니카 공화국의 국경. 산림이 황폐해진 아이티의 지형(왼쪽)과 산림을 간직한 도미니카 공화국 영토(오른쪽)의 모습이 대조적이다. 두 국가는 같은 섬에 있으면서도 문화와 경제, 환경에서 많은 차이가 드러난다. 도미니카 공화국은 아이티보다 1인당 국민소득도 5배가 많으며, 전 국토의 32%가 자연 보호 구역으로 지정되어 있다.

립 승인 배상금'을 122년간 상환하게 되면서 경제 기반이 무너지고 이를 만회하기 위해 국경 너머의 도미니카를 주기적으로 침략하는 악순환이 꼬리를 물었다. 제국은 혁명을, 혁명은 약탈을, 약탈은 지울 수 없는 상흔을 남기면서, 아이티의 노예 혁명이 오히려 새로운 형태의 제국주의적 침략을 불러오고 말았다.

1697년 협정으로 서쪽 영토를 프랑스에 주기로 했으나 당시에는 구체적인 경계가 확정되지 않았고, 1929년과 1936년에 와서야 국경선이 정해진다. 이 과정에서 미국의 역할이 주목받는다. 1915년부터 20여 년간 섬을 점령하고 사실상 식민 통치를 했던 미국이 철수하면서 섬의 국경을 획정했던 것이다. 그러나 경계에 익숙하지 않았던 국경지대의 지역민들은 여전히 살던 곳에 계속 머무르고자 했다.

국경의 도구화와 정치화

노벨 문학상 수상자인 마리오 바르가스 요사(Mario Vargas Llosa)가 독재자의 악마성을 다룬 소설 『염소의 축제(La Fiesta del Chivo)』에서 폭로하듯이, 스페인으로부터 해방된 도미니카는 20세기에 들어서 독재 정권의 부정부패와 인권 유린으로 얼룩졌다. 도미니카 공화국의 독재자 트루히요(Rafael Trujillo)는 1961년 암살당할 때까지 30년이나 권력을 장악했다. 그는 정권 불만 무마용으로 국민의 관심을 외부로 돌리는 반아이티주의를 전략적으로 이용했고, 1937년에는 접경지대에 살고 있던 1만 명 이상의 아이티인들을 집단 학살하는 인종주의적 정책으로 국경을 도미니카화하기 시작했다.

학살이 자행되었던 다하본(Dajabón)강은 지금도 '학살의 강(Massacre River)'으로 불린다. 아이티와 도미니카 공화국의 국경은 서구 열강의 자의적이고 편의주의적 발상에서 비롯되었고 추방·학살·전쟁 등 온갖 재앙이 세상으로 튀어나온 판도라의 상자였다. 그 이후 도미니카 공화국은 국경지대의 학교에서 애국심 고취를 위해 스페인어, 자국의 역사와 지리 등 애국 교과 수업을 더욱 강요했다. 분단이 강력한 독재를 낳았고 독재는 분단을 이용하는 악의 순환 고리가 형성되었던 것이다.

독재 종식 이후 도미니카 공화국은 카리브해의 중심 국가로 도약할 수 있었다. 아이티와의 경제적 불균형이 갈수록 심해지자 사탕수수 농장과 염전에 아이티인들의 저렴한 노동력을 투입하면서 아이티로부터의 인구 유입도 늘어났다. 이 과정에서 아이티인에 대한 인종 차별과 살인 사건 등으로 두 국가의 관계가 악화 일로에 있다. 국경지대에서는 자국의 산림 황폐화로 나무를 구할 수 없게 된 아이티인들이 도미니카로 불법 월경해 산림을 벌목하고 이를 아이티에 가져다 판매하면서 지역민들과의 갈등도 발생했다. 영해에서의 불법 조업과 밀입국, 국경지대에서 아이티 무장 괴한에 의한 도미니카인들의 납치, 아이티 주재 도미니카 공관 공격 등으로 도미니카 내에서 반아이티 정서가 고조되며 강제적인 아이티 불법 거주자 추방으로 맞섰다. 설상가상으로 코로나19 발생 이후 국경 봉쇄는 더욱 강화되었다.

두 섬나라가 상호 불신이라는 역사의 질곡에서 벗어나기 위해서는 경쟁과 동시에 협력의 관계를 맺어야 할 것이다. 최근에는 아이티-도미니카 두 나라의 국경 교역이 확대되고 1937년 비극의 장소였던 다하본에 국경 시장이 개설되면서 이스파뇰라 지역민들의 삶에 긍정적인 변화가 나타나고 있다. 양국 정부에서도 국경지대 환경 협력을 강화하면서 국경을 국가 안보의 이익만을 위한 전략적 경계선이 아니라 협력의 공간으로 재성찰하기 시작했다. 양국 사정에 친숙한 국경지대의 접경인을 뜻하는 '라야노스(rayanos)'라는 신조어가 등장했다. 라야(raya)는 스페인어로 선이라는 의미로 라야노(rayano)는 경계지대의 주민을 뜻한다. 유럽 열강들의 국익에 따라 강제된 '부자연스러운 분단' 이전의 기억을 복원함으로써, 분단 트라우마에 대한 초국경적 치유와 국경적 주체성 회복을 기대해 본다.

물론 현실은 생각처럼 쉽게 바뀌지 않는 듯하다. 도미니카 정부가 최근 국경지대에 거대한 콘크리트 장벽을 건설 중이라는 소식이 전해졌다. 두 나라는 본래 숲과 험준한 암벽으로 뒤덮인 자연국경이라 할 수 있는 산림국경(forest border)으로 접해 있었다. 국경 보안 강화는 아이티인들이 2010년, 2021년 발생한 강도 7.0 규모의 지진과 무법천지가 된 극도의 치안 불안을 피해 국경을 넘어 탈출하는 것을 막는다는 명목으로 진행 중이다. 국경 건설의 대내적인 이유는 코로나19 이후 도미니카의 관광 산업이 다시 활성화되는 상황에서 아이티 불법 체류자들로 인한 경제 손실을 막기 위함이다.

이제는 이항 대립의 구도 속에서 상호 모순적인 생각과 의견을 동시에 포용하고 이종 배합의 탈경계적 화해와 창조적 공존의 새로운 세계를 여는 데 앞장서야 할 때다. 국경을 넘나들면서 확산되는 코로나19라는 팬데믹 앞에서 자국의 이득만 고려한 봉쇄와 보호주의가 화두로 남은 요즈음, 이웃 나라와의 공조와 연대를 통한 위기 대응 협력 시스템을 구축하는 생각과 관점의 전환이 요구된다. 새로운 창조는 친밀 관계와 모순 관계를 결합하는 패러독스에서 이루어지기 때문이다.

25

그레이트 게임의 희생양, 아프가니스탄의 듀랜드 라인

2021년 8월, 아프가니스탄(이하 아프간)의 무장 세력 탈레반이 20년 만에 다시 정권을 수립했다. 탈레반은 1997년부터 미국의 침공으로 축출되는 2001년까지 아프간을 지배했으니 이번이 두 번째 권력 장악인 셈이다. 아프간은 한반도보다 3배나 크고 인구도 3000만 명이 넘으며 수도 카불에는 500만 명이 거주하는 국가로, 최근에는 석유, 천연가스, 희토류, 리튬 등 매장 자원이 풍부하다는 보도가 있었지만 실상 이 나라의 경작 가능한 땅은 전체의 12%에 불과한 험준한 지형을 갖고 있다. 그런데도 이 나라가 열강들의 주목을 받은 이유는 바로 지정학적 중요성 때문이다. 아프간은 19세기 대영 제국, 1980년대 소련, 21세기의 미국 등 여러 외세의 지속적인 침략으로 많은 시련을 받았다. 그러나 이들 모두 이 지역을 지배하는 데 실패해서 '제국의 무덤'으로 일컬어진다. 아프간은 동부의 와칸 회랑(Wakhan Corridor)이 중국 신장과 국경을 맞대고 있는 탓에 이제 중국도 어른거리는 모양새다.

아프간은 고대로부터 동양과 서양을 연결하는 실크로드의 중심지로, 기원전 4세기에 알렉산드로스 대왕이 인도 원정길에 이용했던 길목이며 8세기에는 고구려 유민 출신 당나라의 장수 고선지 장군이 서역 원정길로 사용했다. 현장과 혜초 등의 고승들도 이 길을 거쳐 갔으며 혜초의 『왕오천축국전』에 등장하는 '호밀국'은 바로 와칸 회랑에 세워진 왕국이었다. 『동방견문록』을 쓴 이탈리아 출신의 마르코 폴로(Marco Polo)도 이곳을 통해서 중국으로 들어갔다. 파미르 고원에 있는 이 지역은 동서양 문화의 교차로이자 인류 문화의 다양성이 집적된 접경지대였으나 19세기에 들어서는 제국주의 세력들이 등장해, 그 향방을 예측하기 어려운 거대한 체스판으로 변모했다.

지도를 놓고 보면 아프간이 지닌 전략적 가치가 명백하게 드러난다. 이곳은 여섯 개 나라와 국경을 접한다. 남쪽 파키스탄과 약 2670km의 긴 국경선을 공유하고, 북쪽으로 구소련에서 독립한 투르크메니스탄(804km), 우즈베키스탄(144km), 타지키스탄(1357km), 북동쪽으로는 중국(92km), 남서쪽으로는 이란(921km)과 맞닿아 있다. 여섯 개의 나라로 진출할 수 있는 교차로에 자리한 지정학적 중요성 때문에 중앙아시아 내륙의 이 나라는 '문명의 회전 교차로', '문명의 대로'라 불리기도 했다.

제국·국가·지역 권력이 등장하고 힘을 겨루는 장소인 국경선을 통찰하는 국경 연구의 관점에서 보면, 국가권력은 국경선 획정보다 선행하는 것이 일반적이다. 국가가 성장하고 팽창하면서 주권이 미치는 영토를 규정하는 것이 역사의 일반적 경험이기 때문이다. 하지만 아프간은 국가보다 국경선이 먼저 탄생한, 즉 외세의 자의적인 국경선 획정으로 국가가 성립되고 말았던 본말이 전도된 굴곡진 역사를 간직하고 있다. 국경선이 설치되어야 국제 관계가 형성되는 것이 이치이지만, 이 경우에는 제국 간의 국제 관계가 국가가 행사하는 영토 주권의 범위를 임의로 재단하고 구획하는 강자의 논리를 여실히 보여주었다. 아프간이라는 국가는 제국주의적 국경 정책의 특수한 상황이 만들어낸 시대적 소산으로 이곳의 국경선은 아프간 사람들의 의사나 이해관계와 무관하게 설정된 것이다. 이는 국가 정체성의 형성을 더욱 어렵게 만들고 결국 민족 정체성을 확보하지 못하는 미완의 국가로 머무를 수밖에 없음을 예견했다.

그레이트 게임

비극의 역사는 19세기의 제국주의 시대로 거슬러 올라간다. 인도를 식민지로 정복하고 세력을 북쪽으로 팽창하던 대영 제국과 인도를 향해 남진하는 러시아의 위험한 조우는 이른바 '그레이트 게임(Great Game)'을 촉발하게 된다. 그 시대의 한 시사만평은 당시 상황을 '곰(러시아)'과 '사자(영국)'로 묘사된 야수가 아프간을 사이에 두고 으르렁거리는 모습으로 풍자했다. 19세기까지 지도에 표기조차 되지 않았던, 그래서 미지의 땅(terra incognita)으로 불렸던 아프간은 한순간에 먹이를 노리는 강대국들의 각축장으로 변해버렸다. 유라시아 대륙에서 계속 남진하던 러시아 제국의 인도 침공 위협과 그로 인한 이른바 '러시아병(Russian disease)' 공포에 사로잡힌 영국은 선제 기습 공격으로 맞섰다.

 러시아 세력의 팽창을 차단하기 위한 완충지대(buffer zone)를 확보하고자 아프간을 두 차례(1839~1842, 1878~1881)나 침공했던 대영 제국

"SAVE ME FROM MY FRIENDS!"

〈내 친구들로부터 나를 구해주세요!(Save Me From My Friends!)〉, 존 테니얼(John Tenniel), 1878년 작. 곰(러시아)과 사자(영국)가 아프간을 둘러싸고 으르렁거리고 있다. 문구는 그레이트 게임이 한창이던 1878년 당시 아프간의 통치자 셰르 알리(Sher Ali)가 처한 절박한 상황을 잘 보여준다.

은 이 지역의 복잡한 내부 사정으로 직접 통치가 어렵다는 것을 확인하고는 우회적인 간접 통치로 전략을 수정했다. 아프간의 중립화가 전략적 교차로에서 대립에 종지부를 찍고 제정러시아의 남진을 막는 최선의 정책임을 뒤늦게 알아차린 것이다. 제2차 영국-아프간 전쟁 이후에 압두르 라흐만(Abdur Rahman)을 꼭두각시 통치자로 앉히고 적극적인 재정과 군사적 지원을 하는 조건으로 아프간의 외교권을 박탈하고 영국에 우호적인 반식민적인 정권을 서둘러 수립했다.

지정학적 완충국은 강대국들 사이에 위치해 이들이 직접 국경을 접함으로써 일어나게 될 충돌을 예방하고 긴장 관계를 완화해 주는 역할을 한다. 19세기의 영국은 완충국 설정을 적극적인 국경 정책으로 활용했다. 이는 지역의 평화와 안전을 위한 선제적 대응이었지만 동시에 제국의 이익을 위한 조치였다. 영국과 러시아 사이에 끼인 아프간은 세력 균형의 공간으로 인식되면서 강대국들의 이익 균형에 희생되고 말았다. 영국은 아프간의 군주가 뿔뿔이 흩어져 살던 여러 부족을 규합해서 국가를 이루고 완충국으로 남기를 기대했다. 이를 위해서는 먼저 명확한 국가의 경계를 설정할 필요가 있었다.

19세기의 아프간 문제에 깊숙이 개입했던 영국의 정치가이자 국경 이론가였던 커즌 경(George N. Curzon)이 주장한 '과학적 국경(scientific frontier)'은 현실주의적 초강대국의 외교 정책이었다. 그가 주장하는 바에 의하면 국경은 이익 선으로서 면도날과 같이 공격적이기도 하고 때로는 방어적인 성격을 띤다. 그래서 아프간 침공으로 대영 제국의 경계를 계속 팽창하려던 군사 행동이 여의치 않자 이번에는 방어적 정책으로 전환한 것이다.

서로의 세력권이 점차 근접하면서 전면전을 우려한 두 제국은 1873년부터 1895년까지 공동국경설정위원회를 구성하고 중앙아시아에서 가장 긴 아무다리야강을 경계로 아프간 북쪽 국경을 획정했다. 여기에 동쪽으로 폭이 최소 13km에서 최대 65km에 이르고 길이가 350km인 긴 계곡이 물꼬리 모양처럼 뻗어 있는 와칸 회랑을 추가했다. 이는 두 제국이 군사적으로 충돌하는 것을 철저히 미연에 예방하기 위한 것이다. 회랑을 사이에 두고 양측이 물러서되 이곳을 아프간의 영토로 귀속시킨 결과다. 무엇보다도 중요한 것은 이러한 국경 협상 과정에서 아프간인들은 전적으로 배제되었다는 사실이다. 심지어 이란과 접하고 있던 아프간의 서부 국경조차도 제삼자인 러시아와 영국이 개입해서 독단적으로 결정하게 된다.

1893년에는 '듀랜드 라인(Durand Line)'으로 알려진 아프간의 남부 국경이 확정되는데, 2670km에 달하는 이 국경선 역시 전략적으로 중요한 산맥과 강, 고개와 같은 자연 지형을 따라서 영국의 입맛에 맞게 그어졌다. 국경선 명칭이 이 선의 획정을 주도한 모티머 듀랜드(Henry Mortimer Durand)라는 영국 외무부 관리의 이름에 따라 붙여진 것만 보아도, 영국령 인도 제국이 자신의 북부 방어선 구축에 얼마나 큰 관심을 두고 있었는지를 알 수 있다. 당시 아프간의 통치자 압두르 라흐만은 영국의 집요한 회유와 강요에 못 이겨 결국 협정에 서명하고 말았다. 하지만 협정서는 영어로 작성되어 있었고, 압두르 라흐만은 영어를 읽지 못했다.

제국의 자의적이고 편의주의적 발상에서 비롯된 듀랜드 라인은 국경선의 남북 양쪽에 거주하던 아프간 최대 종족인 파슈툰족을 두 동강 내었다. 그 결과, 듀랜드 라인 남부에 살고 있던 상당수의 주민이 인도로 강제 편입되어야만 했다. 1947년에 인도로부터 독립한 파키스탄이 이 지역을 소유하면서 수백만 명의 파슈툰인들이 자신들의 의사와는 상관없이 다시금 국적을 파키스탄으로 변경해야만 했다. 이렇게 해서 1980년대 러시아 침공에 맞서서 파키스탄의 이슬람 신학교인 마드라사는 파슈툰 출신의 학생들을 탈레반 전사로 꾸준히 양성했다. '탈레반'은 파슈툰어로 학생이라는 뜻이다. 본래 남부 아프간의 파슈툰인들이 주도했던 탈레반은 듀랜드 라인 남쪽의 파키스탄으로부터 파슈툰 전사들을 지속해서 공급받으면서 세력을 키울 수 있었다. 제국주의가 강제적으로 절반으로 쪼갰던, 그래서 이산의 아픔을 겪으면서 국경의 양쪽에 흩어져야만 했던 파슈툰족은 탈레반의 등장으로 한 세기 만에 종족적 재결속을 다질 수 있게 되었다. 역사의 역설이라 할까?

이렇게 제국주의 세력이 확정한 경계선을 따라서 아프간이라는 나라가 탄생하게 되었다. 제국들의 정치적 이해관계에 의해서 완충 국가로 만들어진 이 특이한 정치 공간이 중앙아시아 한가운데 자리하게 된 것이다. 하지만 서구는 완충국을 무정형적 공간 구조로 파악한 것이 아니라 경계 사유에 의한 명확한 국경선 획정을 전제로 했다. 이러한 이유로 커즌 경이 확인한 것처럼, 비유럽 국가에서는 선에 의한 국경 획정 자체가 낯선 관념이었기에 아프간의 동서남북 국경선 획정은 유럽 국가들의 압력 내지는 개입에 의해서만 가능했다.

판도라의 상자

제국의 자의적이고 편의주의적 발상에서 비롯된 국경 획정은 온갖 재앙이 세상으로 튀어나온 판도라의 상자였다. 듀랜드 라인은 오래전부터 국경선 양쪽에 거주하던 아프간 최대 종족인 파슈툰족을 두 동강 내어서 이들의 혈맥을 끊어버렸다. 당시에는 아프간과 파슈툰이 동의어로 사용될 정도로 이 부족은 아프간의 가장 강력한 집단이었다. 전체 부족민의 50%가 국경 남부에 살고 있었는데 이들은 졸지에 인도로 강제 편입되어야 했다. 1947년에 인도로부터 독립한 파키스탄이 이 지역을 소유하면서 수백만 명의 파슈툰인들이 자신들의 의사와는 상관없이 다시금 국적을 변경하며 오늘날 파키스탄 인구의 15~20%를 차지하게 된다.

하지만 파키스탄의 파슈툰족은 방어하기 어려운 지형적 특성을 이용해 힘 있는 자들이 그어놓은 국경선을 비웃듯이 넘나들었다. 헤르만 헤세도 "아무리 좁은 계곡이라 해도 모든 계곡에는 세상을 향해 열린 구멍이 있다"라고 말하지 않았는가! 서구의 통치 이념이 만들어낸 선형적 경계선에 관한 연구는 국경이 얼마나 강대국의 논리에 의해 임의로 만들어졌는지, (그런데도) 피지배자가 경계 횡단을 통해서 지배 질서를 어떻게 우회적으로 비껴가고 전유했는지를 드러낸다. 이렇게 제국주의가 절반으로 쪼갰던, 그래서 이산의 아픔을 겪으면서 국경의 양쪽에 흩어져 있던 파슈툰족은 이미 언급했듯이 탈레반의 등장으로 한 세기 만에 종족적 재결속을 다질 수 있게 되었다.

아프간 사람들은 오랜 세월 부족 정체성을 더 강하게 느끼며 살아왔다. 역사적으로 험준한 산악 지형의 특수성으로 중앙 권력은 수도 카불 인근에만 머물렀고, 지방의 반자치적인 부족 집단과 중앙정부가 분권적인 정치 구조를 만들어내면서, 통합적인 민족국가를 세우려는 시도들은 번번이 실패하고 말았다. 전통적으로 4대 종족을 구성하는 파슈툰족(42%, 약 1350만 명), 타지크족(27%), 하자라족(9%), 우즈베크족(9%)이 정치적 대립을 해왔다. 파슈툰족은 역사적으로 아프간의 정치적 주류 그룹이자 실질적인 통치 가문으로서, 2001년 미국의 점령 이후에도 초대 대통령으로 선출된 카르자이(Hamid Karzai)와 2021년 탈레반 침공에 놀라서 '맨발로' 서둘러 탈출했다는 아프간의 마지막 대통령 가니(Ashraf Ghani) 등 여러 정관계 주요 인사들을 배출했다. 그러나 특정 가문의 권력 독점은 다른 종족들의 저항을 불러왔고, 중앙과 지방 간의 세력 균형은 역사적으로 안정과 불안정을 반복해 왔다.

20세기의 아프간은 왕정(1926~1973), 사회주의(1978~1992), 이슬람 원리주의 등 다양한 체제 실험을 통해서 통일 국가를 건설하려고 노력했지만, 왕정은 무능력하고 부패했으며 사회주의는 침략자인 소련 제국주의가 전파한 외래 사상으로 비치면서 국민의 지지를 받지 못했다. 이제 불신자들에 대항해 무슬림의 땅과 국경을 무력으로 지키려는 이슬람 원리주의 세력인 탈레반이 정권을 장악했다. 이들의 사회통합 원리인 이슬람주의가 얼마나 강한 결속력을 발휘할지는 아직 더 지켜볼 일이다.

국경 설정은 국가가 보유하는 최상의 권위로서 주권이 현실적으로 행사되는 물리적·지리적 범위를 결정함을 의미한다. 그래서 국경선의 확정은 국가 중심적 국제 체제를 파악하는 데 매우 중요한 함의를 지닌다. 하지만 국경 설정에 앞서 특정한 토지, 인구, 자원에 대한 통제가 가능한 중앙집권적 국가의 수립이 우선되어야 한다. 이러한 역사적 발전 경험에도 불구하고, 국경선 획정 이전의 종족·부족·가문을 배경으로 하는 아프간 토착 세력들은 각각 배타적인 관할권을 행사하면서 통일적이지 않은 분절된 모습이었다.

아프간과 같은 중앙아시아의 유목 민족들에게는 전통적으로 유럽과 다른, 즉 제국주의적 영토와 국경 개념과 차별되는 유연하고 유동적인 관념이 일반적이었다. 아프간의 비극은 여기서부터 시작한다. 주권 국가의 성립 없이 타의적으로 국경이 먼저 강제적으로 설정되었기 때문이다. 서구 제국의 지배 이념이 중앙아시아 내륙 깊숙이 파고든 결과였다.

이는 역으로 국경선 밖에 있는 타 국가들의 영토 주권을 인정함을 전제로 한다. 그렇기에, 국경의 이편과 저편 모두에 속했던 지역민들의 동의 없이 강제적으로 진행된 국경 획정은 아프간 사람들의 전통적인 활동 반경을 국경선 내부로 국한했음을 의미한다. 특정 영토에 대한 배타적인 권리를 행사하는 유럽의 근대적 주권 관념이 중앙아시아의 전통적인 비배타적 영토 주의에 승리한 것이나 다름없다.

강요된 분단, 비극의 시작

서구의 제국주의는 민족의 형성과 국가의 건설을 역사적 순리로 상정하고 국경선 획정을 통해서 아프간에서 이러한 일이 일어나기를 기대했다. 하지만 통일된 영토에 근간하는 민족국가 건설의 실패 원인을 국가 공권력의 무능함과 이에 대항하는 지방주의적 분권 세력에게만 전가할 수는 없을 것이다. 현대 아프간의 국경선과 국가의 영토는 내적 필요성과 동력이 아닌 외세에 의해 자행되었기 때문이다.

전근대적인 부족 전통이 강한 파슈툰 부족 지역에서 탈레반은 국가보다 더 실효적이고 신뢰성 있는 안보(공공) 서비스를 제공하면서 성공을 거두었다. 이들은 파슈툰 부족 사회에서 범죄자를 처벌하고 부족 내부의 갈등과 분쟁을 조정하는 살아 있는 실효적인 권력으로서 지역 사회에 영향력을 구축하는 데 성공했다. 국가 공권력은 수도 카불과 몇몇 대도시를 제외하고는 그 통치력과 물리력을 행사하지 못하면서 남부의 외진 지역들은 여전히 무장 세력인 탈레반의 영향력 아래에 있었다. 이들은 무력한 정부의 틈새에서 자신의 정치적 기반을 확장했다. 동시에 이들은 자신들에게 덧씌워진 국경선이라는 올무에 걸려 발버둥치면서 힘겨운 사투를 벌여야만 한다. 이제 탈레반은 18세기의 아프간 왕조 탄생 이후 처음으로 국가의 전체 지역을 통치하려고 한다. '실패한 국가'의 근본적 원인은 영국과 러시아의 이해에 따라 타의적으로 출발한 완충 국가로서의 비극적인 건국사와 밀접히 관련된다. 2021년에 재집권한 탈레반 정권이 듀랜드 라인을 인정하지 않으면서 이웃 파키스탄과의 국경 분쟁이 국제정치의 또 다른 이슈로 떠오르고 있다.

26

영국의 출구 전략,
인도와 파키스탄의 래드클리프 국경선

영국의 여왕 엘리자베스 2세(Elizabeth II)가 2022년 사망했다. 부친인 조지 6세(George VI)의 뒤를 이어 25세의 젊은 나이에 즉위한 그녀는 70년을 재위하면서 영국 역사상 가장 오래 통치한 군주(1953~2022)라는 기록을 세웠다. 수많은 사람이 그녀의 죽음을 애도하고 분향소에는 추모객의 발길이 이어졌지만, 일부에서는 그녀에 대한 비난의 목소리도 들렸다. 그녀가 오랜 기간 재위하면서도 대영 제국이 식민지에서 저지른 범죄에 대해 공식적으로 사과한 적이 없다는 이유이다. 1765년부터 200년간 식민 지배를 받았던 인도에서도 엘리자베스의 서거 이후 여왕은 어두운 역사의 상징적 인물이라는 비판과 냉소에 찬 목소리가 나왔다. 무엇보다도, 20세기 최대의 분단이라 불리는 인도와 파키스탄 분리독립, 그로 인한 엄청난 혼란과 고통의 근본적 원인은 바로 대영 제국의 국경 정책 때문이다.

국경 관광

인도 북부의 펀자브주에 있는 와가(Wagah)라는 마을에는 매일 일몰 시각 직전에 어김없이 수많은 관광객이 모여든다. 인도와 파키스탄의 국경 검문소인 이곳에서는 1959년부터 지속해서 국기 하강식과 더불어 화려한 볼거리가 제공되어 매일 2~3만 명의 내·외국인이 방문했다. 국경 관광(Border Tourism)으로 인근 도시의 숙박업소와 부대시설들도 덩달아 호황을 누릴 수 있었다. 코로나19 팬데믹으로 중단되었다가 다시 행사가 시작되었다고 한다.

애국주의적 구호와 이를 선동하는 과장된 몸짓, 양측 군인들의 긴장된 기싸움은 흥미로운 구경거리이지만, 이곳을 찾는 사람 중 상당수는 이른바 '실향민'과 그 후손들이다. 이들에게 국기 하강식은 아픔을 간직한 기억의 장소이기도 하다. 같은 나라였던 인도와 파키스탄이 1947년에 분단되면서 지난 70년간 와가의 국기 하강식장은 국경선이 가로지르는 접경지대가 되었던 것이다. 세계의 10대 비극으로 불리는 인도와 파키스탄 분단의 원인은 무엇일까?

래드클리프 국경선

시간을 거슬러 1947년으로 돌아가 보자. 제2차 세계대전의 여파로 국력이 소진된 대영 제국은 식민지 인도에서 철수 준비를 서둘렀다. 하지만 제국은 마지막 순간까지 품위와 위엄을 잃지 않고 질서 있게 철수 작전을 진행하고자 했다. 영국이 문명화시킨 식민지 국민에게 권력을 이양하는 제국의 위용을 전 세계가 최대한 감탄할 수 있게 말이다. 인도 철수는 가히 원조 브렉시트(Brexit)로 불려도 좋을 듯하지만, 그 직전에 제국은 차분하지만 여파가 생각보다 컸던 이임식 행사를 개최했고 최후 만찬의 메뉴는 200년간 통치했던 식민지 인도였다.

만찬의 호스트는 영국의 마지막 인도 총독 루이스 마운트배튼(Louis Mountbatten). 마운트배튼은 엘리자베스의 부친인 조지 6세의 사촌으로 왕실의 신임을 받고 총독으로 임명되었다. 만찬에 초대된 손님은 인도 국민회의의 지도자 네루(Jawaharlal Nehru)와 무슬림 연맹의 진나(Muhammad Ali Jinnah) 의장이었다. 만찬 준비를 위해서 영국으로부터 시릴 래드클리프 경(Cyril Radcliffe)이 특별 초빙되었다. 식탁 위에 인도 대륙의 지도를 올려놓고 시작된 만찬은 1947년 7월 초부터 8월 중순까지 이어진다.

제국의 최후 만찬은 수천 년 동안 역사적 전통을 같이 해왔던 인도와 파키스탄의 국경선을 획정했던 '국경위원회(Boundary Commission, 이하 위원회)'였으며, 이는 보여주기식으로 급조된 일종의 형식적인 정치 쇼였다. 실제로 국경선 획정은 일사천리로 진행되었다. 국민회의와 무슬림 연맹이 각각 네 명씩 추천한 위원들은 구색을 맞추기 위한 들러리에 불과했고, 최종 결정권이 주어진 위원장직은 법률가 출신의 래드클리프에게 돌아갔다. 정치적 입장 차이로 위원들이 합의와 결정을 미적거리는 동안에 위원장은 속전속결로 업무를 처리할 수 있었다.

7월 8일에 입국한 래드클리프에게는 이번이 첫 번째 인도 방문이었다. 인도와 별다른 관련이 없으므로 비편파적일 수 있다는, 혹은 법률가여서 객관적인 결론을 도출해 낼 수 있다는 영국 정부의 판단으로 선택된 그에게 주어진 시간은 단 5주. 그는 인도와 서파키스탄, 인도와 동파키스탄(1971년에 방글라데시로 독립) 국경선을 결정하는 두 개의 위원회를 동시에 총괄했다.

인도에 도착한 래드클리프는 라호르와 콜카타를 방문한 것이 전부였다. 그 외의 날에는 델리의 방갈로 숙소에 머물면서 '제국의 충복'으로서 주어진 임무를 헌신적으로 수행했다. 하지만 인도 측 위원들의 의견 조율이 불가능에 가까웠고 촉박한 일정 때문에 국경선 획정이 졸속으로 처리될 수밖에 없었음은 예견된 바이다. 더욱이 영국의 인도 철수 일정을 예정보다 1년 이른 1947년 8월 15일로 급작스럽게 앞당기고, 제국 통치의 최후 순간에 식민지의 국경선을 서둘러 획정했다는 사실은 되짚어 생각할수록 의구심이 남는다. 일부 연구자들은 제국주의적 국경 정책보다는 정권욕에 사로잡힌 인도 정치 지도자들의 민족주의적 혹은 이기적인 태도를 비판하지만, 분단은 엄연히 식민 지배 아래서 대영 제국이 결정한 사항이다.

영국의 인도 출구 전략

영국 정부는 인도의 탈식민화 작업이 법적 절차를 준수하고 식민지 인도와의 협의를 통해서 진행되는 모습을 대내외적으로 보여주는 데 주력했다. 위원회는 철수 이후에 발생할 수 있는 적잖은 후유증에 대한 책임을 국민회의와 무슬림 연맹에 떠넘기려는 눈속임이자 교묘한 눈가림에 불과했다. 철수와 분단 이후의 혼란은 예측된 바였고, 이에 대한 책임을 전적으로 인도 정치인들에게 돌리려는 치밀하게 계산된 각본이었다.

자신은 위원회에 영향력을 행사한 바가 없고 양 정당의 지도자들이 뜻한 대로 결정되었다는 마운트배튼의 거듭된 역설과 강조는 충분히 위선적이고 여기에는 나름의 계략이 숨어 있었다. 위원회는 쇠락하는 대영 제국의 질서 정연한 퇴장을 위해 조직되었고, 제국의 이익이 무엇보다도 우선시되었다. 파키스탄과 인도가 경쟁적으로 각각 8월 14일과 15일에 독립을 선언한 이후인 17일에 국경 획정 내용을 공포한 것도 매우 의도적이다. 최종안은 이미 12일에 마련되었음에도 양국이 독립 선언을 할 때까지 기다리면서 발표를 미룬 것이다. 분단으로 인한 혼란의 책임을 독립과 주권을 획득한 신생 국가에 전가하려는 은밀한 속셈이 숨어 있었다. 이렇게 해서 국경지대에 살고 있었던 수백만 명의 사람들은 자신이 인도와 파키스탄 중 어느 나라에 귀속될지도 모르는 상황 속에 '인도'의 독립을 기뻐했다.

분단으로 양측에서 힌두교도들과 무슬림 1000만 명 이상이 강제 이주를 했으며, 이는 단기간에 진행된 세계 최대의 이주였다. 이주 과정에서 최소 50만 명이 살해당했고 힌두인과 무슬림의 유혈 충돌이 새로 획정된 국경선을 따라서 번져갔다. 수만 명의 여성이 강간당하거나 납치되어 강제 결혼을 했다. 분단 이후의 혼란은 이를 막지 못한 신생 국가들의 무능함 때문이기도 했지만, 영국 정부의 책임 전가와 회피 역시 비난을 피해가기 어렵다.

혼란 정국에서 약삭빠르게 권력에 영합하던 지방의 정치 세력과 극단주의적 종파 그리고 제2차 세계대전에서 돌아온 제대 군인들의 정치·종교·현실적 사리사욕도 순식간에 펀자브와 벵골의 국경지대를 아수라장으로 만들었다. 무엇보다도 국경선 획정 이후에도 다양한 종교가 이전과 같

인도와 파키스탄의 분리독립으로 국경을 넘어서 이주하는 실향민들의 모습. 기차역 곳곳에서 피난민에 대한 습격과 학살이 일어나서 '죽음의 기차'로도 불렸다.

자료: Photo Division(Government of India), 〈A refugee special train at Ambala Station during partition of India〉, 1954, APO/February,54,A31dA(No. 37164).

이 공존할 수 있으리라 믿었던 정치가들의 오판이 화를 불렀다. 새롭게 형성된 국경지대의 상황은 중앙정부의 예측을 비켜 나가고 말았다.

분단의 비극

인도와 파키스탄의 국경 설정은 인구 통계를 활용해서 종교적 분포 못지않게 전기·도로·철도망·수자원과 관계 시설 등 사회경제적 요인도 함께 고려되었다고 전해진다. 하지만 고향에 머물고 싶어했던 접경지대 사람들의 당연하지만 간절한 바람은 중심의 헤게모니에 묻혀 지워져 버렸다. 전통적으로 이들은 자신이 재배한 다양한 경작물을 옆 마을에 갖다가 팔았는데, 이제는 밀수 혐의로 체포되는 세상이 되었다. 상황이 순식간에 변했으나 접경지대 사람들은 새롭게 설정된 '국경선' 너머의 상대방 주민들을 여전히 과거의 이웃 마을 사람들 정도로 생각했다. 그래서 당분간 주말 장터에서의 마을 간 교역은 지속되었고 이곳에서 종교와 애국심은 부차적인 문제였다.

하지만 신생 국가의 중앙정부가 국경 통제를 강화하자 졸속으로 그어진 경계는 분단선으로 고착되었다. 무슬림이 인도에 남기고 떠난 과수원의 나무에서 망고 열매를 따던 힌두 인도인이 파키스탄 국경 수비대에 의해서 체포당하자, 그의 친척들은 '국경선'을 넘어와 예전과 다름없이 초지에서 소에게 목초를 먹이던 파키스탄인에게 앙갚음했다. 접경지대의 평온했던 마을은 민족 이데올로기와 군사적 충돌의 장소로 무섭게 변모하면서 이웃 힌두 혹은 무슬림 촌락과의 교역은 반민족적 행위로 처벌을 받았다. 느닷없이 지도에 형성된 접경지대는 지리적으로 신흥 국가의 변방으로 탈바꿈했고, 그곳은 정치적 지각 변동의 중심지로 부각되었다.

대영 제국이 철수하면서 지도에 그어놓은 분단선은 인도와 파키스탄을 불신과 증오로 가득 찬 앙숙으로 만들었고 심지어 핵무기 경쟁을 불러일으켰다. 파키스탄은 무슬림 국가 유일의 핵보유국이 되었다. 제국주의의 야욕이 만들어낸 래드클리프 국경선(Radcliffe Line)은 인도와 파키스탄 양국의 긴장을 불러일으켰고, 분단 이후 세 차례에 걸친 전쟁(1948, 1965, 1971)은 모두 국경 분쟁으로 인해 발생했다.

인도의 분리 통치

대영 제국은 기본적으로 인도의 비분할 원칙을 고수했다. 제2차 세계대전은 무슬림 정치가인 진나를 인도 정치의 핵심 인물로 부각시켰다. 전쟁이 격화되어 일본군이 버마(현재의 미얀마)를 점령하고 인도까지 위협하자 영국 정부는 인도로부터 더 많은 전쟁 협조를 요구했다. 간디와 힌두 정치인들이 주도했던 국민회의가 대규모 시민 불복종 운동인 '인도를 떠나라(Quit India)'를 주동하자, 총독 정부는 간디와 네루 등 국민회의 지도부에 대해 체포와 구금으로 맞섰다. 지도부가 와해된 국민회의는 사실상 활동 중지 상태가 되었다.

파키스탄 독립을 주장하던 진나는 영국의 도움이 절실했고 이렇게 영국은 진나를 인도 정치의 협상 대상자로 받아들였던 것이다. 무엇보다도 향후 파키스탄이 들어설 인도 북부 지역은 영국 대외 정책의 전략적 요충지였다. 파키스탄의 북쪽 국경선인 '듀랜드 라인' 설정으로 아프가니스탄을 러시아의 남하 정책을 견제하는 완충 국가로 만들었지만, 러시아의 지원을 받던 이란이 인도의 북서부 국경을 접하고 있고 중동의 산유국들을 견제하기 위해서는 카라치와 같은 항구와 공군 기지의 건립이 절실했다. 국가 건립과 전략적 동반자 확보라는 서로의 이해관계가 양자의 결탁을 맺게 하는 주요인이었다. 파키스탄의 분리독립을 놓고 팽팽하게 맞서는 상황에서 영국은 전략적인 계산을 했고, 파키스탄에 영국에 친화적인 정부가 들어서는 것이 자신들에게 유리하다는 판단을 하게 된다. 이렇게 해서 파키스탄의 국운은 대영 제국이 남북으로 그어놓은 듀랜드-래드클리프 국경선에 맡겨졌다. 19세기와 20세기에 외세가 자의적으로 지도에 표시한 두 개의 선이 한 국가의 운명을 결정한 것이다.

수 세기 동안 다양한 종교가 특별한 적대 관계 없이 공존했고 20세기 초만 해도 인도 총인구의 약 1/4을 차지하던 무슬림들은 힌두교도들과 국민회의 일원으로 함께 활동했다. 1947년 분단 직전까지도 종교는 사적 영역에 머물렀기 때문에, 여러 종교는 일상의 삶에서 평화롭게 어울릴 수 있었다. 종파적 갈등은 위정자들과 경제적 이익을 챙기려는 무리들의 관심사일 뿐이었다.

하지만 1857년에 영국이 고용한 무슬림과 힌두 용병들이 함께 가담한 세포이 항쟁을 진압하는 과정에서 인도인의 결집을 우려한 영국은 이후 다수의 힌두와 소수의 무슬림 혹은 시크 간 대립 구도를 조장하는 분리 통치 방식을 통해 변화를 꾀했다. 이는 결국 인도의 종파적 민족주의와 분리주의를 조장함으로써 인도인의 민족적 단결을 막는 역할을 했다. 각 종교의 '다름' 의식을 극대화하면서 종교 간의 간극을 확대해 나갔다.

제국의 '품격'

1905년에 인도 총독 커즌은 행정 효율성을 이유로 벵골주를 동서로 나누려고 시도한 바 있었다. 그러나 실제 이유는 힌두교의 서벵골주와 무슬림의 동벵골주로 양분함으로써 민족주의 의식이 강했던 지역민들을 분리하는 것이었다. 후임 민토(Minto) 총독은 측근들을 시켜 무슬림들로 하여금 별도의 선거구를 요구하라고 사주한 뒤 그 요구를 승인했다. 이 같은 제국의 교묘한 통치술로 인해서 1906년에 종교적 색채를 띤 정당인 무슬림 연맹이 출범하게 되었다. 1909년에는 종교 공동체별 분리 선거 제도의 도입을 통해 정부 차원에서 이슬람과 힌두교 두 종교를 공식적으로 분리해서 다루었다. 이는 종교 간 적대와 불신감을 조성하고 그로 인해 인도의 민족주의 독립운동 세력을 분열시키는 결과를 가져왔다.

영국의 정치가이자 국경 이론가였던 커즌 경은 과학적 국경론을 주장했다. 이는 현실주의적 초강대국의 외교 정책으로, 국경은 이익선으로서 면도날과 같이 공격적이기도 하고 때로는 방어적인 성격을 지닌다는 것이다.

이러한 분리 통치 정책에도 불구하고 대영 제국은 인도 식민지의 영토를 영구히 나누려는 계획을 수립하지는 않았다. 1940년 파키스탄 국가의 분리 수립 요구('라호르 결의')도 진지하게 받아들이지 않았고, 오히려 군사 전략적 목적 때문에 단일 국가론을 지지하는 입장이었다. 국민회의와 무슬림 연맹에도 연방제를 골격으로 하는 분단 없는 독립과 권력 이양을 제안했다. 1946년 8월부터 인도 전역에서 벌어진 대규모 종교 폭동과 학살조차도 영국 정부로 하여금 분단을 고려하게 만들지는 않았다. 이렇게 해서 인도의 비분할 정책은 1947년 초까지 유지되었다. 그러나 이후 철수 일정이 예정보다 1년 앞당겨지면서 갑자기 분위기가 반전되었다.

1947년 3월부터 인도 독립의 전권을 위임받은 마운트배튼 총독은 권력 이양을 서둘렀다. 그러나 인도의 독립운동을 주도하던 국민회의와 무슬림 연맹은 동상이몽의 각기 다른 생각을 하고 있었다. 통일된 인도를 원했던 영국은 모두를 만족하게 할 방안을 모색했지만, 결국 1947년 6월 3일에 힌두교 지역과 무슬림 지역으로 나누는 분리독립안이 결정되었다.

전후의 영국은 인도로부터 손을 떼고 철수를 서둘러야 하는 상황이었지만, 마지막 순간까지 제국의 위용을 과시하려 들었다. 권력 이양이 법적인 절차에 의해서 진행되어 품위 있게 퇴장한다는 연출이 필요했다. 분리 독립을 미끼로 민족주의 세력들을 제국 주위로 끌어들이고 식민지에 대해 마지막까지 책임을 다하는 '가식적인' 모습을 보여주면서 세계의 이목을 다시금 자신에게 주목시키고자 했던 것이다.

마운트배튼 총독은 혼란스러운 상황에서 서둘러 인도를 떠나는 자신의 초라한 뒷모습을 언론에 공개하기보다는 진나와 네루 같은 인도의 정치 지도자들이 자신의 옆자리에 있는 모습을 보여주고 싶어 했다. 위원회를 국제연합(United Nations)에 맡기자는 진나의 제안이 거부된 것도 자국의 문제 해결을 외부 기관에 의존하는 모습으로 비칠 수 있다는 우려 때문이었다. 중동과 아프리카의 식민지들에게도 대영 제국이 아직 건재하고 있음을 과시하고픈 욕망이 앞섰던 것이다.

래드클리프 국경선은 애초부터 임시방편책이었고 향후 인도와 파키스탄이 조율할 예정이었다. 그만큼 엉성하게 작성된 경계선에 불과했다. 하지만 양국의 적대적인 현실은 더 이상의 국경 협상을 용납하지 않았다. 제국과 인도의 위정자들 모두 권력 이양과 권력 장악을 서둘렀고, 이는 결국 무질서와 혼란을 부채질하면서 무수한 국민의 부당한 희생을 강요했다. 영국 왕실 가문의 일원인 마운트배튼의 과시적이고 권위적인 성향도 순리에 어긋난 결과를 낳았다. 철수 일정에 쫓겨서 내용보다 형식을 취했던 국경 획정은 비극적 결말을 예시했다.

통일된 인도를 간절히 원했던 간디가 '거짓된 주장'이라고 비난했던 허구적인 '두 개의 민족 이론'을 근거로 파키스탄의 독립을 주장한 진나와 무슬림 정치가들조차도 국경선에 대한 통일된 견해를 공유하지 못했다.

파키스탄의 실체는 모호했고 일부 무슬림 정치가들은 분리독립 자체를 반대했다. 급조된 국경선 획정은 제국의 이해관계를 우선시했으며 국가와 지역의 목소리는 무시되었다. 힌두인과 무슬림의 이익 보호를 명분으로 내세웠던 국경 설정은 오히려 1000만 명 이상의 실향민과 지금도 그 수를 정확히 파악할 수 없을 만큼 많은 희생을 내었다. 신성한 국경선의 설정과 수호를 위해서 접경지대 주민들은 생명과 재산 피해를 감수해야만 했다. 래드클리프 국경선 분할은 오늘날까지도 양국 간 긴장을 불러일으키면서 접경지대의 일상을 할퀸 분단의 악령으로 여전히 어른거리고 있다. 인도와 파키스탄의 접경 지역에는 2900km의 장벽이 건설 중이고, 인도는 방글라데시와의 접경지대에도 4000km 길이의 울타리를 설치하고 있다.

27

중동의 화약고, 사이크스-피코 경계선

'중동(Middle East)'은 대체로 동지중해부터 아라비아만/페르시아만에 이르는 지역을 뜻한다. 이곳은 이집트·레반트 지역(시리아, 레바논, 요르단, 이스라엘, 팔레스타인)·걸프 지역(아랍에미리트, 사우디아라비아, 카타르, 바레인, 쿠웨이트, 이란, 이라크, 오만) 등의 국가들로 구성된다. 이스라엘을 제외하고는 대부분 이슬람 신자들이 다수를 차지하는 국가들이기도 하다. 이 지역의 또 다른 특징은 바로 국경선이다. 특히 19~20세기 초에 프랑스와 영국 등의 서구 열강들이 진출하면서 획정한 레반트와 북아프리카의 국경선들은 대체로 직선으로 그어져 있다. 정작 유럽의 국경선이 굴곡이 심하고 삐죽삐죽한 것과는 사뭇 다른 모습이다. 유럽의 열강들은 왜 이곳에 자신들의 전통적인 국경선과는 다른 모습의 국경선을 획정했을까?

9·11 테러와 종교 간 경계 짓기

우리는 일상에서 손쉽게 경계 짓기를 하곤 한다. 하지만 이는 자칫 차별과 배제, 혐오로 이어질 수 있다. 미국의 정치학자 새뮤얼 헌팅턴은 1990년대에 쓴 『문명의 충돌(Clash of Civilizations)』에서 동서 냉전 대립이 종교 간의 갈등으로 다극화되며 전쟁의 역사가 지속될 것이라는 문명충돌론을 설파했다. 그는 21세기의 세계 질서가 종교 간 경계에 의해 결정될 것으로 보았다. 특히 그는 서구 그리스도교 문명과 이슬람 문명이 만나는 단층선에 주목하면서 역사적으로 이곳은 피로 물든 경계선이었으며, 21세기에도 서구 주도의 세계 질서를 뒤흔드는 갈등의 무대가 될 것이라고 예견했다.

헌팅턴의 예견 이후 지난 30년을 돌아보니 코소보 전쟁, 9·11 테러, 미국의 이라크·아프가니스탄 침공 등 서구와 이슬람 세계는 여전히 적대 관계를 지속하고 있다. 하지만 역사적으로 보면 두 종교가 비교적 평화롭게 공존했던 기간이 그렇지 않았던 때보다 훨씬 길다. 따라서 서구 대 이슬람으로 문명 간 경계를 구분하는 것은 명백한 역사적 허구다. 이슬람과 그리스도교는 지난 1400년간 서로 갈등만 한 것이 아니라 공존도 반복했기 때문이다. 또한 문명 간 경계는 이질적인 다양한 문화가 만나 뒤섞여 새로운 것이 창조된 접경지대였음을 기억할 필요가 있다.

문명의 공존

세계의 골칫거리로 등장한 이스라엘-팔레스타인 분쟁, 시리아와 레바논

내전의 기원은 지금부터 100년 전으로 거슬러 올라간다. 언뜻 봐서는 유대교·그리스도교·이슬람 간의 종교 분쟁 같지만, 실은 이 지역은 고대 그리스와 로마 문명이라는 문화적 유산을 공유하고 있다. 기원후부터는 예루살렘에서 시작된 그리스도교의 중심지였고, 7세기 전반부터는 순차적인 이슬람 개종이 진행되었다. 그리스-로마 문명에서 유대교·그리스도교·이슬람으로 이어지는 전통은 지역민들의 공동체적 정체성을 형성했다. 근대에 들어서 오스만튀르크 제국이 번성하는 동안에도 사회는 유대교·그리스도교·이슬람이 공존하는 곳이었다.

특히 시장터와 같은 일상의 삶이 반복되는 곳일수록 공존의 양상이 두드러졌다. 이슬람은 유대교와 그리스도교 신자들을 '동일한 성서의 백성들(the people of the Books)'로 보면서 개종을 강요하지 않았고, 개별 종교의식은 국가에 의해서 보호되었다. 그래서 16세기 유럽의 그리스도교인들에게서 박해를 받고 쫓겨난 유대인 '난민'을 기꺼이 받아준 것도 이슬람을 국교로 삼은 오스만튀르크 제국이었으며, 1900년경 오스만튀르크 제국이 지배하던 예루살렘의 거주민 4만 5000여 명 중 절반 이상이 유대인들이었다.

영국의 전리품, 중동

제1차 세계대전 당시, 오스만튀르크 제국은 동맹국(독일, 합스부르크 제국)의 편에 서서 연합국(미국, 영국, 프랑스, 러시아)에 맞서 싸웠다. 하지만 광대한 영토의 오스만튀르크 제국은 상대하기 쉽지 않았다. 이때 전쟁의 혼란을 틈타 제국의 지배에서 벗어나 아랍인들이 통치하는 옛 아랍 제국의 건설을 꿈꾸던 세력이 대두되었다. 아라비아반도 서부 헤자즈 지역의 샤리프 후세인 빈 알리(Shareef Hussein bin Ali)였다. 『아라비아의 로렌스(Lawrence of Arabia)』로 잘 알려진, 아랍어에 능통한 젊은 고고학자이자 아랍 전문가인 로런스(Thomas E. Lawrence)를 파견해 아랍 군대와 함께 오스만튀르크 제국군을 상대하도록 했다. 영국-아랍 동맹으로 전황이 바뀌면서 영국이 승기를 잡기 시작했다.

하지만 프랑스도 나폴레옹 시대부터 이 중동 지역에 지대한 관심을 보였다. 베이루트(Beyrouth), 시돈(Sidon), 티르(Tyre)는 선사시대부터 지중해의 대표적인 국제 무역항이어서 다양한 문명과 문물 교류의 거점이었다. 중앙아시아로 진출할 수 있는 전략적 교두보인 레바논과 시리아를 차지하고자 했던 프랑스는 중세 십자군 원정 시대부터 이 지역을 지배했기 때문에 당연히 역사 주권을 갖고 있노라 공언했다. 이미 지중해 연안의 모로코, 알제리, 튀니지 등의 북아프리카 지역을 식민지로 만들었던 프랑스에 레반트 지역은 지중해의 제해권 장악을 위한 마지막 보루였다. 지중해를 '프랑스의 호수(French lake)'로 만들려는 시도가 조심스럽게 이루어지고 있었다.

영국은 유럽의 서부전선에서 독일과 싸우는 프랑스의 불만을 달래야 했고, 근동 지역에서 오스만튀르크 제국을 협공하기 위해서도 프랑스의 지원이 필요했던 터였다. 이렇게 해서 영국과 프랑스 간의 사이크스-피코 비밀협정이 맺어졌다. 영국의 마크 사이크스(Mark Sykes)와 프랑스의 프랑수아 조르주피코(François Georges-Picot)는 양국을 대표해서 1916년 비밀리에 레반트 지역의 영토를 나누었다. 전쟁이 아직 진행 중이었는데

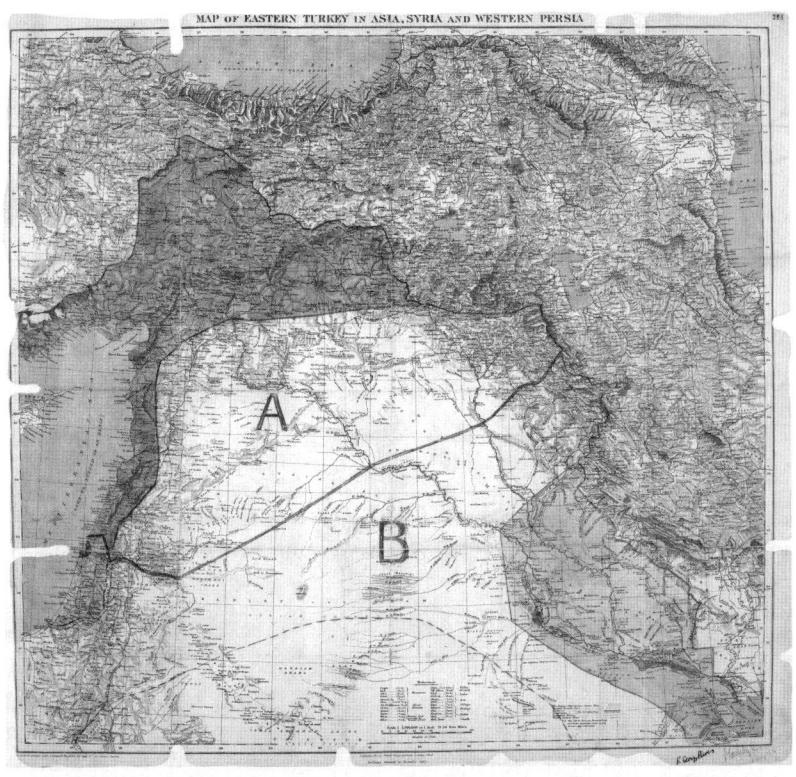

1916년에 그어진 사이크스-피코 경계선. 영국과 프랑스의 대표는 비밀 협상에서 지중해의 항구 아크레부터 이라크의 키르쿠크까지 직선으로 금을 그었다.

자료: Royal Geographical Society, 〈Sykes-Picot Agreement Map〉, 1916, The National Archives (MPK 1/426).

전시 내각은 이른바 '사이크스-피코 경계선'으로 전후 체제 재편 구상은 이미 시작되었다.

이렇듯 제국의 영토가 임의로 갈라지면서 현대 중동 국가들이 형성되었다. 오늘날 중동의 복잡한 국제 질서가 탄생하는 순간이다. 영국 측 대표 사이크스는 지중해의 항구 아크레(Acre)부터 이라크 키르쿠크(Kirkuk)까지 사막 한복판에 직선으로 금을 그었다. 이 선은 오늘날까지 레바논·시리아·이스라엘·요르단·이라크의 국경선으로 남아 있다. 지도에 자를 대고 임시방편으로 그은 가느다란 선 하나가 수많은 사람의 운명을 결정하는 엄청난 파장을 몰고 왔다.

이 과정에서 지역 주민들은 의사도 표현할 수 없었고, 이들은 자신들의 땅이 갈기갈기 찢어지는 것을 먼발치에서 보고만 있었다. 1916년 사이크스-피코 비밀협정으로 오늘날의 레바논과 시리아는 프랑스, 요르단과 이라크는 영국의 지배를 받게 되었다. 예루살렘이 있는 팔레스타인은 양측이 양보를 못 하더니 결국 국제 공동관리구역으로 두기로 했다. 이렇듯 제1차 세계대전은 유럽의 열강들이 중동을 분할해 식민지로 나누어 갖는 계기가 되었다.

유럽의 대표적인 제국주의 국가 영국과 프랑스의 정치적 욕망, 특히 이 지역의 석유 자원에 욕심이 앞서면서 지역민의 의사는 물론 현지의 역사·종교·문화에 대한 고려 없이 자의적으로 급조된 국경 획정이 진행되었다. 당시에는 전함의 연료가 석탄에서 석유로 전환되면서 석유의 중요성이 점점 커지고 있었다. 영국은 석유 집산지인 이라크 중부의 모술과 키르쿠크 및 남부 바스라 지역을 획득할 수 있었다. 유전지대를 독차지한 영국에 대한 불만을 달래고자 모술에서 채굴되는 석유의 25%는 프랑스가 받기로 했다. 오늘날의 레바논과 시리아 지역을 차지한 프랑스는 이곳을 본국의 실크 산업 원자재를 충족시키기 위한 잠업 농장으로 활용했다. 그래서 지금도 레바논의 수도 베이루트는 중동의 파리로 불린다.

식민 분리 통치

현대 중동 국가들은 국경선이 먼저 획정되고 국가가 형성되는 기이한 역사를 경험하게 된다. 프랑스는 그리스도교인이 집단으로 거주하던 지역을 내륙의 시리아와 별도로 분리해서 레바논이라는 '낯선' 국가의 탄생을 주도했다(1920). 국경의 의미를 모르던 부족 사회에 이중 삼중의 철조망이 경계선을 설치하면서 사람과 물자, 통신은 단절되었다. 이곳은 수천 년 동안 포용적 가치관을 간직한 다종족·다종교인 질서를 유지했고, 주민들은 광야에서 초원을 찾아다니며 유목 생활을 하던 베두인이었다.

역사적으로 해양과 대륙의 세력이 지중해와 서아시아가 접경하는 이곳을 번갈아 장악했다. 기원전 6세기부터 기원후 20세기 초까지 바빌로니아-페르시아-알렉산드로스-로마-우마이야-오스만튀르크 등 일련의 제국들이 이 지역을 통치했다. 그래서 레반트 지역은 광대한 영역을 다스렸던 제국의 한 속령으로 독립적인 국가를 형성하지 못하고 제국의 대리인인 총독의 위임 통치를 받아야 했다. 『구약성경』과 『신약성경』에 황제를 대신해서 이 지역을 통치했던 총독들이 자주 언급되는 것은 이러한 이유에서였다. 그만큼 레반트 지역은 정치적으로 오랜 세월 공동 운명체로 묶여 있었다.

초경계적 삶과 이동의 자유를 추구하던 유목민들에게 영토적 경계를 구획하는 국경선은 삶의 구속을 의미했다. 그래서 영국과 프랑스는 지역의 전통 질서를 파괴하면서 재앙의 씨앗을 뿌렸다는 역사적 책임에서 벗어날 수 없다. 서구 제국주의 열강이 지도에 자의적으로 그은 국경선은 이곳을 비극적인 분쟁의 장소로 만든 원죄가 되었다.

이 과정에서 프랑스가 레바논의 그리스도교 세력(마론파)과 결탁한 결과 인구의 절반을 차지하던 무슬림의 정치적 불만이 커지게 됐다. 마론파가 집중적으로 거주하던 레바논 산악지대를 에워싸는 국경선으로 탄생한 새로운 국가 레바논, 여기서 전체 주민의 30%를 차지하는 이들은 최대 단일 종교 집단으로 부상할 수 있었다. 그 결과, 오늘날에도 중동에서 유일하게 그리스도교의 집권(대통령직)이 명문화된 국가로 남게 되었다. 1943년 주권 국가로의 독립 당시부터 헌법에 준하는 국민협약에 의해 종파별로 권력 주요직 및 국회 의석수가 고정 배분되는 제도를 채택하며 시작된 레바논의 종파주의 정치는 모자이크 민주주의(mosaic democracy) 또는 다원통합형 민주주의(consociational democracy) 등으로도 불린다. 반면에 대부분의 무슬림들은 그리스도교 정파가 주도하는 국가의 시민이 되기를 거부했고, 오히려 새롭게 설정된 '국경' 건너편 시리아에 귀속되기를 원했다.

국가 정체성보다 종파에 기반을 둔 결속력이 더욱 강하게 작동하면서 '국가 안의 종파 국가들(sectarian states within a state)'이 때로는 적대적 공존 혹은 갈등을 반복하면서, 결국 공적 국가로서 제대로 기능하지 못하는 결과를 초래했다. 이러한 외세에 의한 인위적인 국경 설정과 건국 과정이 만들어낸 종파와 지역 간의 갈등은 결국 레바논 내전(1975~1990)의 원인이 되었다.

프랑스는 시리아에서도 전형적인 분리 통치 전략을 구사했다. 주민의 다수를 차지하는 수니파를 견제하려고 전체 인구의 12%에 불과한 소수 종파였던 알라위파와 결탁해 이들을 군부 엘리트로 양성한 것이다. 프랑스 군대가 1946년 시리아를 떠난 뒤에도 알라위파는 군부를 장악했고, 시리아의 독재자 바샤르 알아사드(Bashar al-Assad) 대통령을 지원했다. 하지만 권력을 대물림하면서 다종족·다종교 시리아를 2대째 통치했던 아사드 정권은 2024년 12월에 반군 세력에게 붕괴되었다.

 이슬람 극단주의 무장조직 ISIS(이라크와 시리아의 이슬람 국가)는 2014년에 자신을 알리는 첫 번째 선전용 영상을 트위터에 올렸다. 그들은 이 영상에서 '사이크스-피코 협정의 종식'을 외치며 시리아와 이라크 국경의 장벽을 파괴하는 장면을 연출했다. 사이크스-피코의 악령은 100년이 지난 오늘날에도 여전히 경계선 주위를 맴돌고 있다.

28

유럽의 전리품, 이스라엘과 팔레스타인

 접경은 두 중심 사이의 주변이나 변두리로 불린다. 혹은 중심에 대한 대립항 내지는 중심의 방어선으로도 이해된다. 하지만 접경은 새로운 것이 출현하는 공간이기도 하다. 중심들의 주변이 만나서 경계를 이루는 이곳은 이질적인 것들이 부딪치고 맞물리면서 새로운 것들로 채워지고 지금까지 없었던 변화와 혁신이 시작되는 곳이다. 이 구역은 다양한 이질적인 요소들이 조우하고 충돌하면서 불안정하게 움직이는 경향을 보이지만, 양자택일의 선택을 강요하지 않고 상충적인 가치들을 너그럽게 포용하는 회색지대이기도 하다. 그래서 무정형의 접경적 혼돈이 질서를 낳는다.

 오늘날 중동은 시리아 내전과 난민, 이스라엘과 팔레스타인 전쟁 등으로 '세계의 화약고'라고 불린다. 정작 이곳은 유대교, 그리스도교, 이슬람이라는 세계 3대 유일신 종교가 시작한 종교의 탄생지이자 성지다. 지금 우리는 이슬람·그리스도교·유대교가 역사상 가장 적대하는 시대에 살고 있어서, 이들 종교가 공존 불가능해 보이는 것도 사실이다. 하지만 중동의 역사는 문명의 접경지대에서 배태되었다.

632년 이슬람의 지도자인 무함마드가 죽고 그의 계승자인 칼리프들은 아라비아반도를 넘어 북쪽의 팔레스타인 지역을 점령했다. 제2대 칼리프이자 이슬람 사회에서 정치·종교·군사 분야의 최고 지도자였던 오마르는 638년에는 별다른 저항을 받지 않고 예루살렘에 무혈입성할 수 있었다. 그는 시종 한 명만을 데리고 허름한 옷을 입고 순례자처럼 숙연하게 예루살렘에 들어갔다고 한다. 그만큼 예루살렘은 이슬람을 믿는 무슬림들에게도 성스러운 도시였다. 예루살렘 주민들은 지즈야(Jizya)라는 인두세를 납부하면 종교적 관용을 보장받았기에 이슬람 통치자에게 스스로 성문을 열었다. 예루살렘은 이때부터 현대 이스라엘이 건국되는 1948년까지 1300년 대부분의 기간 동안 이슬람 세력의 통치를 받았다.

초기 무슬림들은 예루살렘의 그리스도교인들과 같은 교회를 사용하면서 예배를 보기도 했다. 그 정도로 이슬람이 태동하던 7세기에는 두 종교의 경계가 불명확했음을 알 수 있다. 예루살렘은 초기 무슬림들이 이곳을 향해 기도를 드렸던 이슬람의 성지였다. 예루살렘 근처에 있는 카티스마 교회에서도 무슬림들은 예배를 드렸다. 카티스마는 '의자'라는 뜻으로, 예수 그리스도의 어머니인 마리아가 임신한 몸으로 갈릴리에서 예루살렘으로 가는 중에 의자에 앉아서 휴식을 취했다고 하여 붙여진 명칭이다. 이러한 사실을 기념하기 위해 팔각형 모양으로 지어진 그리스도교 교회에서 초기 무슬림들도 예배를 드린 것이다. 이것이 가능했던 것은 이슬람의 경전인 『코란』이 동정녀 마리아를 수십 차례 언급하면서 신앙의 표본으로 기록했기 때문이다. 이처럼 무슬림 통치자인 칼리프들은 그리스도교인과 무슬림이 함께 예배 보는 것을 금지하지 않았다. 정복된 예루살렘은 개방과 관용의 공간이자 모순적 공존의 장소가 되었다.

　아랍인들은 예루살렘의 초대 총독으로 이슬람을 믿지 않는 유대인을 임명하는 유연한 모습을 보였다. 칼리프는 유대인 지도자와 가족들을 초청해 예루살렘에 정착토록 하는 포용적인 모습도 보였다. 이렇게 해서 정복된 예루살렘은 유대인·그리스도교인·무슬림이 어깨를 맞대고 뒤섞여 사는 접경지대가 될 수 있었다. 오늘날까지도 이스라엘의 수도 예루살렘에는 영향력을 행사하는 오래된 두 아랍 가문이 있는데 이들은 638년에 아라비아반도의 메카에서 이주한 아랍인의 후손들이다. 이 두 가문은 대대로 그리스도교의 가장 중요한 성지인 예루살렘 성묘교회의 관리를 담당해 왔다. 그래서 예루살렘은 모순된 것처럼 보이는 것들이 공존하는 도시다.

　아랍 무슬림들은 이스라엘 북쪽에 위치한 시리아의 다마스쿠스를 정복했을 때도 수년간 성 요한 교회를 그리스도교인들과 함께 사용했다. 본래 세례자 요한의 무덤이 있던 교회를 이슬람 사원으로 개조한 뒤에도 요한의 무덤은 그대로 남겨두었다. 이슬람의 경전 『코란』은 요한을 선지자로 기록하고 있으니 그의 무덤을 보존하는 것은 당연한 일이다.

　638년 이전 수 세기 동안 그리스도교 국가인 비잔티움 제국의 억압 속에서 살았던 유대인들은 오히려 팔레스타인 지역을 점령한 아랍인들을 환영했다. 이들은 그리스도교인들과 함께 아랍 무슬림 군대에서 활약하면서 이슬람 세계의 팽창에 일역을 담당하기도 했다. 유대인들은 예루살렘을 통치하던 칼리프 무아위야(Mu'awiya I)를 "이스라엘을 사랑하는 자"로 공경했고, 무아위야는 칼리프로 선출되자마자 성묘교회와 성모 마리아의 무덤을 방문했다. 그는 아라비아반도에서 어린 시절을 보내면서 유대인들과 자주 교류했고, 그리스도교 신자를 아내로 맞았을 정도로 세 종교의 경계인으로 살았다.

유대인들은 일찍부터 지중해 연안에 흩어져 디아스포라의 삶을 살고 있었다. 이집트가 7세기 전반에 이슬람화되면서 이곳의 유대인들도 정세 변화에 영향을 받을 수밖에 없었다. 하지만 이곳에서도 유대인들은 상인이자 학자, 의사와 같은 전문직 종사자로서 무슬림 통치자들과 우호적 관계를 유지했다. 이집트의 칼리프들은 예루살렘의 재건을 위해 기부금을 기꺼이 내었고, 한 무슬림 여행자가 "예루살렘에는 무슬림들보다 그리스도교인들과 유대인들이 훨씬 더 많다"라고 불평할 정도로 예루살렘은 비무슬림 이방인들로 넘쳐났다. 하지만 정작 예루살렘의 무슬림들은 그리스도교인들과 평화롭게 어울려 지냈다.

11세기에도 성지 예루살렘에는 순례자들이 몰려들었다. 무슬림들도 예루살렘 순례를 했고, 수만 명의 유대인들은 무리를 지어 이곳을 방문했다. 유럽에서 오는 그리스도교 순례자들의 수가 증가하면서 이들을 위한 숙소와 수도원이 건설되었다. 강도들이 순례자들을 약탈했지만 순례는 중단 없이 지속되었다. 1064년에는 독일에서 7000명의 대규모 순례단이 예루살렘으로 향했다고 한다. 십자군 전쟁의 원인으로 지목되는 셀주크튀르크족의 통치자들도 그리스도교인을 예루살렘의 총독으로 임명하는 유연함을 보였다.

중세의 십자군 전쟁은 단순히 셀주크튀르크족이 그리스도교의 성지 예루살렘을 점령해서 일어난 우발적인 사건은 아니었다. 그리스도교와 이슬람의 원초적 증오심이 전쟁의 원인이 된 것은 더욱 아니다. 십자군 원정 직전까지 예루살렘은 다양한 인종과 종교의 사람들이 상호 이해와 공존을 모색했던 접경지대였다.

　십자군 전쟁은, 중세 유럽의 인구 증가와 경작지 부족, 장자상속제의 정착에 따른 차남 이하 출신 방랑기사들의 급증, 한탕을 노리는 기회주의적 상인 집단, 로마 교황의 정치와 종교적 야망 등 당시 서유럽 사회가 경험한 사회적 격동이 빚어낸 거대한 군사 프로젝트였다. 유럽 사회 내부를 휘감은 소용돌이가 예루살렘에서 이슬람 세력을 몰아내겠다는 전쟁으로 확대되었고, 이는 결국 예루살렘이라는 접경지대에서 상대방에 대한 왜곡된 이미지를 양산했다. 십자군 원정대는 이질적인 것들이 부딪치고 맞물리면서 새로운 것들로 채워지던 접경지대를 인종적·문화적 순결성의 장벽으로 둘러쌓았다. 십자군 전쟁에서 비롯된 서로를 향한 배제와 증오, 갈등은 오늘날까지 돌이킬 수 없는 불행의 씨앗이 되어버렸다.

　현실적 욕망에서 비롯한 십자군 전쟁 시에는 유럽인이 유대인을 박해하고 학살하는 사건이 자주 일어났다. 특히 레콩키스타(Reconquista)로 불리던 재정복 운동을 벌인 결과 이베리아반도에 살던 무슬림과 유대인이 그리스도교인에게 쫓겨나자 이들을 기꺼이 받아준 곳도 이슬람을 국교로 삼은 오스만튀르크 제국(1299~1922)이었다. 유대인은 정작 서구 그리스도교 사회보다 이슬람 세계에서 더 안정적으로 살게 됐다. 이는 역사적으로 아랍인과 유대인이 오랫동안 큰 종교적 갈등 없이 비교적 평화롭게 공존했음을 의미하니 오늘날과 사뭇 다른 모습이다.

　따라서 유대교·이슬람·그리스도교를 적대적 관계로만 이해하는 것은 역사 왜곡과 다름없다. 종교 간 공존과 협력 관계가 경색된 원인은 19세기 서구 제국주의 세력이 이슬람 지역을 침략했기 때문이다. 그 결과 대부분 이슬람 국가가 서구 제국주의의 지배와 수탈에 시달렸다. 이들이 독립한 이후에도 서구 열강은 다양한 방식으로 옛 식민지에 영향력을 행사했다. 이슬람 세계가 받은 상처와 저항적 민족주의가 종교적 전통과 결합하면서 알카에다 같은 이슬람 근본주의를 탄생시켰다. 이들은 자신들을 지배하고 착취했던 서구 사회와 문명을 증오의 눈길로 바라봤다. 무엇보다 과거 자신들보다 뒤떨어졌던 서구 국가들이 식민종주국으로 군림한 것은 자존심이 상하는 일이었다.

서구 제국주의가 만든 이슬람 근본주의

이슬람 근본주의가 어떻게 반미 감정을 가지게 됐는지는 종교적 이유보다 이스라엘과의 정치적 관계 속에서 살펴봐야 한다. 서구 국가들이 전통적으로 이스라엘을 적극 지원했기 때문이다. 제1차 세계대전 당시 중동의 맹주 오스만튀르크 제국은 영국과 프랑스의 영토에 대한 야망과 이 지역 석유 자원에 대한 욕심 앞에서 무너졌다. 대영 제국 경제에 숨통을 틔워주던 수에즈 운하, 키루쿠크 유전지대에서 시작해서 지중해 하이파로 이어지는 석유 파이프라인, 식민지 인도로 가는 항공 노선의 중간 기착지 등의 지정학적 중요성 때문에 영국은 어떻게든 팔레스타인을 차지하고 싶어했다. 실제로 하이파에 세워진 석유 정제소는 제2차 세계대전 동안 지중해에서 작전을 수행하던 영국과 미국의 군대에 연료 대부분을 공급했다.

영국은 제1차 세계대전 종전 전해인 1917년 11월에 팔레스타인에 유대인 자치 지역을 건설한다는 약속도 했다. 영국 외무장관 밸푸어(Arthur

Balfour)가 했던 선언이 바로 그것이다. 사실 영국은 그 이전에도 유대인들에게 아프리카의 영국령이었던 우간다에 땅을 줄 터이니 그곳에 정착할 것을 권고한 바 있기도 했다. 유대인들이 제1차 세계대전 당시 막대한 전비를 제공해 준 대가로 그들의 팔레스타인 이주를 허락한 것이다. 본래 사이크스-피코 비밀협정에 의하면 예루살렘이 있는 팔레스타인은 국제 공동관리구역으로 두기로 했다. 하지만 중동 석유 수송의 중요한 통로이자 대영 제국 경제에 숨통을 틔워주는 역할을 했던 수에즈 운하를 통한 홍해 교역로의 지정학적 중요성으로 영국은 어떻게 해서든지 팔레스타인을 독자적으로 관할하고 싶어 했다.

밸푸어 선언은 팔레스타인 내에 '일부' 지역만을 유대인 정착촌으로 인정했을 뿐이다. 선언문의 내용은 이러했다. "국왕 폐하의 정부는 유대인 자치 지역을 팔레스타인에 건설하는 것을 환영한다." 따라서 본래 취지에 의하면, 유대인들에게 성지 예루살렘을 약속하지도 않았고 팔레스타인 전체를 이들에게 양도하지도 않았다. 밸푸어 선언은 국제적으로도 인정받지 못했다. 미국의 대통령 우드로 윌슨도 "모든 영토 조정은 관련 주민들의 이익을 위해서만 이루어져야 합니다"라고 강변했다. 하지만 성급한 유대인들의 민족국가 건설을 위한 민족주의 운동인 시온주의 운동에 불이 붙으면서 점차 세계 각국에서 유대인들이 대거 이주하고 이스라엘을 건국하면서 팔레스타인 지역을 유대인들이 강제로 차지하기 시작했다. 무엇보다도 1933년에 히틀러가 나치 독일의 수상으로 임명되자 겁먹고 유럽에서 팔레스타인으로 도망쳐온 유대인들의 이주가 급증했다. 이주민이 원주민을 몰아낸 것이다.

이 과정에서 약 70만 명의 팔레스타인인들은 자신들의 고향 땅에서 쫓겨났고, 새로 이주한 유대인들은 이들이 살던 집과 마을을 차지했다. 팔레스타인 영토의 78%가 유대인들에게 넘어갔다. 밸푸어 선언에 명시된 "팔레스타인에 거주하는 비유대인 공동체의 시민권과 종교의 권리를 침해하지 않는다"라는 규정을 어긴 것이다. 결국 시온주의자들뿐 아니라 영국인들에 대한 팔레스타인인들의 분노는 폭동으로 이어졌다. 수 세기 동안 지속되었던 유대인과 무슬림들의 공존이 깨지는 순간이었다.

밸푸어 선언은 영국이 팔레스타인 유대인의 후견인 역할을 천명함과 동시에 훗날 유대인의 독립국가인 이스라엘 건국과 이스라엘-팔레스타인 분쟁의 문을 여는 판도라의 상자가 되었다. 1948년의 이스라엘 건국은 유대인들에게 희망과 용기를 불어넣었겠지만, 팔레스타인 원주민들에게는 재앙의 시작이었다. 영국은 중동에 분쟁의 씨앗을 뿌렸다는 역사적 책임에서 자유롭지 못하다. 제국주의 열강이 지도에 자의적으로 그은 국경선은 중동을 비극적인 분쟁의 장소로 만든 원죄가 되었다. 국경을 이용한 분리 통치의 전통은 이스라엘에서도 면면히 이어져서, 유대인들이 세운 거대한 분리 장벽은 팔레스타인 사람들이 거주하는 서안과 가자 지역을 뱀처럼 에워싸고 있다.

밸푸어 선언은 이스라엘·팔레스타인 분쟁의 문을 여는 판도라의 상자였다. 그 이후 이스라엘과 벌인 전쟁에서 아랍 국가들이 계속 패배하면서 이슬람 근본주의자들은 강경 노선으로 급선회했다. 이집트의 무슬림형제단과 같은 이슬람 근본주의 단체는 서구와 이스라엘에 반대하는 투쟁을 벌이며 점차 세력을 규합했다. 즉, 이슬람과 서구 문명 사이의 갈등은 문제의 원인이 아니라 역사적 결과였다.

이슬람 근본주의자들이 그리스도교와 유대교를 증오하거나 부시 대통

```
                          Foreign Office,
                          November 2nd, 1917.


Dear Lord Rothschild,
          I have much pleasure in conveying to you, on
behalf of His Majesty's Government, the following
declaration of sympathy with Jewish Zionist aspirations
which has been submitted to, and approved by, the Cabinet
          His Majesty's Government view with favour the
     establishment in Palestine of a national home for the
     Jewish people, and will use their best endeavours to
     facilitate the achievement of this object, it being
     clearly understood that nothing shall be done which
     may prejudice the civil and religious rights of
     existing non-Jewish communities in Palestine, or the
     rights and political status enjoyed by Jews in any
     other country"
          I should be grateful if you would bring this
declaration to the knowledge of the Zionist Federation.
```

밸푸어 선언문(Balfour declaration).

령이 십자군 전쟁을 벌이겠다고 말했던 것은 자신들의 역사를 부정하거나 왜곡하는 일이다. 종교는 문화권을 경계 짓기보다는 문화를 잇는 매개적 역할을 해왔기 때문이다. 종교 간 갈등이 없는 평화로운 문명 공존의 역사적 사례를 찾는 것 역시 어렵지 않다. 오히려 오늘날 우리는 이슬람, 그리스도교, 유대교가 역사상 가장 적대하는 시대를 사는 듯하다. 변화를 타락으로 간주하면서 변하지 않으려는 종교 근본주의가 전염병처럼 온 세계에 퍼지고 있다. 그래서 『근본주의의 충돌(Clash of fundamentalisms)』의 저자 타리크 알리(Tariq Ali)는 오늘날의 세계를 이슬람 근본주의와 시오니즘, 미국의 인종주의적 기독교 근본주의가 얽히고설킨 "근본주의들이 충돌하는 세계"라고 정의한다. 다양한 종교가 평화적으로 공존했던 과거의 기억을 소환해 내는 노력이 어느 때보다 절실하다.

　국제연합은 이스라엘 건국(1948) 직전에 "예루살렘은 국제법상 어떤 국가에도 귀속되지 않는 지역"으로 선포했다. 예루살렘에는 유대교, 그리스도교, 이슬람 3대 종교의 성지가 공존하고 있기 때문이다. 그런데도 이스라엘은 예루살렘을 자국의 수도로 삼았다. 하지만 국제 사회에서는 이를 인정하지 않고 지금까지 텔아비브(Tel Aviv)를 수도로 보고 있다. 2017년 당시 미국 대통령 도널드 트럼프가 "예루살렘을 이스라엘 수도로 공식 인정한다"라며 이스라엘 주재 미국대사관을 텔아비브에서 예루살렘으로 이전할 것을 지시했으나, 이 역시 국제 사회로부터 비난을 받았다. 재선에 성공한 트럼프는 최근에 가자 지구의 팔레스타인인들을 다른 곳으로 강제 이주시키고 이 지역을 지중해 휴양지로 개발하는 이른바 '가자 구상'을 밝혔다.

에필로그

 오늘날에도 잉글랜드와 스코틀랜드의 경계선에는 옛 하드리아누스 방벽의 잔재가 곳곳에 남아 있다. 고대 로마인들이 만든 이 인공 국경은 라인-다뉴브강의 자연 경계선과 함께 북방의 이민족과 로마 제국을 가르는 단절의 상징이었다. 그러나 제국 후기로 갈수록 국경선이 그 기능을 상실하면서, 로마인들은 게르만 부족들과 본격적으로 조우하게 된다. 이질적인 문명 간의 접촉은 대규모 인구이동, 갈등과 충돌, 낯선 것에 대한 소원함뿐 아니라 동화와 융합, 새로운 종족의 탄생 등 다양한 모습을 빚어냈고, 단절과 대립의 장소였던 국경 지역은 이제 '접경지대'라는 새로운 장소로 변모해 갔다.
 당시의 과도기적 상황을 고려하면 라인강 연안의 접경지대에서 형성된 이러한 복합적이고 다중적인 정체성은 어쩌면 불가피한 현상이었을지도 모른다. 원주민이었던 로마인들은 현상 유지를 위해 신참자인 게르만족들을 활용하려 했고, 게르만족들은 새로운 정체성을 구축해 접경 공간을 정합하는 실용적인 노선을 걷고자 했다. 요컨대 문명의 단층선으로 알려진 국경선은 충돌의 공간이라기보다는 창조적 장소에 가까웠다. 5~6세기 로마 제국 말기에 국경지대에 살면서 이곳을 넘나들었던 동고트족의 테오도리쿠스(Theodericus), 서기 511년에 사망한 메로베우스 왕조의 창건자 클로도베쿠스 1세(Chlodovechus I) 등의 게르만 지도자들은 자신을 게르만 부족의 수장인 동시에 로마의 관료로 생각해 스스로를 제국의 정치적 계승자로 인식했다.

전근대 시대에 상이한 정치 세력이 만나는 경계지대는 자치적 통치권을 추구했던 다양한 토착 세력의 이합집산과 이질적인 문화가 뒤섞이는 모습이 특징적으로 나타난다. 이러한 혈통적·정치적인 유동성으로 전근대 국경지대의 정치적 상황은 민족이라는 근대의 이분법적 논리로만 설명될 수 없다. 전근대의 정치적 경계는 단순히 정복과 피정복, 가해와 피해, 우월과 열등의 이항 대립적 관점으로만 설명하기 어려우며, 정치적으로 병합되기 시작한 집단들은 종교적·언어적으로 뒤섞이며 문화적인 혼종 양상을 보였다.

글로리아 안잘두아(Gloria Anzaldúa)는 "경계지대에 생존하기 위해서는 경계 없이 살아야 하고 교차로가 되어야 한다"라고 말했다. 경계지대의 사람들은 단순한 문화적 주변인이 아닌 문화 전수자이자 담지자로서 초경계적 정체성 변화와 적응력을 보여주었다. 이들은 다문화 경계인으로서 문화 차이에 대한 의미 있는 해석을 만들고 전달하는 문화 번역자이자 문화 횡단자들이었다. 문화적 경계 횡단과 경계 허물기는 상이한 집단 간의 상호 의존과 존중을 날이 갈수록 심화시켰다.

현대의 역사가들은 자주 '민족'이라는 개념을 전근대에까지 소급하려고 하는데, 이는 결국 사료의 편파적인 취사선택으로 이어질 수밖에 없다.

인간은 평범한 것보다 특이한 현상들을 기록하는 경향이 있다. 예를 들어, 평온한 일상의 삶보다는 갈등과 전쟁에 귀를 기울였던 유럽 중세 연대기 작가들의 기록을 통해 국경의 과거를 바라보는 것은 명백히 비역사적인 접근이다. 리처드 플레쳐(Richard Fletcher)가 『십자가와 초승달, 천년의 공존: 그리스도교와 이슬람의 극적인 초기 교류사(The Cross and the Crescent: The Dramatic Story of the Earliest Encounters Between Christians and Muslims)』에서 그리스도교인과 무슬림의 콘비벤시아에 대해 언급했듯이, 중세의 접경지대에서 평화적인 공존은 "당대의 사료가 거의 조명하지 못하는 사회생활의 사적 수준에까지 깊이 도달했음을" 유념해야 한다. 그럼에도 불구하고, 랑케의 역사주의적 방법론에 친숙한 역사가들은 사료에서 침묵하는 일상의 공존 경험에 대해서는 관심을 기울이지 못했다.

근대적 국경 개념의 등장 이전에 국경의 일상사는 단절보다 소통이 특징이었고, 분절과 단절은 후대 민족주의 역사학자들이 만들어낸 역사상이었다. 물론 전근대의 접경지대에 담긴 공존의 다양한 모습을 사료를 통해 복원하는 일은 쉽지 않은 작업일 것이다. 이는 근대 역사학이 등장한 19세기 이후에 민족주의의 열풍 속에서 민족 감정의 각성에 적합한 사료들이 의도적으로 수집되고 편찬되면서, 역사학이 과거를 정당화하는 정치적 무기로서 기능했기 때문에 더욱 그러하다. 이웃 나라와의 접경지대에서 평화 공존은 미래의 꿈이 아니라 과거의 경험이자 역사적 사실이다. 국경과 같은 경계는 타협의 산물이고 가변적 구조물이기 때문에, 오늘날의 국경선도 평화와 생명의 공간으로 '다시' 자리매김될 수 있음을 명심해야 할 것이다.

1648년의 베스트팔렌 조약 정신에 의해서 '국경은 영토 주권의 상징'

이 되었다. 영토와 주권이 신성화될수록 국경은 점차 철옹성으로 변해갔다. 전근대의 혼종적 국경지대가 국가를 구분하는 예리한 방어선으로 변질되면서 근대의 선형적 경계선이 등장하게 된다. 국경이 '우리'와 '그들', '내부인'과 '외부인', '안'과 '밖'을 결정하는 이분법적 기준점과 같아지면서 소속감과 정체성을 촉진하지만 '타자'를 만들어내는 다면적 성격을 띠게 된다.

베스트팔렌 질서의 세계사적 의미는 선형적 경계 개념이 지구적 차원으로 확대되었다는 사실이다. 유럽의 식민주의적 팽창이 경계 짓기라는 세계정치를 통해서 전 지구적 공간의 자의적 분할과 재조직을 시작한 것이다. 이렇게 서구 근대의 선형적 경계선 모델은 18세기와 19세기 유럽의 식민지 정복을 통해 전 세계로 수출되었다. 자본주의의 전 지구적 확산은 고대 로마 제국의 '분리 통치' 원리를 소환해 식민지 변방까지 밀어붙이면서 세계의 지리적 구획화를 가속화했다. 베스트팔렌 체제가 세계를 뒤덮어 버린 셈이다. 서구 민족주의는 내적으로는 국민국가와 명확한 국경선의 존재를 만들어내고 외적으로는 제국주의와 결합해서 비서구의 영토에 분할선을 멋대로 획정했다. 이러한 이유로 현대 지정학의 주요한 특징 중 하나는 전 지구적 국경선의 획정이라 할 수 있다. 이 책은 서구 제국주의와 식민주의의 약탈적 영토 분할과 폭력적 국경 획정이 생산해 낸 '모순의 공간'인 식민지 변방의 국경을 비교, 서술하고자 했다.

국경선이 지니는 공통적 함의들

많은 국경선이 20세기에 들어서 세계 곳곳에 그어졌다. 한반도의 38선이 그중 하나이고 독일과 폴란드, 레바논과 시리아, 이스라엘과 팔레스타인, 인도와 파키스탄 사이에도 새로운 국경이 세워졌다. 이 국경선들은 몇 가지 공통점이 있다.

첫째, 국경선이 지역 주민의 의사와 관계없이 강대국의 지정학적·전략적·경제적 이해관계에 따라 일방적으로 결정되었다는 점이다. 미국과 소련은 민족 해방을 맞은 조선에 자의적으로 38선이라는 군사분할선을 획정했다. 인도·파키스탄을 나눈 래드클리프 국경선은 식민 종주국인 영국이, 독일과 폴란드의 오데르-나이세 국경선은 승전국 소련이 강제로 정했다. 레바논과 시리아, 이스라엘과 팔레스타인 사이의 국경선도 영국과 프랑스가 결정했다.

국가가 성장하고 팽창하면서 주권이 국경선을 규정하는 것이 역사의 일반적 경험이지만 이 국경선들은 경계가 먼저 생성된, 즉 본말이 전도된 굴곡진 역사를 간직한다. 이 국경들은 유럽 열강들이 통치 수단으로 세계의 영토를 분할하고 구획했던 국경의 전 지구적 팽창이라는 스펙트럼 안에서 고찰할 필요가 있다. 임의로 자행된 선형적 경계 짓기는 세계를 산산조각 냈고, 국경은 강대국의 힘의 논리가 작동하는 공간이 되었다. 이렇게 해서 20세기 중반 이후 세계의 국가 수는 3배로 증가했다.

1989년 베를린 장벽 붕괴와 더불어 시작된 탈냉전 이후의 세계는 국가 간 국경을 허물고 '국경 없는 세계'를 만들 것으로 예측되었다. 그러나 현실은 다른 방향으로 전개되었다. 국경 장벽은 세계 곳곳에서 경쟁적으로 건설되고 있다. 둘째, 제국의 자의적이고 편의주의적인 발상에서 비롯된 분단으로 추방·학살·전쟁 등 온갖 재앙이 세상으로 튀어나온 판도라의 상자였다는 것이다.

힌두인과 무슬림의 이익 보호를 명분으로 내세운 인도·파키스탄 국경 설정은 1000만 명 이상의 실향민과 지금도 여전히 수를 정확히 파악할 수 없을 정도로 많은 희생자를 냈다. 제2차 세계대전 직후 폴란드로 새롭게 귀속된 국경지대에서도 대대로 그곳에 살던 독일인 400만 명 이상이 강제 추방당하면서 온갖 수모를 겪었다.

셋째, 중심과 주변의 상호 연관성이다. 중앙정부는 내부 통합을 강화하고 지배 질서를 정당화하는 수단으로 국경의 주변성을 활용했다. 많은 경우 분단은 강력한 독재를 낳았고 독재는 분단을 이용하는 악의 순환 고리가 형성됐다. 영국의 야욕으로 1947년 획정된 래드클리프 국경선은 인도와 파키스탄 두 나라의 긴장을 불러일으켰다. 분단은 양국을 불신과 증오로 가득한 앙숙으로 만들었고 핵무기 경쟁을 불러왔다.

본래 하나의 국가였다가 분단된 인도와 파키스탄의 관계에서는 핵전쟁의 공포가 가시지 않고 있다. 제2차 세계대전으로 탄생한 폴란드 공산 정부는 정통성을 확보하고자 국경과 관련해 반독일 정서를 부추겼다. 그림, 소설, 영화, 전쟁 기념비 등으로 독일의 침공 위협이라는 기억은 계속 재생산되고 확산됐다. 아이티와 도미니카 공화국에서도 분단이 강력한 독재를 낳았고 독재는 분단을 이용하는 악의 순환 고리가 형성되었다. 유럽 열강에 의한 강제 분단과 식민 지배, 해방과 전쟁, 군사 독재를 정당화하는 하나의 통치 수단이 된 분단 체제로 많은 사람이 지금껏 아픔과 슬픔을 안고 산다.

국경을 협력의 공간으로 재성찰해야 할 때

국경과 같은 경계는 사회적 생산물이자 가변적 구조물이기 때문에 경계에 대한 대안적 상상을 현실화하는 새로운 재현 방식이 요구된다. 국경에서의 화해와 협력은 군사적 갈등을 제어할 수 있다. 좋은 담장이 좋은 이웃을 만든다고 하지 않는가.

독일은 1990년 통일을 계기로 오데르-나이세강 국경지대에 대한 기존의 역사 주권과 영토 주권을 모두 포기함으로써 '천 년 전사'를 간직한 독일·폴란드 국경 갈등을 봉합했다. 통일을 대비해 영토 분쟁의 불씨였던 지역을 포기한 것이다.

이제는 국경을 국가의 안보 이익을 위한 분리와 배제의 전략적 경계선으로만 이해할 것이 아니라 협력의 공간으로 재성찰해야 할 때다. 독일·폴란드 국경 갈등의 근원지였던 오데르강 강변에 설립된 비아드리나유럽대학교는 교육을 통한 국경 협력의 대표 사례다. 국경지대에서 비정치적인 교육기관이 협력의 중심이 되었다. 교육·문화적 협력은 정치적으로 민감하지 않은 사안을 다루기에 순조롭게 국경 협력으로 나아갈 기회를 마련할 수 있다는 점에서 시사하는 바가 크다.

'우크라이나인은 왼쪽, 나머지 외국인들은 오른쪽'

제2차 세계대전 이후 건설된 철의 장막은 동유럽과 서유럽을 가로지른 국경이었다. 그러나 이 장벽은 냉전 시대에 목숨을 걸고 사회주의 세계를 탈출하는 현실에 대한 동유럽 국가들의 열등감과 수치심의 상징이었다. 이는 자본주의 세계에 대한 불신과 거부감의 표시이자 자신들의 모순을 그늘 속에 숨기려는 부끄러움으로 범벅이 된 벽이었다.

베를린 장벽 붕괴 이후 국경의 장벽은 오히려 세계 곳곳에서 경쟁적으로 세워지고 있다. 유럽 국가들은 북아프리카와 중동에서 몰려오는 난민을 막기 위해서 베를린 장벽의 6배가 넘는 약 1000km의 장벽을 새롭게 건설했다. 미국도 멕시코와의 국경에 높이 9m의 강철 벽을 올리면서 이를 '철의 장막 작전'으로 명명했다고 하니, 역사는 과거로 회귀하고 있는 듯하다.

유럽연합은 회원국 간에 통행이 자유로운 솅겐 지역(Schengen Area)을 형성해 내부 국경을 개방하면서도, 최근 20년 동안 난민과 불법 이주민의 유입을 영역 밖에서 통제하고 차단하는 아웃소싱을 강화해 왔다. 유럽연합으로 들어오는 진입 지점은 국경이 되고, 외부 국경 통제는 강화되었다. "국경이 없는 나라는 나라일 수 없다"라는 트럼프의 2016년 메시지는 불법 이민자에게서 미국을 보호하겠다는 천명이었다. 트럼프의 인종주의적 반이민 정책은 미국으로 오는 무슬림에 대한 국경의 '완벽한 폐쇄(total and complete shutdown)', 남미로부터의 이민 제한 정책에서 잘 드러난다. 백인 민족주의 색채가 짙은 트럼프 행정부의 국경 정책은 출신지에 따라 난민의 입국을 차별하는데, 이는 유색인종에 대한 유럽의 차별적 이민 정책과 다를 바 없다.

《뉴욕타임스》의 대표적인 칼럼니스트 토머스 프리드먼(Thomas Friedman)은 "세계화로 인해 오늘날의 세계가 평평해졌다"라면서 경계로 나뉜 세계가 이동의 세계나 네트워크로 서서히 치환되고 있다고 한다.

하지만 정도의 차이가 있겠으나 인류는 수렵채취 시대부터 지금까지 흐름의 세계(world of flows) 속에서 유동적인 영토 체제를 구축하고 비교적 모호한 경계 짓기에 대체로 만족했다. 그렇다면 기존의 국경사 연구는 '영토의 덫(territorial trap)'에 매몰되어 불변의 실체로서 국경의 영속성과 완결성을 전제하는 오류를 범한 것이다.

국경을 넘나드는 코로나19라는 초국가적 감염병은 자국의 이득만 고려한 정책이 더 큰 혼란을 유발하고 이웃 나라와 함께 대처하는 것이 확산을 예방하는 지름길이라는 사실을 새삼 일깨웠다. 그 결과 국경을 군사적 요새나 정치적 장벽이 아니라 공생하는 교량으로 인식하는 경향이 뚜렷해졌다. 이제 국경에 대한 초국가적·초영토적 기억 연구가 필요한 시간이다. 그리고 국경에 스며들었던 일상적 삶의 궤적을 추적해야 한다. 이는 근대 국가의 정치·사회·경제 엘리트 집단이 기획하고 설정했던 '민족국가의 컨테이너'인 국경을 넘나들던 초국가적 요소와 연계망을 조사하고 영토적 범주 밖에서 생성된 기억들을 수집해 재구성함으로써 역사를 위아래에서 동시에 재조망하는 작업이다.

유럽의 통합과 평화에 이바지한 인물에게 주는 카롤루스대제상(Karlspreis) 수상식이 국경 도시 아헨에서 지난 75년 동안 매년 거행되고 있다. 1980년부터는 국제 한자동맹의 날(International Hanseatic Day)이 제정되어 옛 한자 도시들에서 번갈아가며 다양한 정치·경제·문화 행사들이 매년 진행된다. 시칠리아 팔레르모에서는 21세기에 들어 이탈리아어-히브리어-아랍어가 병기된 도로명 주소판이 등장해 히브리어, 그리스어, 아랍어, 라틴어 4개 언어로 새겨진 12세기의 묘비명을 연상케 했다.

일국사적 집단 기억을 넘어선 초국가적 기억 연구는 국경지대가 상호 의존과 관용, 협력과 상생의 개방적이고 역동적인 장소였음을 드러낸다. 그리고 이들이 기억하는 국경은 혼돈과 질서의 가운데 서서 서로를 인정하며 균형을 찾아가던 근대 이전의 경계였다. 우리는 과거로 돌아갈 수 없지만 옛사람의 지혜를 빌려 문제를 해결할 수는 있다.

경계의 근대성이 전근대 경계의 접경성에 공명(共鳴)한다.

참고문헌

단행본

고유경. 2017. 『독일사 깊이 읽기: 독일 민족 기억의 장소를 찾아서』. 푸른역사.
곤도 다카히로(近藤孝弘). 2006. 『역사교과서의 대화』. 박경희 옮김. 역사비평사.
김승렬·박용희·문수현·이용재·김종법·최재희·민경현. 2008. 『유럽의 영토 분쟁과 역사 분쟁』. 동북아역사재단.
김승렬·이용재. 2008. 『함께 쓰는 역사-독일과 프랑스의 화해와 역사교과서 개선 활동』. 동북아역사재단.
김용덕. 2013. 『이야기 폴란드사』. HUEBooks.
김홍철. 1997. 『국경론』. 민음사.
남종국. 2022. 『천 년의 바다. 중세 지중해 교류사』. 이화여자대학교 출판문화원.
노라, 피에르트(Pierre Nora) 외 119인. 2010. 『기억의 장소』. 김인중·유희수·문지영·양희영·강일휴 옮김. 나남.
뒤부아, 로랑(Laurent Dubois). 2014. 『아이티 혁명사: 식민지 독립전쟁과 노예해방』. 박윤덕 옮김. 삼천리.
디너(Alexander Diener)·헤이건(Joshua Hagen). 2022. 『경계들: 보더 스터디즈 입문』. 중앙대·한국외대 HK+ 접경인문학연구단 옮김. 소명.
레디커, 마르커스(Marcus Rediker). 2018. 『노예선: 인간의 역사』. 박지순 옮김. 갈무리.
르낭, 에르네스트(Ernest Renan). 2015. 『민족이란 무엇인가』. 신행선 옮김. 책세상.
리(John W. I. Lee)·노스(Michael North). 2020. 『유럽과 북미지역 접경지대 연구의 세계화』. 중앙대·한국외대HK+ 접경인문학 연구단 옮김. 소명.
메차드로(Sandro Mezzadro)·닐슨(Brett Neilson). 2021. 『방법으로서의 경계: 전지구화 시대 새로운 착취와 저항공간의 창출』. 남청수 옮김. 갈무리.
몬테피오레, 사이먼 세배그(Simon Sebag Montefiore). 2012. 『예루살렘 전기』. 유달승 옮김. 시공사.
미뇰로, 월터(Walter Mignolo). 2013. 『로컬 히스토리/글로벌 디자인: 식민주의성, 서발턴 지식, 그리고 경계사유』. 이성훈 옮김. 에코리브르.
민츠, 시드니 W(Sidney W. Mintz). 1998. 『설탕과 권력』. 김문호 옮김. 지호.
발리바르, 에티엔(Étienne Balibar). 2010. 『우리, 유럽의 시민들?: 세계화와 민주주의의 재발명』. 진태원 옮김. 후마니타스.

베번, 로버트(Robert Bevan). 2012. 『집단기억의 파괴』. 나현영 옮김. 알마.
벤틀리, 제리 H(Jerry H. Bentley). 2006. 『고대 세계의 만남: 교류로 읽는 문명이야기』. 김병화 옮김. 학고재.
볼프룸, 에드가(Edgar Wolfrum). 2007. 『무기가 된 역사』. 이병련·김승렬 옮김. 역사비평사.
브로델, 페르낭(Fernand Braudel). 2017. 『지중해: 펠리페 2세 시대의 지중해 세계 II-1』. 남종국· 윤은주 옮김. 까치.
_____. 2017. 『지중해: 펠리페 2세 시대의 지중해 세계 I』. 주경철·조준희 옮김. 까치.
_____. 2017. 『지중해: 펠리페 2세 시대의 지중해 세계 II-2』. 남종국·윤은주 옮김. 까치.
슈미트, 카를(Carl Schmitt). 1995. 『대지의 노모스: 유럽 공법의 국제법』. 최재훈 옮김. 민음사.
_____. 2016. 『땅과 바다: 칼 슈미트의 세계사적 고찰』. 김남시 옮김. 꾸리에북스.
슈뒤데코프, 오토 에른스트(Otto-Ernst Schüddekopf). 2003. 『미래를 건설하는 역사교육: 1945~1965 유럽 역사교과서 개선활동』. 김승렬 옮김. 역사비평사.
슐츠, 크누트(Knut Schulz). 2013. 『중세 유럽의 코뮌 운동과 시민의 형성』. 박홍식 옮김. 도서출판 길.
아불라피아, 데이비드(David Abulafia). 2016. 『위대한 바다: 지중해 2만 년의 문명사』. 이순호 옮김. 책과함께.
아스만, 알라이다(Aleida Assmann). 2011. 『기억의 공간』. 변학수·채연숙 옮김. 그린비.
앤더슨, 베네딕트(Benedict Anderson). 2002. 『상상의 공동체』. 윤형숙 옮김. 나남.
영, 로버트 J. C(Robert J. C. Young). 2005. 『포스트식민주의 또는 트리컨티넨탈리즘』. 김택현 옮김. 박종철출판사.
오스트로고르스키, 게오르그(Georg Ostrogorsky). 2006. 『비잔티움 제국사 324~1453』. 한정숙·김경연 옮김. 까치.
오스트롬, 엘리너(Elinor Ostrom). 2010. 『공유지의 비극을 넘어』. 윤홍근·안도경 옮김. 랜덤하우스.
올릭, 제프리 K(Jeffrey K. Olick). 2006. 『국가와 기억: 국민국가적 관점에서 본 집단기억의 연속 갈등 변화』. 최호근·민유기·박재욱 옮김. 민주화운동기념사업회.
월러스틴, 이매뉴얼(Wallerstein, Immanuel). 2013. 『근대세계체제 1: 자본주의적 농업과 16세기 유럽 세계경제의 기원』(제2판). 김명환·나종일·김대륜·박상익 옮김. 까치.
_____. 2013. 『근대세계체제 2: 중상주의와 유럽 세계경제의 공고화 1600~1750년』(제2판). 이동기·김인중 옮김. 까치.
_____. 2013. 『근대세계체제 3: 자본주의 세계경제의 거대한 팽창의 두 번째 시대 1730~1840년대』(제2판). 나종일 옮김. 까치.
_____. 2017. 『근대세계체제 4: 중도적 자유주의의 승리, 1789~1914년』. 박구병 옮김. 까치.

위니차쿨, 통차이(Thongchai Winichakul). 2019. 『지도에서 태어난 태국: 국가의 지리체 역사』. 이상국 옮김. 진인진.

이민호. 1990. 『독일·독일민족·독일사: 분단 독일의 역사인식』. 느티나무.

이상협. 1996. 『헝가리사』. 대한교과서주식회사.

전진성. 2005. 『역사가 기억을 말한다』. 휴머니스트.

정병권. 1997. 『폴란드사』. 대한교과서.

차용구. 2022. 『국경의 역사: 국경 경관론적 접근』. 소명.

_____. 2022. 『중세 접경을 걷다: 경계를 넘나든 중세 사람들 이야기』. 산처럼.

_____. 2024. 『역병, 전쟁, 위기의 세계사』. 믹스커피.

차용구·김용덕. 2008. 『가해와 피해의 구분을 넘어: 독일·폴란드 역사 화해의 길』. 동북아역사재단.

차용구·박노자·이택광·류영하·임경화·전우형·한주희·젤리거(Bernhard Seliger)·소린차이코프(Nikolai Ssorin-Chaikov)·고가영·손버(Karen Thornber)·현명호·김신현경·구교·김한결. 2022. 『팬데믹 시대에 경계를 바라보다』. 소명.

차용구·이춘복·정주아·이유정. 2020. 『접경의 기억. 초국가적 기억의 장소를 찾아서』. 소명.

카스텔, 마누엘(Manuel Castells). 2014. 『네트워크 사회의 도래』. 김묵한 외 옮김. 한울.

케넬, 아네트(Annette Kehnel). 2022. 『미래가 있던 자리』. 홍미경 옮김. 지식의날개.

터너, 프레더릭 잭슨(Frederick Jackson Turner). 2020. 『미국사와 변경』. 손병권 옮김. 소명.

투안, 이푸(Yi-Fu Tuan). 2007. 『공간과 장소』. 구동회·심승희 옮김. 대윤.

프랫, 메리 루이스(Mary Louise Pratt). 2015. 『제국의 시선: 여행기와 문화횡단』. 김남혁 옮김. 현실문화.

플레처, 리처드(Richard Fletcher). 2020. 『십자가와 초승달, 천년의 공존: 그리스도교와 이슬람의 극적인 초기 교류사』. 박홍식·구자섭 옮김. 21세기북스.

한국학중앙연구원 한국문화교류센터. 2006. 『민족주의와 역사교과서: 역사 갈등을 보는 다양한 시각』. 에디터.

할레츠키, 오스카(Oskar Halecki). 1993. 『유럽사의 경계와 구분』. 최영보 옮김. 탐구당.

헌팅턴, 새뮤얼(Huntington, Samuel P). 2016. 『문명의 충돌: 세계질서 재편의 핵심 변수는 무엇인가』. 이희재 옮김. 김영사.

혜린, 주디스(Judith Herrin). 2010. 『비잔티움. 어느 중세 제국의 경의로운 이야기』. 이순호 옮김. 글항아리.

흐루셰우스키, 미하일로(Mykhailo Hrushevsky). 2016. 『우크라이나의 역사 1』. 한정숙 옮김. 아카넷.

흐루셰우스키, 미하일로(Mykhailo Hrushevsky). 2016. 『우크라이나의 역사 2』. 한정숙 옮김. 아카넷.

Abulafia, David and Nora Berend. 2002. *Medieval Frontiers: Concepts and Practices*. Aldershot: Ashgate.

Andenna, Cristina, Klaus Herbers and Gert Melville. 2012. *Die Ordnung der Kommunikation und die Kommunikation der Ordnungen. Band 1: Netzwerke: Kloster und Orden im Europa des 12. und 13. Jahrhunderts*. Stuttgart: Franz Steiner Verlag.

Anderson, Malcolm. 1996. *Frontiers: Territory and State Formation in the Modern World*. Cambridge: Polity Press.

Anzaldúa, Gloria E. 2012. *Borderlands/La Frontera: The New Mestiza*. San Francisco: Aunt Lute Books.

Aubin, Hermann. 1937. *Schlesien als Ausfallstor deutscher Kultur nach Osten im Mittelalter*. Breslau: Flemming.

_____. 1938. *Von Raum und Grenzen des deutschen Volkes. Studien zur Volksgeschichte*. Breslau: Priebatsch's Buchhandlung.

Barlett, Robert. 1994. *Making of Europe: Conquest, Colonization and Cultural Change, 950~1350*. London: Penguin Books.

Bartlett, Robert and Angus Mackay. 1992. *Medieval Frontier Societies*. Oxford: Clarendon.

Berdine, Michael D. 2018. *Redrawing the Middle East: Sir Mark Sykes, Imperialism and the Sykes-Picot Agreement*. London: I.B. Tauris.

Berend, Nora. 2001. *At the Gate of Christendom: Jews, Muslims and 'Pagans' in Medieval Hungary*. Cambridge: Cambridge University Press.

_____. 2007. *Christianization and the Rise of Christian Monarchy. Scandinavia, Central Europe and Rus' c. 900~1200*. Cambridge: Cambridge University Press.

_____. 2016. *The Expansion of Central Europe in the Middle Ages*. London: Routledge.

Blomkvist, Nils. 2004. *The Discovery of the Baltic: The Reception of a Catholic World-System in the European North(AD 1075~1225)*. Leiden: Brill.

Boockmann, Hartmut. 1989. *Der Deutsche Orden. Zwölf Kapitel aus seiner Geschichte*. München: C. H. Beck.

_____. 1993. *Deutsche Geschichte im Osten Europas: Ostpreussen und Westpreussen*. Berlin: Siedler.

Borodziej, Wlodzimierz. 2010. *Geschichte Polens im 20. Jahrhundert*. München: C. H. Beck.

Brackmann, Albert. 1934. *Die Anfänge des polnischen Staates*. Berlin: Verlag der Akademie der Wissenschaften.

_____. 1939. *Krisis und Aufbau in Osteuropa. Ein weltgeschichtliches Bild*. Berlin:

Ahnenerbe-Stiftung Verlag.

_____. 1939. *Unser Kampf in Polen: Die Vorgeschichte - Strategische Einführung (Politische und kriegerische Dokumente)*. München: Bruckmann Verlag.

_____. 1943. *Die Wikinger und die Anfänge Polens. Eine Auseinandersetzung mit den neuesten Forschungsergebnissen*. Berlin: Verlag der Akademie der Wissenschaften.

Bünz, Enno. 2008. *Ostsiedlung und Landesausbau in Sachsen: Die Kührener Urkunde von 1154 und ihr historisches Umfeld*. Leipzig: Leipziger Universitätsverlag.

Bysted, Ane, Carsten S. Jensen, Kurt V. Jensen and John Lind. 2009. *Jerusalem in the North: Denmark and the Baltic Crusades, 1100~1522*. Turnhout: Brepols.

Cha Yong-Ku, Chon Woohyung and Han Seong-Joo. 2020. *The Borderlands of China and Korea: Historical Changes in the Contact Zones of East Asia*. Lanham: Lexington Books.

Chester, Lucy. 2009. *Borders and Conflicts in South Asia: The Radcliffe Boundary Commission and the Partition of Punjab*. Manchester: Manchester University Press.

Christiansen, Eric. 1997. *The Northern Crusades: The Baltic and the Catholic Frontier, 1100~1525*. London: Penguin.

Ciggaar, Krijnie N. 1996. *The Medieval Mediterranean Peoples, Economics and Culture, 400~1453*. Leiden: E. J. Brill.

Curzon, George Nathaniel. 1907. *Frontiers*. Oxford: Clarendon Press.

Diener, Alexander C. and Joshua Hagen. 2010. *Borderlines and Borderlands: Political Oddities at the Edge of the Nation-State*. Plymouth: Rowman and Littlefield Publishers.

Dogra, Rajiv. 2017. *Durand's Curse: A Line Across the Pathan Heart*. New Delhi: Rupa Publications.

Engel, Pál. 2001. *The Realm of St. Stephen: A History of Medieval Hungary, 895~1526*. London: I. B. Tauris.

Febvre, Lucien. 1996. *Geographical Introduction to History*. London: Routledge.

François, Etienne and Hagen Schulze. 2009. *Deutsche Erinnerungsorte I, II, III*. München: C.H. Beck.

Gardner, Kyle J. 2021. *The Frontier Complex: Geopolitics and the Making of the India-China Border, 1846~1962*. Cambridge: Cambridge University Press.

Gemeinsame deutsch-polnische Schulbuchkommission. 1977. *Empfehlungen für die Schulbücher der Geschichte und Geographie in der Bundesrepublik Deutschland und in der Volksrepublik Polen*. Braunschweig: Georg-Eckert-Institut für internationale Schulbuchforschung.

_____. 1980. *Die Rolle Schlesiens und Pommerns in der Geschichte der deutsch-polnischen Beziehungen im Mittelalter: XII. deutsch-polnische Schulbuchkonferenz der Historiker vom 5. bis 10. Juni 1979 in Allenstein/Olsztyn(Polen)*. Braunschweig: Georg-Eckert-Institut für internationale Schulbuchforschung.

Girard, Philippe R. 2005. *Paradise Lost: Haiti's Tumultuous Journey from Pearl of the Caribbean to Third World Hot Spot*. New York: Palgrave Macmillan.

Goebel, Stefan. 2007. *The Great War and Medieval Memory: War, Remembrance and Medievalism in Britain and Germany, 1914~1940*. Cambridge: Cambridge University Press.

Good, David F. 1984. *The Economic Rise of the Habsburg Empire, 1750~1914*. London: University of California Press.

Gregory, Ian, Don DeBats and Don Lafreniere. 2018. *The Routledge Companion to Spatial History*. London: Routledge.

Haar, Ingo. 2000. *Historiker im Nationalsozialismus: Deutsche Geschichtswissenschaft und der "Volkstumskampf" im Osten*. Göttingen: Vandenhoeck & Ruprecht.

Hampe, Karl. 1921. *Zug nach dem Osten: Die kolonisatorische Großtat des deutschen Volkes im Mittelalter*. Leipzig-Berlin: B. G. Teubner.

_____. 1935. *Karl der Große oder Charlemagne? Acht Antworten deutscher Geschichtsforscher*. Berlin: E. S. Mittler.

Helfers, James P. 2005. *Multicultural Europe and Cultural Exchange in the Middle Ages and Renaissance*. Turnhout: Brepols.

Helzel, Frank. 2004. *Ein König, ein Reichsführer und der Wilde Osten. König Heinrich I(919~936). in der nationalen Selbstwahrnehmung der Deutschen*. Bielefeld: Transcript.

Herbers, Klaus and Nicolas Jaspert. 2007. *Grenzräume und Grenzüberschreitungen im Vergleich: Der Osten und der Westen des mittelalterlichen Lateineuropa*. Berlin: Akademie Verlag.

Hoogeweg, Hermann. 1925. *Die Stifter und die Klöster der Provinz Pommern, 2 Bde.* Stettin: Leon Sauniers Buchhandlung.

Jacobmeyer, Wolfgang. 1989. *Polen und Deutschland im europäischen Staatensystem vom späten Mittelalter bis zur Mitte des 19. Jahrhunderts*. Braunschweig: Georg-Eckert-

Institut für internationale Schulbuchforschung.

Jezierski, Wojtek, Lars Hermanson and Matti Peikola. 2016. *Imagined Communities on the Baltic Rim: From the Eleventh to Fifteenth Centuries.* Amsterdam: Amsterdam University Press.

Karp, Hans-Jürgen. 1972. *Grenzen in Ostmitteleuropa während des Mittelalters: Ein Beitrag zur Entstehungsgeschichte der Grenzlinie aus dem Grenzsaum.* Köln: Böhlau.

Kaufmann, Karl Josef. 1910. *Wie die Polen Geschichte machen: Eine Entgegnung.* Berlin: Ißleib.

Keyser, Erich. 1939. *Geschichte des deutschen Weichsellandes.* Leipzig: Hirzel.

Kneip, Matthias. 2009. *Polnische Geschichte und deutsch-polnische Beziehungen.* Berlin: Cornelsen.

Krzoska, Markusz. 2003. *Für ein Polen an Oder und Ostsee: Zygmunt Wojciechowski(1900–1955) als Historiker und Publizist.* Osnabrück: fibre Verlag.

Lapina, Elizabeth, April J. Morris, Susanna A. Throop and Laura J. Whatley. 2015. *The Crusades and Visual Culture.* Farnham: Ashgate Publishing.

Leyser, Karl. 1982. *Medieval German and Its Neighbours, 900–1250.* London: The Hambledon Press.

Limerick, Patricia Nelson. 1987. *The Legacy of Conquest: Unclear Pasts of the American West.* New York: Norton.

Lübke, Christian. 1998. *Struktur und Wandel im Früh- und Hochmittelalter: Eine Bestandsaufnahme aktueller Forschungen zur Germania Slavica.* Stuttgart: Franz Steiner Verlag.

Lukowski, Jerzy. 1999. *The Partitions of Poland, 1772, 1793, 1795.* London: Longman.

Maleczynska, Ewa. 1958. *Beiträge zur Geschichte Schlesiens.* Berlin: Rütten & Loening.

Mänd, Anu and Marek Tamm. 2020. *Making Livonia: Actors and Networks in the Medieval and Early Modern Baltic Sea Region.* London: Routledge.

Maschke, Erich. 1933. *Das Erwachen des Nationalbewußtseins im deutsch-slavischen Grenzraum.* Leipzig: J. C. Hinrichs'sche Buchhandlung.

Merisalo, Outi. 2006. *Frontiers in the Middle Ages.* Louvain-La-Neuve: Fédération internationale des instituts d'études médiévales.

Moretti, Beatrice. 2020. *Beyond the Port City.* Berlin: Jovis.

Mühle, Eduard. 2005. *Für Volk und deutschen Osten: Der Historiker Herrmann Aubin und die deutsche Ostforschung.* Düsseldorf: Droste Verlag.

Murray, Alan V. 2001. *Crusade and Conversion on the Baltic Frontier, 1150~1500*. Aldershot: Ashgate.
_____. 2016. *The Clash of Cultures on the Medieval Baltic Frontier*. London: Routledge.
Nauman, Sari, Wojtek Jezierski, Christina Reimann and Lief Runefelt. 2022. *Baltic Hospitality from the Middle Ages to the Twentieth Century: Receiving Strangers in Northeastern Europe*. Cham: Palgrave.
Nef, Annliese. 2013. *A Companion to Medieval Palermo: The History of a Mediterranean City from 600 to 1500*. Leiden: Brill.
North, Michael. 2012. *The Expansion of Europe, 1250~1500*. Manchester: Manchester University Press.
Pohl, Walter and Helmut Reimitz. 2000. Grenze und Differenz im frühen Mittelalter. Vienna: Österreichische Akademie der Wissenschaften.
Power, Daniel and Naomi Standen. 1999. *Frontiers in Question: Eurasian Borderlands, 700~1700*. Houndmills: Plagave Macmillan.
Rădvan, Laurențiu. 2010. *At Europe's Borders: Medieval Towns in the Romanian Principalities*. Leiden: Brill.
Ranke, Leopold von. 1824. *Geschichten der romanischen und germanischen Völker: von 1494 bis 1535, I*. Leipzig: G. Reimer.
Rieber, Alfred J. 2014. *The Struggle for the Eurasian Borderlands. From the Rise of Early Modern Empires to the End of the First World War*. Cambridge: Cambridge University Press.
Schendel, Willem van. 2005. *The Bengal Borderland: Beyond State and Nation in South Asia*. London: Anthem Press.
Selart, Anti. 2022. *Baltic Crusades and Societal Innovation in Medieval Livonia, 1200~1350*. Leiden: Brill.
Staecker, Jörn. 2004. *European Frontier: Clashes and Compromises in the Middle Ages*. Lund: Almqvist & Wiksell.
Talbot, Ian and Gurharpal Singh. 2009. *The Partition of India*. Cambridge: Cambridge University Press.
United Nations Environment Programme. 2013. *Haiti－Dominican Republic. Environmental challenges in the border zone*. Nairobi: United Nations Environment Programme.
White, Richard. 1991. *The Middle Ground: Indians, Empires, and Republics in the Great Lake Region, 1650~1815*. New York: Cambridge University Press.

Whittaker, Charles R. 2004. *Rome and its Frontiers: The Dynamics of Empire*. London: Routledge.
Wilson, Thomas M. and Hastings Donnan. 2012. *A Companion to Border Studies*. West Sussex: Wiley-Blackwell.

논문

강미현. 1997. 「비스마르크 시대 포젠 지역을 중심으로 한 폴란드 정책」. ≪부산사학≫, 33, 313~336쪽.
고유경. 2009. 「민족·신화·현재: 헤르만 전투의 역사화」. ≪사림(史林)≫, 33. 363~388쪽.
_____. 2013. 「유럽 기억의 장소'로서의 라인 강: 19세기 라인 여행의 대중화를 통한 유럽 의식의 형성」. ≪역사학보≫, 218, 475~506쪽.
_____. 2016. 「기억하라, '독일 정신'을」. ≪독일연구≫, 31, 224~239쪽.
권윤경. 2014. 「노예제의 폭력, 노예혁명의 폭력: 아이티 혁명기 폭력의 성격에 대한 고찰, 1791-1804」. ≪서양사론≫ 122, 31~58쪽.
_____. 2019. 「아래로부터 대서양사 쓰기: 노예제와 아이티혁명의 시각에서 본 대서양사의 과제」. ≪미국사연구≫, 50, 57~98쪽.
김달관. 2005. 「카리브 해에서 인종과 정치의 혼종성: 도미니카공화국과 아이티를 중심으로」. ≪국제지역연구≫, 9(1), 25~49쪽.
김선주. 2017. 「한국 고대사에서 '접경' 연구현황과 과제」. ≪중앙사론≫, 45, 141~161쪽.
김승렬. 2007. 「"두 개의 시선"으로 바라본 관계사: 독일-폴란드 역사교과서 대화」. ≪역사교육≫, 101, 97~123쪽.
김유경. 2002. 「기억을 둘러싼 갈등과 화해: 독일·프랑스 및 독일·폴란드의 역사교과서 협의」, ≪역사비평≫, 59, 363~385쪽.
문기상. 1983. 「독일의 역사교육」. ≪역사교육≫, 34, 223~257쪽.
박용희. 2021. 「라인강은 누구의 강인가? 뤼시앵 페브르의 독불 접경지역을 바라보는 시선」. ≪독일연구≫, 48, 3~38쪽.
반기현. 2017. 「'접경사'의 정의와 연구 방법론의 적용」. ≪중앙사론≫, 45, 195~213쪽.
성백용. 2007. 「샤를마뉴에 대한 중세 독일과 프랑스에서의 엇갈리는 기억」. ≪프랑스사 연구≫, 17, 5~34쪽.
송충기. 2005. 「역사학과 과거청산: 나치시대 역사가들을 어떻게 볼 것인가?」. ≪대구사학≫, 80, 261~286쪽.
신정훈. 2021. 「서독 기억 문화에서의 '강제추방'과 '피난'(Vertreibung und Flucht)」. ≪호모 미그

란스: 이주, 식민주의, 인종주의》, 24, 7~37쪽.
윤민우·김은영. 2011. 「아프가니스탄 지역 파슈툰 부족의 안보/치안시스템: 국가권력과 탈레반 테러세력 사이의 안보/치안서비스 경쟁」. 《한국경찰연구》 10(3), 85~119쪽.
이대화. 2017. 「한국사 연구에서 '접경 지대' 연구 가능성의 시론적 검토: 조선시대 및 근현대 사례를 중심으로」. 《중앙사론》 45, 163~193쪽.
이용일. 2015. 「독일-폴란드 관계정상화를 위한 '감정의 정치: 바르샤바조약과 브란트의 크니팔」, 《역사비평》, 111, 10~39쪽.
_____. 2016. 「이주의 장소로서 '하이마트(Heimat)'의 재발견: 독일 '이주민 밀집 지역'에서의 박물관과 정체성 정치」. 《독일연구: 역사·사회·문화》, 32, 149~172쪽.
이정하. 2020. 「19세기 중후반 러시아 제국의 인도 침공 계획에 관한 소고」. 《역사학연구》, 80, 119~148쪽.
이태혁. 2021. 「밧데이, 섬 속의 '섬': 도미니카공화국 내 아이티 이주노동자들의 인종적 차별에 기인한 다층적 불평등 양상 고찰과 해결국면 모색」. 《지역개발연구》, 53(1), 25~51쪽.
전수연. 2002. 「골루아 베르생제토릭스 또는 재창조된 프랑스 고대의 영웅」. 《역사학보》, 173, 247~280쪽.
정태식. 2010. 「아프가니스탄 국가건설의 불안정에 대한 역사사회학적 일고찰: 미시적 정체성과 거시적 정체성의 대립을 중심으로」. 《사회과학 담론과 정책》, 3(2), 35~66쪽.
조길태. 2006. 「인도·파키스탄 분립운동(分立運動)과 정치지도자들의 태도에 관한 고찰」. 《남아시아연구》, 12(1), 90~131쪽.
차용구. 2008. 「독일과 폴란드의 역사대화: 접경지역 역사서술을 중심으로」. 《전북사학》, 33, 317~348쪽.
_____. 2016. 「여성, 결혼, 문화 전파: 오토 2세와 테오파노의 결혼식(972)」. 《숭실사학》, 37, 391~423쪽.
_____. 2017. 「탄넨베르크/그룬발트 전투(1410): 기억과 망각의 이중주」. 《사총》, 92, 275~312쪽.
_____. 2018. 「국경(Grenze)에서 접경(Kontaktzone)으로: 20세기 독일의 동부국경 연구」. 《중앙사론》, 47, 299~335쪽.
_____. 2021. 「헝가리 아르파드 왕조의 독일인 이주정책 연구: 13세기 전반기의 특허장을 중심으로」. 《서양사론》, 149, 333~362쪽.
_____. 2023. 「13세기 후반 '독일인'의 주데텐란트 이주사 연구: 브로우모프(Broumov) 이주특허장 분석」. 《서양중세사연구》, 52, 157~193쪽.
차용구·고반석. 2019. 「근대 초 잉글랜드의 기후변화 대응 연구: 1598년 구빈법과 연민 공동체」. 《중앙사론》, 50, 211~250쪽.

차용구·손주경. 2019. 「국경의 기억: 나움부르크(Naumburg)의 우타(Uta) 입상(立像)」. ≪서양중세사연구≫, 44, 3~37쪽.

차용구·안성민. 2024. 「서양 중세의 명예, 결혼, 정치의 상관성 연구: 오스트리아의 공작령 승격(1156)과 프리빌레기움 미누스를 중심으로」. ≪중앙사론≫, 64, 49~96쪽.

최호근. 2015. 「역사적 신념공동체의 창출?: 독일제국기의 국가권력과 역사정치」. ≪서양사론≫, 124, 35~64쪽.

한운석. 2002. 「역사교과서 수정을 통한 독일: 폴란드간의 화해노력」. ≪서양사론≫, 75, 203~236쪽.

Adelman, Jeremy and Stephen Aron. 1999. "From Borderlands to Borders: Empires, Nation-States, and the Peoples in between in North American History." *American Historical Review*, 104(3), pp.814~841.

Arnold, Udo. 2010. "Tannenberg/Grunwald als politisches Symbol im 19./20. Jahrhundert." *Belarusian Historical Review*, 17, pp.146~166.

Aubin, Hermann. 1933. "Die Ostgrenze des alten deutschen Reiches. Entstehung und staatsrechtlicher Charakter." *Historische Vierteljahrsschrift*, 28, pp.225~272.

_____. 1941. "Die deutsche Volksgrenze im Osten: Versuch einer Begründung ihres mittelalterlichen Verlaufs." in Kurt Oberdorffer, Bruno Schier and Wilhelm Wostry (eds.). *Wissenschaft im Volkstumskampf*, pp.25~45. Reichenberg: Sudetendeutscher Verlag.

Baud, Michiel and Willem Van Schendel. 1997. "Toward a Comparative History of Borderlands." *Journal of World History*, 8(2), pp.211~242.

Bernd, Nora. 1999. "Medievalists and the Notion of the Frontiers." *Medieval History Journal*, 2, pp.55~72.

Biermann, Felix. 2008. "Konfrontation zwischen Einheimischen und Zuwanderern bei der deutschen Ostsiedlung des Mittelalters." in Oliver Auge, Felix Biermann, Matthias Müller and Dirk Schultze(eds.). *Bereit zum Konflikt: Strategien und Medien der Konflikterzeugung und Konfliktbewältigung im europäischen Mittelalter*, pp.131~172. Ostfildern: Jan Thorbecke.

Blanke, Richard. 1983. "The Polish Role in the Origin of the Kulturkampf in Prussia." *Canadian Slavonic Papers / Revue Canadienne des Slavistes*, 25(2), pp.253~262.

Brackmann, Albert. 1926. "Die Ostpolitik Ottos des Großen." *Historische Zeitschrift*, 134, pp.242~256.

_____. 1933. "Die politische Entwicklung Osteuropas vom 10. bis 15. Jahrhundert." in Albert Brackmann(ed.). *Deutschland und Polen: Beiträge zu ihren geschichtlichen Beziehungen*, pp.28~39. München-Berlin: Oldenbourg.

Doyé, Werner. 2003. "Arminius." in Étienne François and Hagen Schulze(eds.). *Deutsche Erinnerungsorte III*, pp.587~602. München: C. H. Beck

Fritze, Wolfgang H. 1980. "Germania Slavica. Zielsetzung und Arbeitsprogramm einer interdisziplinären Arbeitsgruppe." in Fritze, Wolfgang H(ed.). *Germania Slavica I*, pp.11~40. Berlin: Duncker & Humblot.

_____. 1982. "Slawomanie oder Germanomanie? Bemerkungen zu W. Stellers neuer Lehre von der älteren Bevölkerungsgeschichte Ostdeutschlands." in Ludolf Kuchenbuch and Winfried Schich(eds.). *Frühzeit zwischen Ostsee und Donau*, pp.31~46. Berlin: Duncker & Humblot.

_____. 1984. "Die Begegnung von deutschem und slawischem Ethnikum im Bereich der hochmittelalterlichen deutschen Ostsiedlung." *Siedlungsforschung: Archäologie – Geschichte – Geographie*, 2, pp.187~219.

Goettlich, Kerry. 2018. "The Rise of Linear Borders in World Politics." *European Journal of International Relations*, 25(1), pp.203~228.

Goetz, Hans-Werner. 2004. "Die deutschen Stämme als Forschungsproblem." in Heinrich Beck, Dieter Geuenich, Heiko Steuer and Dietrich Hakelberg(eds.). *Zur Geschichte der Gleichung germanisch-deutsch*, pp.229~253. Berlin: Walter de Gruyter.

Grabski, Andrzej. 1992. "The Concept of Poland of the Piast in Polish Historiography. Zygmunt Wojciechowski' Interpretation of Poland's History." *Polish Western Affairs*, 33, pp.251~272.

Halperin, Charles J. 1984. "The Ideology of Silence: Prejudice and Pragmatism on the Medieval Religious Frontier." *Comparative Studies in Society and History*, 26(3), pp.442~466.

Hämäläinen, Pekka and Truett, Samuel. 2011. "On Borderlands." *Journal of American History*, 98(2), pp.338~361.

Hengst, Karlheinz. 2000. "Lingua Slavica missionarica in terra inter Salam et Albiam." in Swetlana Mengel(ed.). *Dem Freidenkenden: Zu Ehren von Dietrich Freydank*, pp.113~131. Münster: Lit Verlag.

_____. 2014. "Der slawische Adel, seine Sprache und seine Namen zwischen Saale und Elbe vom 10. bis 13. Jahrhundert." *Namenkundliche Informationen*, 103(104), pp.209~279.

Johler, Reinhard. 1999. "A local construction, or: What have the Alps to do with a global reading of the Mediterranean?" *Narodna umjetnost: Hrvatski časopis za etnologiju i folkloristiku*, 36(1), pp.87~102.

Kubinyi, András. 1975. "Zur Frage der deutschen Siedlungen im mittleren Teil des Königreichs Ungarn(1200~1541)." in Walter Schlesinger(ed.). *Die deutsche Ostsiedlung des Mittelalters als Problem der europäischen Geschichte*, pp.527~566. Sigmaringen: Jan Thorbecke Verlag.

_____. 1998. "Zur Frage der Toleranz im mittelalterlichen Königreich Ungarn." in Alexander Patschovsky and Harald Zimmermann(eds.). *Toleranz im Mittelalter*, pp.187~206. Sigmaringen: Jan Thorbecke Verlag.

Laduda, Gerard. 1960. "Ein Versuch, die deutsch-polnischen Beziehungen im Schulunterricht neu darzustellen." in Internationales Schulbuchinstitut Braunschweig(ed.). *Über die Darstellung der deutsch-polnischen Beziehungen im Geschichtsunterricht*, pp.27~40. Braunschweig: Internationales Schulbuchinstitut.

Lübke, Christian. 1993. "Slaven und Deutsche um das Jahr 1000." *Mediaevalia historica Bohemica*, 3, pp.59~90.

_____. 2007. "Germania Slavica und Polonia Ruthenica: Religiöse Divergenz in ethnokulturellen Grenz- und Kontaktzonen des mittelalterlichen Osteuropa(8.-16. Jahrhundert)." in Klaus Herbers and Nikolas Jaspert(eds.). *Grenzräume und Grenzüberschreitungen im Vergleich: Der Osten und der Westen des mittelalterlichen Lateineuropa*, pp.175~190. Berlin: Akademie Verlag.

_____. 2008. "Ostkolonisation, Ostsiedlung, Landesausbau im Mittelalter. Der ethnische und strukturelle Wandel östlich von Saale und Elbe im Blick der Neuzeit." in Enno Bünz(ed.). *Ostsiedlung und Landesausbau in Sachsen: Die Kührener Urkunde von 1154 und ihr historisches Umfeld*, pp.467~484. Leipzig: Leipziger Universitätsverlag.

Ludat, Herbert. 1969. "Die Bezeichnung für 'Stadt' im Slawischen." in Herbert Ludat. *Deutsch-slawische Frühzeit und modernes polnisches Geschichtsbewußtsein: Ausgewählte Aufsätze*, pp.82~96. Köln: Böhlau.

Marek, Miloš. 2011. "The Ways of Immigration of Foreigners into the Medieval Kingdom of Hungary." *Studia Historica Tyrnaviensia*, 11(12), pp.177~190.

Marti, Roland. 1999. "Grenzbezeichnungen-grenzüberschreitend." in Wolfgang Haubrichs, Kurt U. Jäschke and Wolfgang Oberweis(eds.). *Grenzen erkennen: Begrenzungen überwinden*, pp.19~33. Sigmaringen: Thorbecke.

Menzel, Josef Joachim. 1998. "Die Akzeptanz des Fremden in der mittelalterlichen deutschen Ostsiedlung." in Alexander Patschowsky and Harald Zimmermann(eds). *Toleranz im Mittelalter*, pp.207~219. Sigmaringen: Jan Thorbecke Verlag.

Mezey, Ladislas. 1968. "Ungarn und Europa im 12. Jahrhundert. Kirche und Kultur zwischen Ost und West." in Theodor Mayer(ed.). *Probleme des 12. Jahrhunderts*, pp.255~272. Konstanz: Jan Thorbecke Verlag.

Mühle, Eduard. 2001. "Ostforschung und Nationalsozialismus. Kritische Bemerkungen zur aktuellen Forschungsdiskussion." *Zeitschrift für Ostmitteleuropa-Forschung*, 50, pp.256~275.

Nitschke, August. 1968. "German Politics and Medieval History." *Journal of Contemporary History*, 3(2), pp.75~92.

Paasi, Anssi. 2005. "Boundaries as Social Practice and Discourse: The Finnish-Russian Borders." in Paul Ganster and David E. Lorey(eds.). *Borders and Border Politics in a Globalizing World*, pp.117~136. Lanham: Rowman & Littlefield.

Petrovics, István. 2009. "Foreign Ethnic Groups in the Towns of Southern Hungary in the Middle Ages". in Derek Keene, Balázs Nagy and Katalin Szende(eds.). *Segregation, Integration, Assimilation: Religious and Ethnic Groups in the Medieval Towns of Central and Eastern Europepp.* pp.67~88. London: Routledg

Piskorski, Jan M. 1995. "Stadtentstehung im westslawischen Raum: Zur Kolonisations- und Evolutionstheorie am Beispiel der Städte Pommerns." *Zeitschrift für Ostmitteleuropa-Forschung*, 44(1), pp.317~357.

_____. 1996. "'Deutsche Ostforschung' und 'polnische Westforschung'." *Berliner Jahrbuch für Osteuropäische Geschichte*, 1, pp.378~389.

Pósán, László. 2017. "Niederländische Kolonisten in Ungarn in der Arpad-Ära," *Acta Neerlandica*, 14, pp.7~21.

Rossignol, Sébastian. 2014. "Bilingualism in Medieval Europe: Germans and Slavs in Helmold of Bosau's Chronicle." *Central European History*, 47, pp.523~543.

Sassen, Saskia. 2009. "Bordering Capabilities versus Borders: Implications for National Borders." *Michigan Journal of International Law*, 30(3), pp.567~597.

Schich, Winfried. 1979. "Zur Rolle des Handels in der Wirtschaft der Zisterzienserklöster im nordöstlichen Mitteleuropa in der zweiten Hälfte des 12. und der ersten Hälfte des 13. Jahrhunderts." *Zisterzienser-Studien*, 4, pp.133~168.

_____. 1980. "Stadtwerdung im Raum zwischen Elbe und Oder im Übergang von der slawischen zur deutschen Periode. Beobachtungen zum Verhältnis von Recht, Wirtschaft und Topographie am Beispiel von Städten in der Mark Brandenburg." *Germania Slavica I*, pp.191~238. Berlin: Duncker & Humblot.

_____. 1995. "Zum Ausschluss der Wenden aus den Zünften nord- und ostdeutscher Städte im späten Mittelalter." in Alexander Demandt. *Mit Fremden leben: Eine Kulturgeschichte von der Antike bis zur Gegenwart*, pp.122~136. München: C.H. Beck.

_____. 2007. "Die 'Grenze' im östlichen Mitteleuropa im hohen Mittelalter." in Winfried Schich, Ralf Gebuhr and Peter Neumeister(eds.). *Wissenschaft und Kulturlandschaft*, 427~438. Berlin: Berliner Wissenschafts-Verlag.

Schlesinger, Walter. 1938. "Entstehung und Bedeutung der sächsisch-böhmischen Grenze." *Neues Archiv für sächsische Geschichte und Altertumskunde*, 59, pp.6~38.

_____. 1957. "Die geschichtliche Stellung der mittelalterlichen deutschen Ostbewegung." *Historische Zeitschrift*, 183, pp.517~542.

_____. 1964. "Die mittelalterliche deutsche Ostbewegung und die deutsche Ostforschung." in Karl Hartmann(ed.). *Deutsche und europäische Ostsiedlungsbewegung*, pp.7~46. Marburg: Lahn.

_____. 1975. "Zur Problematik der Erforschung der deutschen Ostsiedlung." in Walter Schlesinger(ed.). *Die deutsche Ostsiedlung des Mittelalters als Problem der europäischen Geschichte*, pp.11~30. Sigmaringen: Jan Thorbecke Verlag.

Schmid, Heinrich F. 1953. "Grundrichtungen und Wendepunkte europäischer Ostpolitik." *Jahrbücher für Geschichte Osteuropas(NF 1)*, pp.97-116.

Schneider, Reinhard. 1994. "Lineare Grenzen: vom frühen bis zum späten Mittelalter." in Wolfgang Haubrichs and Reinhard Schneider(eds.). *Grenzen und Grenzregionen*, pp.51~68. Saarbrücken: Saarbrücker Druckerei.

Schöwälder, Karen. 1999. "'Lehrmeisterin der Völker und der Jugend': Historiker als politische Kommentatoren 1933 bis 1945." in Peter Schöttler(ed.). *Geschichtsschreibung als Legitimationswissenschaft 1918~1945*, pp.128~165. Frankfurt a. Main: Suhrkamp.

Schrage, Gertraud Eva. 1999. "Zur Siedlungspolitik der Ottonen. Untersuchungen zur Integration der Gebiete östlich der Saale im 10. Jahrhundert." *Blätter für deutsche Landesgeschichte*, 135, pp.189~268.

_____. 2000. "Zur Herkunft des Adels im Umfeld des Zisterzienserklosters Altzella. Ein Beitrag zur Assimilation der slawischen Oberschicht in der südlichen Germania Slavica in der Zeit um 1200." *Zeitschrift für Ostmitteleuropa-Forschung*, 49(1), pp.1~18.

Share, Michael B. 2015. "The Great Game Revisited: Three Empires Collide in Chinese Turkestan(Xinjiang)." *EUROPE-ASIA STUDIES*, 67(7), pp.1102~1129.
Szende, Katalin. 2011. "A magyar városok kiváltságolásának kezdetei," in Bárány Attila, Papp Klára and Szálkai Tamás(eds.). *Debrecen város 650 éves. Várostörténeti tanulmányok*, pp.32~56. Debrecen: Alföldi Nyomda Méliusz Műhelye.
_____. 2012. "Neighbourhoods, Suburbs and Ethnic Quarters in the Hungarian Towns, Thirteenth to Fifteenth Centuries." in Philipp Robinson Rössner(ed.). *Cities - Coins - Commerce*, pp.43~64. Stuttgart: Franz Steiner.
_____. 2013. "Die Erforschung der mittelalterlichen Städte Ungarns seit 1989." in Olga Fejtová (ed.). *Städte im Mittelalter und in der frühen Neuzeit als Forschungsthema in den letzten Zwanzig Jahren*, pp.439~469. Praha: Archiv hlavního města Prahy.
_____. 2015. "Power and Identity: Royal Privileges to the Towns of Medieval. Hungary in the Thirteenth Century." in Michel Pauly and Lee Alexander(eds.). *Urban Liberties and Civic Participation from the Middle Ages to Now*, pp.27~68. Trier: Porta Alba.
_____. 2019. "Iure Theutonico? German settlers and legal frameworks for immigration to Hungary in an East-Central European perspective." *Journal of Medieval History*, 45(3), pp.360~379.
Unverzagt, Wilhelm. 1933. "Zur Vorgeschichte des ostdeutschen Raumes." in Albert Brackmann (ed.). *Deutschland und Polen: Beiträge zu ihren geschichtlichen Beziehungen*, pp.1~12. München: Oldenbourg.
Vleuten, Erik van der and Torsten Feys. 2016. "Borders and Frontiers in Global and Transnational History. Introduction." *Journal of Modern European History*, 14(1), pp.29~34.
Wattenbach, Wilhelm. 1863. "Die Germanisierung der östlichen Grenzmarken des Deutschen Reiches." *Historische Zeitschrift*, 9, pp.386~417.
Wippermann, Wolfgang. 1980. "Die Ostsiedlung in der deutschen Historiographie und Publizistik: Problem, Methoden und Grundlinien der Entwicklung bis zum Ersten Weltkrieg." *Germania Slavica I*, pp.41~70. Berlin: Duncker & Humblot.
Zientara, Benedykt. 1970. "Nationaity Conflicts in the German-Slavic Borderland in the 13th~ 14th centuries and their Social Scope." *Acta Poloniae Historica*, 22, pp.207~225.
_____. 1975. "Die deutschen Einwanderer in Polen vom 12. bis zum 14. Jahrhundert." in Walter Schlesinger(ed.). *Die deutsche Ostsiedlung des Mittelalters als Problem der europäischen Geschichte*, pp.333~348. Sigmaringen: J. Thorbecke.

언론 기고문

차용구. 2018.6.4. "서양 중세 문명의 조우와 충돌, 화해와 공존". ≪교수신문≫.
_____. 2020.3.2. "Redefining DMZ as contact zone of hope". *The Korea Herald*.
_____. 2020.4.2. "Coronavirus, Xenophobia, and Contact Zones." *The Chung-Ang Herald*.
_____. 2021.8.28~2021.10.24. "제국의 유산, 피흘리는 세계의 국경선". ≪강원도민일보≫ 웹진 DMZin.
_____. 2022~2024. "차용구 교수의 국경 이야기". 네이버 프리미엄 콘텐츠 스튜디오.
_____. 2022~2024. "차용구의 비아 히스토리아". ≪서울신문≫.

찾아보기

ㄱ

게르마니아 슬라비카　87~88
게르만족　24~27, 30~31, 66~67, 89, 109, 135, 151~153, 172, 286~287
게오르그 에커트 국제교과서연구소　57
경계　5, 9~10, 12, 14~17, 21~22, 24, 26, 30~33, 46, 50, 64, 69, 77, 79~81, 83~87, 89~91, 110, 112, 137, 141~142, 150~151, 153, 155, 160, 166, 179, 181, 188~189, 192, 197~198, 211, 214~220, 228, 233~238, 240~242, 248, 250~251, 261, 268, 271, 273, 275~277, 279, 285~290, 292~295
경계 사유　16, 50, 250
경계 짓기　14, 22, 160, 166, 179, 198, 212, 228, 234, 236, 268, 285, 289~290, 294
경계 허물기　153, 179, 287
경계 횡단　31, 160, 166, 198, 212, 228, 233, 251, 287
고향　25, 31, 36~38, 49, 95, 102, 104, 114, 119~120, 122~124, 131, 142, 156, 161~165, 168, 194, 199, 205, 260, 282
공유지의 비극　70
공존　15~16, 22, 46, 58, 72, 79, 83, 85, 88, 98, 107~109, 113, 116, 128, 131, 141, 151, 167, 172, 174~175, 178, 181, 184, 186, 188, 197, 201, 218, 221~224, 226~227, 230, 233~235, 243, 260, 263, 268~269, 274, 276, 278~280, 283, 285, 288

9 · 11 테러　268
9년 전쟁　64
구호기사단　129, 226
국경　5~6, 9~15, 17, 21~23, 25, 30~34, 39~40, 50~53, 55, 60~64, 66~73, 77~78, 80~81, 83~87, 90~93, 97, 99~114, 120, 124~125, 129~130, 142~144, 146, 149, 159, 161, 167, 170, 172, 176~177, 179, 184, 187~188, 190, 192, 194, 203, 207, 211, 214, 228, 233~235, 237~246, 248~262, 264~267, 272~275, 283, 286~295
국경 도시　33, 37, 39~40, 61, 64, 87~88, 90~92, 111, 113, 161, 182, 184, 199~200, 205, 207, 212, 230, 294
국경 연구　5, 9~10, 12, 21, 30~31, 109, 177, 245
국경위원회　81~83, 257~259, 265
국경지대　6, 13, 15, 27, 30, 34, 47, 52~54, 64, 67, 81, 83~84, 87, 102~103, 109~110, 112~114, 116, 131, 135, 143~146, 152, 205, 207, 241~243, 259~260, 287, 289, 291~292, 294
그레이트 게임　133, 246~247
그뤼네스반트　83
기억 전쟁　30, 170, 174, 207, 213
꿩섬　71~72

ㄴ

나치　12, 29, 52, 56~57, 80, 91, 101~103, 107, 109, 114, 169, 172~173, 282

나토　　133, 136, 143, 161, 173, 186
네덜란드　　23, 33~35, 41~42, 44, 48, 52, 62, 64, 144, 171, 179
네스토리우스파　　226
노르만족　　215, 217~220, 223
노브고로드　　154, 161, 170~173, 175~176, 184

ㄷ

다뉴브강　　25, 31, 94, 286
다하본강　　241~242
덴마크　　149, 156, 159, 175, 178, 180, 182, 187~194
도미니카　　236~243, 291
독일　　9, 11~13, 23~24, 26~30, 32~35, 37~41, 47~52, 54~62, 64, 66~69, 71, 73, 78, 80~81, 84, 86~92, 96, 99~115, 119~122, 126, 129, 131, 136, 143~145, 149, 155~156, 162~163, 168~169, 171~172, 174~175, 179~183, 187~194, 226, 235, 269~270, 279, 282, 290~292
독일기사단　　105, 119, 129, 163, 168~170, 172, 175, 226
돈바스　　142~143, 145~146
동방 백서　　106
듀랜드 라인　　244, 249~250, 254, 262
디아스포라　　151~152, 279

ㄹ

라이스웨이크 조약　　55
라인 위기　　66
라인강　　23~25, 31, 50, 54~55, 62~68, 286
라인강의 파수꾼　　66
래드클리프 국경선　　255~256, 261~262, 265~266, 290~291
러시아　　39, 100, 102, 133, 135~143, 145~146, 149~150, 152~154, 156~159, 161~163, 168~176, 179, 181~182, 184~186, 190, 246~249, 254, 262, 269
레바논　　225, 228, 267~268, 270, 272~274, 290
레반트　　224~226, 267, 270, 273
레콩키스타　　280
로렌　　47, 51, 62, 66, 143~145
로마 제국　　23, 25~27, 30~35, 41, 63, 67, 151~153, 155, 225, 234, 269, 273, 286~287, 289
로타링기아　　37, 47~51
뢰번대학교　　44, 45
리메스　　31
리예카　　202, 207~208, 211~213

ㅁ

마스트리히트　　33
모젤강　　50, 71
문지방　　89~90, 160, 166~167, 211~212, 226, 228
문화 횡단　　31, 79, 95, 183, 186, 214, 287
뮌헨 협정　　114
민족국가　　28, 30, 67~68, 137, 156, 176, 191, 222
민족주의　　9, 28, 30, 32, 50, 56, 58, 62, 66~67, 72, 78~79, 96, 102~103, 105~106, 132, 140, 167, 191~192, 204, 209, 211, 234, 239, 258, 263~265, 281~282, 288~289, 293

ㅂ

바벤베르크 가문　93~97
바이킹　36, 41, 104, 127, 135~136, 152~155
발트해　5, 77~78, 81, 87, 101, 116, 135, 149~159, 161, 163, 165, 169, 171, 174, 178~181, 183~184, 188, 202
방글라데시　258, 266
밸푸어 선언　282~283
베네치아　171, 201, 207, 226~227, 229
베르사유 조약　30
베를린　13, 32~33, 80, 86~92, 96, 125, 191, 194, 206, 290, 293
베스트팔렌 조약　233, 236, 288
벨기에　23, 33~34, 41~46, 48, 52, 62, 144~145, 171, 179
벨기에자유대학교　45
벽돌 고딕　156~157
변경백령　87
분리 통치　234, 262~264, 273~274, 283, 289
브란덴부르크문　86
브로우모프/브라우나우　113, 116~123
브뤼셀　33, 41~42, 44~45
비아드리나유럽대학교　111~112, 292
비잔티움 제국　38, 94~95, 136, 154, 198, 215, 217~220, 226, 278

ㅅ

사이 공간　13, 16, 22, 42, 49, 77, 138, 141, 161, 188, 191, 197, 216, 225
사이크스-피코 비밀협정　228, 267, 270~272, 275, 282
삼투성　13, 85, 88, 110, 174, 176, 189, 198, 216
새로운 중세　223
서독　32, 52, 56, 58, 63, 80~84, 86, 90~91, 102~103, 106~108, 110~111, 116, 125, 144, 194
선형적 경계　22, 233~234, 236, 238, 251, 289~290
솅겐 조약　40, 71
수복 영토　104, 204, 209
쉬망플랜　143
슐레스비히　187~194
스웨덴　149~150, 156~159, 161, 171, 180, 182~183, 190
스위스　34, 48, 62, 69, 73, 95~96
스타라야라도가　153
스트라스부르/스트라스부르크　50, 54~56, 61~62, 145
스페인　34~35, 64, 71, 96, 238~239, 241
스페인 왕위 계승 전쟁　64
시리아　92, 132, 225, 228, 267~268, 270, 272~276, 278, 290
신성로마제국　38, 49, 51, 55, 87, 93~95, 105, 117, 119, 122, 126, 128~130, 180, 188~190, 221
신전 기사단　226

ㅇ

아드리아해　205~207, 211
아르테　61, 145
아스테릭스　63
아이더강　188, 191~192
아이티　236~243, 291
아크레　224~230, 271~272
아프가니스탄　92, 235, 244, 262, 268
아헨　33~40, 49, 215, 294

알자스/엘자스   51, 54~56, 62, 66, 143~145
암스테르담   33, 96
애국주의   32, 167, 256
얽힌 역사   13, 16, 50, 174, 190
에스토니아   170, 175, 178~186
엘리아데, 미르체아   167
엘리제 조약   32, 39, 56~58
엘베강   23, 82, 87, 153
역사 교과서   57~60, 110
역사 화해   32, 78, 108
역사주권   55, 114~115
영토 분쟁   47, 51~52, 56, 112, 292
예루살렘   15, 38, 154, 197, 225~227, 229, 269, 272, 277~280, 282, 285
오드라-니사강/오데르-나이세강   78, 99~101, 103~106, 108~109, 111~112, 235, 290, 292
오스만튀르크 제국   128, 137, 140, 202, 225, 269~270, 273, 280~281
오스트리아   34, 41, 55, 69, 73, 93~98, 114, 125, 137, 201, 203
오스트리아-헝가리 이중 제국   96, 114
와칸 회랑   244~245, 248
완충지대   246
우크라이나   39, 92, 134~143, 145~146, 150, 154, 158, 161, 173, 185, 292
우트르메르   225
월경   31, 161, 242
위그노   90
유고슬라비아 연방   205, 207, 211
유대교   200, 216, 269, 276, 280, 283, 285
유럽석탄철강공동체   52~53, 144
유럽연합   13, 17, 21, 46, 53, 125, 133, 136, 144, 207, 213, 234, 293

유틀란트반도   188, 191, 194
이라크   92, 267~268, 271~272, 275
이레덴티스모   204, 208
이레덴티스타   204
이스파뇰라섬   235, 237~238, 242
이슬람   14~15, 128, 154, 197~198, 215~219, 223~228, 249, 252, 264, 267~269, 275~281, 283, 285, 288
이주   10, 12~13, 30~31, 78~80, 87~91, 96, 98, 102~103, 113, 115~123, 126~133, 151~153, 160, 162~163, 168~169, 174, 176, 179~181, 185, 202~204, 209, 211, 215~216, 259~260, 278, 282~283, 285
이중 언어 사용   88, 141, 182, 189, 219, 227
이탈리아   34~35, 39, 41, 47~48, 52, 126, 144, 155~156, 199~201, 203~205, 207~213, 217, 220, 226, 228, 245, 294
이향   156, 168
인종청소   114

ㅈ

자연국경론   50, 55, 63~64, 66, 105, 113, 243
자포로지예   135, 138~141
접경   10~11, 16, 24, 26~27, 30, 47, 49~50, 52, 56, 67, 69, 71~72, 77, 79, 81, 83~84, 88~89, 91~92, 97~98, 104, 109~110, 113, 120, 122~123, 128~129, 135, 138, 140~141, 145, 160~161, 164, 166~167, 169, 172, 175~176, 178~179, 182~183, 185~186, 188, 190~191, 194, 198, 206, 211~212, 215~217, 220~222, 225, 227~228, 230, 241~242, 245, 256, 260~261, 266,

268, 273, 276~278, 280, 286, 288
접경성　　15, 17, 87, 92, 123, 128, 183, 215, 224, 235, 295
제1차 세계대전　　30, 39, 52, 63, 78, 96~97, 113, 123, 145, 192, 204, 207~209, 269, 272, 281~282
제2차 세계대전　　13, 39, 44, 52, 57, 62~63, 77, 86, 99, 101, 103~104, 108, 114, 123, 142~144, 168, 172, 182, 191~192, 205, 207, 211, 247, 256, 259, 262, 281, 291~292
제국주의　　17, 105, 233~235, 237~240, 245~246, 250~253, 258, 261, 272~273, 280, 281, 283, 289
주데텐란트　　113~116, 120, 122~123
중동　　6, 218, 224, 262, 265, 267, 269~274, 276~277, 281~283, 293

ㅊ

철의 장막　　13, 32, 80, 84, 86, 97, 124~125, 292~293
체코　　101, 103, 113~114, 116, 122~123
초국경　　17, 39, 71, 81~82, 149, 234, 243
추방　　102~103, 108, 113, 116, 124, 162, 168~169, 187, 211, 221, 241~242, 291

ㅋ

카이로　　215
코로나19　　9, 21, 83~84, 109, 238, 242~243, 256, 294
코소보 전쟁　　268
코자크　　134~135, 138~142
콘비벤시아　　15, 197, 219, 288
콘스탄츠 호수　　69~73

쾨니히스베르크　　87, 156~157, 159, 161~169
키이우　　135~136, 154

ㅌ

탈레반　　244, 249~254
탈린　　161, 178~186
토이토부르크 숲　　23~24, 26~28
투과막　　31, 216
트리에스테　　96, 199~206, 208, 211, 213

ㅍ

파슈툰족　　249~251, 253
파키스탄　　187, 235, 245, 249~251, 254~262, 264~266, 290~291
파티마 왕조　　215~216
팔레르모　　214, 217~223, 294
팔레스타인　　225, 228, 267~268, 272, 276~278, 281~283, 285, 290
페이푸스 호수　　170~171, 173, 175, 177
포츠담 칙령　　90
폴란드　　57~60, 77~78, 86, 91, 99~113, 116~117, 119, 131~132, 137~140, 149, 155, 161, 163, 169, 180, 187, 235, 290~292
프랑스　　12, 32, 34~35, 37, 39, 41~42, 47~52, 54~68, 71, 73, 90, 106, 126, 143~145, 155, 171, 180, 201, 211, 220~221, 226, 238~240, 267, 269~274, 281, 290
프랑크 제국　　35, 41, 188
프랑크푸르트　　37~38, 86, 111
프로이센　　28~29, 51, 68, 86~88, 90, 131, 137, 163~164, 168~169, 190~191, 194
플랑드르　　42~45, 119, 155
플렌스부르크　　190, 193
피레네 조약　　71

피우메 202, 207~213
핀란드 149~150, 153, 158, 161, 175, 178~179, 182

ㅎ

한자동맹 154~156
합스부르크 가문 51, 95~96, 137, 203
항구도시 157, 160~161, 165~167, 171~172, 179~180, 183~184, 198~201, 205~208, 211~212, 214, 224~228, 230
항구성 160~161, 163, 198
헝가리 35, 96~97, 114, 125~133, 155, 202, 208
헤테로토피아 72
호모 아드리아티쿠스 210
호밀국 245
호엔촐레른 가문 87, 137
홀슈타인 187, 189~191
환대 15, 90, 126, 129, 133, 149, 159, 165, 197, 200, 211, 228
환상 통증 143, 168
후쿠시마 원전사고 9, 81, 84

인명

고골, 니콜라이 134~135, 142
넵스키, 알렉산드르 170~174
단눈치오, 가브리엘 199, 209~211, 213
도데, 알퐁스 51
래드클리프 경, 시릴 257~258
루스벨트, 프랭클린 99
루이 14세 50, 55~56, 62, 64
루터, 마르틴 26
마운트배튼, 루이스 257, 259, 264~265
마크롱, 에마뉘엘 39, 57

마티에, 알베르 65
메르켈, 앙겔라 39
멜라니, 조르자 213
무솔리니, 아르날도 204, 209~211
바바, 호미 183
베냐민, 발터 166, 212
사바, 움베르토 199~201
소렐, 조르주 65
쉬망, 로베르 39, 144
스베보, 이탈로 199~201
스탈린, 이오시프 99~101, 172, 174, 185
아데나우어, 콘라드 39, 103, 106
아르미니우스 24~28, 30
예이젠시테인, 세르게이 170, 172, 174
오스트롬, 엘리너 72
이반 4세 156~158
젤렌스키, 볼로디미르 39
조이스, 제임스 199~201
쥘리앙, 카미유 65
처칠, 윈스턴 99, 101
카롤루스 대제 34~41, 47~49, 93, 126, 188, 294
칸트, 이마누엘 156, 159, 161~167, 169
키투스 25, 27, 30, 151
터너, 프레더릭 잭슨 10~12
테레지아, 마리아 51, 200
티에리, 오귀스탱 65
페브르, 뤼시앵 12, 67~68
폴로, 마르코 245
표트르 대제 157~158
푸틴, 블라디미르 157~158, 173~174
프랫, 메리 루이스 16, 79, 214
헌팅턴, 새뮤얼 13~14, 268
헤르만 23~30, 32, 66, 251

지은이
차용구

중앙대학교 역사학과 교수. 서양사, 국경 연구(Border Studies)를 주요 분야로 연구하고 있다. 동서양의 접경을 연구하는 중앙대·한국외대 HK+ 접경인문학연구단의 단장을 지냈다.

독일 게오르그 에케르트 국제교과서 연구소, 한스자이델 재단, 그라이프스발트대학 발트해 연구소, 네덜란드 라이덴대학 아시아 연구소, 일본 홋카이도대학 슬라브 유라시아 연구센터, 유엔 사회개발 연구소, (재)지구와사람 등 국내외 기관과 국경 관련 공동 연구를 진행했다.

주요 저서로는 『역병, 전쟁, 위기의 세계사』(2024), *Korean Film and History*(공저, 2023), 『중세 접경을 걷다』(2022), 『국경의 역사: 국경 경관론적 접근』(2022), *The Borderlands of China and Korea: Historical Changes in the Contact Zones of East Asia*(편저, 2020) 등이 있다. 그 외에 40여 편의 논문을 국내와 국제 학술지에 게재했으며, 해외 저명 출판사 학술서의 북챕터도 집필해 왔다.

한울아카데미 2586

유럽의 국경사
배제와 공존의 역사

ⓒ 차용구, 2025

지은이 | 차용구
펴낸이 | 김종수
펴낸곳 | 한울엠플러스(주)
편집책임 | 최진희
편집 | 이동규

초판 1쇄 인쇄 | 2025년 7월 16일
초판 1쇄 발행 | 2025년 8월 8일

주소 | 10881 경기도 파주시 광인사길 153 한울시소빌딩 3층
전화 | 031-955-0655
팩스 | 031-955-0656
홈페이지 | www.hanulmplus.kr
등록 | 제406-2015-000143호

Printed in Korea.
ISBN 978-89-460-7586-3 93920 (양장)
      978-89-460-8382-0 93920 (무선)

* 책값은 겉표지에 표시되어 있습니다.